당신의 뇌는 변화가 필요합니다

Change Your Brain

습관, 일, 관계까지
바꿔주는
뇌 최적화의 기술

당신의 뇌는
변화가
필요합니다

가비아 톨리키타 지음 | 이영래 옮김

Change Your Life

비즈니스북스

옮긴이 **이영래**

이화여자대학교 법학과를 졸업하고 리츠칼튼 서울에서 리셉셔니스트로, 이수그룹 비서팀에서 비서로 근무했으며, 현재 번역에이전시 엔터스코리아에서 전문 번역가로 활동하고 있다. 주요 역서로는 《움직임의 뇌과학》, 《뇌는 팩트에 끌리지 않는다》, 《파타고니아, 파도가 칠 때는 서핑을》, 《사업을 한다는 것》, 《빌 게이츠 넥스트 팬데믹을 대비하는 법》 등이 있다.

당신의 뇌는 변화가 필요합니다

1판 1쇄 발행 2022년 12월 20일
1판 3쇄 발행 2023년 1월 18일

지은이 | 가비아 톨리키타
옮긴이 | 이영래
발행인 | 홍영태
편집인 | 김미란
발행처 | (주)비즈니스북스
등 록 | 제2000-000225호(2000년 2월 28일)
주 소 | 03991 서울시 마포구 월드컵북로6길 3 이노베이스빌딩 7층
전 화 | (02)338-9449
팩 스 | (02)338-6543
대표메일 | bb@businessbooks.co.kr
홈페이지 | http://www.businessbooks.co.kr
블로그 | http://blog.naver.com/biz_books
페이스북 | thebizbooks
ISBN 979-11-6254-318-4 03190

이 책의 '인간 사용설명서'를 알면
당신도 나처럼 살 수 있다!

베스트셀러 《역행자》 저자 · 라이프해커 '자청'

이렇게 말하면 재수 없겠지만 나는 정말 행복하다. 하고 싶은 모든 것을 이룬다. 언제 망할지 모르지만 지금은 그렇다. 정말 최악의 인생에서 행복한 인생으로 바뀌었다. 사람들은 그 비결을 묻곤 한다. 그건 내가 '인간 사용설명서'를 알고 있기 때문이라고 속으로 말한다.

당신이 만약 로봇에 탑승을 한다면 이 로봇 탑승에 대한 설명서를 읽거나 코칭을 받아야만 한다. 하지만 사람들은 나라는 '인간'을 잘 안다는 착각 속에 살아간다. 사실 아무것도 모른다. 스스로를 안다는 착각을 할 뿐 내 감정이 무엇인지, 왜 이렇게 작동하는지, 왜 내가 아프고 우울한지 등 아무것도 모른다. 스스로를 이해한 사람이 있다면 그는 인생에서 자신이 원하는 것을 확률이 매우 크다. '인간 사용설명서'를 알고 있기 때문이다.

이 책은 뇌과학에 대한 정말 쉽고 구조가 잘 짜여진 책이다. 어떻게 사람들이 뇌과학과 변화의 관계를 이해할 수 있는지 놀랍도록 쉽게 설명하고 있다. 내가 읽은 뇌과학 책 중에 가장 쉬우면서도 실생활에 응용도 가능한 책이다. 이 책이 '인간 사용설명서'를 이해하는 데 도움이 되길 바란다. 뇌와 인생을 포맷하는 방법이 이 책에 담겨 있다!

새해 결심이 늘 똑같다면
뇌부터 점검하세요

이번 새해에 어떤 결심을 했나요? 살을 빼거나 저축을 하거나 사업을 시작하거나 규칙적으로 운동을 하거나 직업을 바꾸거나 몸에 좋은 음식을 먹거나 담배를 끊는 등 '올해는 반드시 달라질 거야'라는 믿음으로 열의를 잔뜩 끌어올렸을 테지요.

그러고 나서 한 달 뒤에는 어떻게 되었나요? 만약 당신이 다른 대부분과 비슷한 사람이라면 아마 새해 다짐을 하기 전의 상태로 되돌아가 있을 겁니다. 제가 코칭하는 클라이언트 대부분이 그렇고, 제 세미나에 참석한 사람들, 제 친구들도 마찬가지입니다. 솔직히 말하면 저도 다르지 않죠. 우리 모두 그렇습니다.

코칭을 하면서 저는 수년간, 심지어는 수십 년간 이어진 나쁜 습관을 바꾸기 위해 고군분투하는 사람들을 만나왔습니다. 처음 코칭을 시작했을 때는 주로 대학 교수, 기업 임원, 강연자들을 대상으로 일을 했습니다. 짐작이 가시나요? 자기 관리를 잘할 것 같은 그들 역시 같은 문제를 가지고 있었습니다. 일을 미루는 버릇을 고치려 애쓰지만 늘 마지막 순간까지 미뤄뒀다가 마감일을 지키지 못하는 사람이 있는가 하면, 심각한 건강상의 문제를 갖고 있으면서도 몸에 좋은 음식을 먹고 운동을 하겠다는 결심을 실천하지 못하는 사람도 있었지요. 리더십 워크숍을 수없이 찾아다니면서도 스트레스를 받는 상황에 내몰리면 그동안 배웠던 유용한 지식들을 현장에서 써먹지 못하는 클라이언트도 있었습니다.

변화를 시도하고 실패하는 과정에서 우리는 마음에 큰 상처를 입습니다. 어렸을 때부터 늘 '의지가 있고 열심히 노력하면 변화할 수 있다'는 믿음을 주입받으며 성장했기 때문이죠. 그래서 변화에 실패하면 우리는 자신의 능력과 인성을 의심하기 시작합니다. 그리고 이는 자존감 저하로 이어집니다. 우리가 스스로에게 가지는 '반드시 변해야 한다'는 비현실적인 기대는 자기 자신과의 관계에 악영향을 줄 뿐 아니라 불필요한 스트레스를 가중시켜 실질적이고 지속적인 변화를 더욱 어렵게 만듭니다. 따라서 이 악순환을 끊어내려면 먼저 자신이 변화를 이루는 데 있어 현실적인 기대를 갖는 법을 배우고 변화를 이끄는 실제 적용 가능한 방법을 이해해야 합니다.

우리가, 좀 더 정확히 말하면 우리의 '두뇌'가 갑작스런 변화에 저항하는 데는 여러 가지 이유가 있습니다. 무엇보다 인간은 습관의 동물입니다. 습관을 따르는 일에는 에너지와 정신 활동이 많이 필요하지 않습니다. 덕분에 다른 일을 하는 데 집중할 수 있는 자유를 얻게 되죠. 또한 친숙함은 두뇌의 감정 중추에 편안함을 줍니다. 이런 이유들 때문에 우리는 깨닫지 못하는 사이에 무의식적으로 습관을 만들어놓고는 종종 그것을 바꾸기 위해 애를 씁니다. 그렇게 변화를 시도했다가 실패하고, 계속된 실패에 실망하고, 결국엔 인생이 바뀔 거라는 희망을 잃고 말지요.

달라지고 싶은 마음, 따라오지 않는 머리

반복되는 과거의 실수를 멈추기 위해서는 애초에 왜 이런 습관이 형성되었는지, 그 습관으로 우리가 무엇을 얻고 있었는지 이해해야 합니다. 우리의 행동은 항상 안전, 다양성, 인정, 유대와 같은 중요한 니즈를 충족시킵니다. 어떤 행동을 했을 때 아무것도 얻지 못한다면 그 행동을 더이상 하지 않게 되죠. 우리가 낡은 습관을 버리지 못하는 이유가 여기 있습니다. 어떤 습관을 바꾸고 싶다면 먼저 그 습관이 충족시키는 니즈를 이해해야 합니다. 그런 후에야 어떻게 하면 같은 보상을 더 나은 방법으로 얻어낼지 알 수 있습니다.

지속적인 변화를 이루어내기 위해서는 두뇌의 여러 중추 사이에서 벌어지는 '충돌'을 잘 관리해야 합니다. 인간의 두뇌 영역은 진화론적 발달에 따라 크게 세 부분으로 나눌 수 있습니다. 파충류의 뇌, 포유류의 뇌, 인간의 뇌가 그것이죠. 이 세 부류의 뇌는 사실 두뇌의 다양한 부분을 묶어놓은 것이지만 여기서는 간단하게 설명하기 위해서 '파충류 뇌', '포유류 뇌', '인간 뇌'라고 칭하도록 하겠습니다.

파충류 뇌는 호흡, 심장박동, 소화와 같은 자동적인 기능을 조절하며 우리가 태어나기 전부터 기본적으로 우리 몸에 자리하고 있습니다. 반면 포유류 뇌는 주어진 환경에서 살아남기 위해 행동을 자동화합니다. 습관을 만들고, 몸으로 기술을 익히고, 과거의 사건을 기억하죠. 포유류 뇌의 주된 목표는 우리를 안전하게 지키는 것이며 감정을 만들어내서 다른 중추에 '안전 여부'를 알려주는 것입니다. 인간 뇌는 가장 똑똑한 부분으로 당신이 세상을 이해하고, 학습하고, 추상적인 사고를 하며 언어를 배우고 타인에 대한 공감 능력을 가질 수 있게 합니다. 그리고 이 모든 능력은 당신만의 개별적인 성격 특성을 형성하지요.

이들 뇌 중추들은 서로 소통하면서 건전한 결정을 내리고, 유혹에 저항하고, 화를 참고, 다른 사람들을 이해할 수 있도록 합니다. 하지만 뇌 안에 이렇게 여러 기능이 나뉘어 있다 보니 때로는 문제가 발생하기도 하죠. 포유류 뇌는 항상 안전과 쾌락을 추구하는 반면, 인간 뇌는 학습하고, 발전하고, 변화를 이루기 위해 그리고 삶을 계속 성장시키고 최적화하기 위해 최선의 선택을 하고자 합니다. 그러다 보니 종종 포유류 뇌와 갈등하죠. 불확실하고 위협적인 상황을 피하게 하는 것이 목표인 포유류 뇌는 우리가 위기의 상황에 놓이면 분노, 질투, 두려움, 불안과 같은 감정을 만듭니다. 때론 부정적인 감정만으로는 충분치 않다고 생각하는지 일시적으로 합리성을 담당하는 두뇌의 중추를 '꺼버립니다'. 상황을 합리적으로 평가할 수 없게 만들고 종종 나중에 후회할 행동을 유발하는 것이죠. 달리 표현하면 '책임감 있는 어른'처럼 생각하고 행동하고 말할 수 있는 인간 뇌를 정지 상태로 만들어버립니다.

최선의 의사결정을 하고, 충족감을 주는 관계를 갖고, 삶에 오래 지속되는 변화를 만들어내기 위해서는 뇌에 세 가지를 제공해주어야 합니다. 첫 번째는 인간 뇌, 특히 전전두피질Prefrontal Cortex, PFC이라고 불리는 가장 똑똑한 중추를 위한 '충분한 에너지'입니다. 두 번째는 포유류 뇌를 위한 '안전'입니다. 불안함을 느낀 포유류 뇌가 인간 뇌를 제치고 전면에 나서버리면 안 되니까요. 마지막 세 번째는 '브레인 하이웨이'brain highway라고 불리는 강력한 신경망을 만들기 위한 '충분한 반복'입니다.

이뿐만 아니라 의사결정, 커뮤니케이션, 관계와 같은 영역에서 어떤 조건이 먼저 충족되어야 두뇌가 최적의 기능을 하는지 알아야 합니다. 이 모두를 알게 될 때 비로소 당신의 행동을 변화시킬 수 있습니다.

나는 도대체 어떻게 해야 바뀔까

이 책은 우리 인생을 구성하는 영역들을 다루는 아홉 개의 장으로 나누어져 있습니다. 각 장에서는 '나'라는 인간이 두뇌의 측면에서 어떻게 사고하고 움직이는지를 다루고 각 영역의 행동 변화를 이끌어내기 위해서 필요한 방법들을 설명합니다.

제1~3장에 해당하는 제1부에서는 '나'를 바꾸는 법에 대해 이야기합니다. 제1장에서는 우리가 어떻게 습관을 만드는지, 습관을 바꾸는 것이 왜 그토록 힘든지 살펴봅니다. 애초에 우리가 왜 나쁜 습관을 갖게 되는지, 그것을 더 나은 습관으로 대체할 방법은 무엇인지도 다룰 예정입니다. 변화 가능성에 회의적인 독자들에게 이 장은 목표를 향한 장기적인 비전과 의지를 북돋는 계기가 될 것입니다.

제2장에서는 감정을 어떻게 느끼게 되는지, 내 감정이 해주고 있는 말, 감정을 변화시키는 방법에 대해 논의합니다. 감정은 주로 포유류 뇌에서 만들어지지만 그것을 조절하거나 억제하는 것은 인간 뇌의 가장 똑똑한 부분인 전전두피질입니다. 감정은 변화시키기가 가장 어렵습니다. 뇌의 무의식적인 중추에서 나오기 때문이죠. 감정을 변화시키려면 왜 그런 감정을 갖게 되는지, 그런 감정들이 우리에게 말하려는 것이 무엇인지, 행동이 감정에 어떤 영향을 주는지 이해해야 합니다.

제3장에서는 성격 형성의 과정을 신경학적 관점에서 살펴봅시다. 세상을 인식하고 기억하는 방법, 데이터를 사용해서 세상에 대한 내적 모델을 구축하는 방식 등을 이야기합니다. 인간이 세상을 인식하고 기억하는 각 단계는 편향으로 가득 차 있습니다. 그런 이유로 우리 각각은 대단히 다른 세계관을 만들지요. 바로 이 점이 개개인의 성격 특성과 각

자 내리는 결정에 영향을 미칩니다. 따라서 진정한 변화를 원한다면 세상을 인식하려고 만든 뇌 속에 형성된 '모델'에 결함이 있음을 받아들이고 다른 관점에서 세상을 바라볼 수 있도록 노력해야 합니다. 이를 위해 제3장 말미에서는 캐럴 드웩Carol Dweck의 연구를 바탕으로 고정형 사고방식fixed mindsets과 성장형 사고방식growth mindsets,이 두 가지 사고방식이 변화 능력에 미치는 영향에 대해 설명합니다.

의지박약에서 벗어나 생산성 있게 사는 법

제4~6장에 해당하는 제2부에서는 삶에서 더 나은 결과를 만드는 일에 대해 살펴봅니다. 먼저 제4장에서는 일상의 과업들을 처리하는 데 필요한 기억력, 주의력, 우선순위 설정, 의지력 등의 핵심 자질들과 이들을 강화하는 방법에 대해 이야기합니다. 일을 미루는 이유와 이런 습관을 없애는 방법들도 제안합니다.

제5장에서는 예리한 감각을 유지하고, 좋은 기분을 느끼게 하며, 변화의 능력을 갖기 위해 두뇌가 필요로 하는 요소들을 다룹니다. 두뇌 활동에 화학적 작용을 하는 신경전달물질과 음식, 운동, 잠, 명상 등 일상적인 행동들이 그 화학 작용에 어떤 영향을 주는지에 대해서도 소개할 것입니다.

제6장에서는 합리적 결정과 감정적 의사결정을 우리 두뇌 시스템의

측면에서 알아봅니다. 당신이 합리적 혹은 감정적인 의사결정을 내릴 때 사용하는 각 두뇌 시스템의 문제를 살펴봅니다. 그리고 미래에 더 나은 결정을 하기 위해 그 시스템을 통합시키는 방법에 대해 다룹니다. 이 장은《생각에 관한 생각》의 저자 대니얼 카너먼Daniel Kahneman이 개발한 시스템 1(감정적이고 빠른 의사결정)과 시스템 2(합리적이고 느린 의사결정) 모델을 소개하며 시작합니다. 이후 합리적 처리와 감정적 처리에 관련된 두뇌 영역을 연구한 세계적인 신경과학자들의 실험으로 넘어가서 그 두 가지 시스템이 완전히 별개로 작동하는 것이 아님을 이야기합니다. 또한 우리가 가끔 의사결정 과정에서 '분석 마비'analysis paralysis라고 부르는 상황에 처하는 이유를 설명하고, 빠져나올 수 있는 실용적인 방법들을 알려줍니다.

뇌를 바꾸면 관계까지 바뀐다

제3부는 사적, 직업적 관계를 형성할 때 우리 뇌에서 어떤 일이 일어나는지, 그리고 관계의 변화를 이끌어내기 위해서는 무엇을 어떻게 해야 하는지를 알려주는 세 개의 장으로 이루어집니다. 그중 첫 번째인 제7장에서는 서로 다른 리더십 스타일, 즉 과제집중형 불협 리더십task-focused dissonant leadership과 관계집중형 공감 리더십relationship-focused resonant leadership을 다룹니다. 각 리더십 스타일에 따라 뇌에 어떤 일이 일어나는지, 우

리가 상호작용을 하는 상대의 두뇌에는 어떤 일이 일어나는지, 또 어떤 스타일이 보다 유리한지 살펴볼 것입니다. 마지막으로 스트레스를 받았을 때 뇌에는 어떤 일이 일어나는지, 스트레스가 이러한 리더십 스타일에 어떤 영향을 주는지에 대해서도 이야기하려 합니다. 이 장에서 당신과 주변 사람들의 스트레스를 줄이는 방법에 대한 실용적인 힌트를 찾을 수 있을 것입니다.

제8장에서는 유아기가 성인기의 인간관계에 어떤 영향을 미치는지 알아보고 이 문제를 해결하는 데 필요한 실용적인 기법들을 살핍니다. 고도의 안전을 필요로 하는 포유류 뇌는 과거의 트라우마를 자극하면 '흥분'합니다. 이런 트라우마를 치료하려면 포유류 뇌가 과거의 경험을 무시할 수 있을 만큼의 충분한 안전, 그리고 예측 가능한 환경과 관계가 주어져야 합니다. 그러려면 가장 먼저 '적절한 사람'을 선택하는 일이 필요하지요. 따라서 이 장에서는 인간관계의 단계와 사람들이 종종 고통을 받으면서도 나쁜 사람에게 끌리는 이유를 다루려고 합니다. 그다음으로 관계의 두 번째 단계인 '권력 투쟁'으로 넘어가서 오래 지속되는 관계와 진정한 동반자 관계를 맺는 데 도움이 되는 방법들에 대해 이야기할 것입니다.

마지막으로 제9장에서는 포유류 뇌와 인간 뇌가 각각 지배하는 사고와 각 사고 모드에 갇혀 있을 때 가능한 커뮤니케이션 유형에 대해서 이야기합니다. 피로하거나 감정적인 문제가 있을 때 우리는 포유류 뇌가 지배하는 사고에 갇혀버리고 맙니다. 이런 사고는 공격과 대화 차단이라는 결과만을 가져오지요. 그렇지만 편안하고 기분이 좋은 상태라면 우리는 인간 뇌가 지배하는 사고를 할 수 있습니다. 이 상태에서는 훨씬 건설적인 대화를 할 수 있죠. 이러한 지식에 기반해서 각 대화 유형이 상대로부터 어떤 사고와 커뮤니케이션 기술을 끌어내는지, 또한 당신이나 상대가 포유류 뇌가 지배하는 커뮤니케이션 모드에 있을 때 어떻게 하면 대화를 이성적인 방향으로 이끌어갈 수 있는지 실용적인 조언까지 전해주려 합니다.

이 책은 제 클라이언트인 에밀리의 사례를 들어 이 아홉 개의 주제가 서로 어떻게 연결되어 있는지 보여주는 결론으로 마무리됩니다. 이 책이 담아내고 있는 큰 흐름을 살펴보면서 당신은 스스로의 행동을 이해하고, 과거 나쁜 습관에 갇혀 있었던 이유를 파악하며, 변화를 만들기 위한 실질적인 방법들을 알게 될 것입니다.

두뇌의 작동 방식을 알려주는 이 이야기를 읽으며 진정한 자신을 알아가는 기회를 얻게 되길 바랍니다. 제가 제안하는 방식들을 실천한다면 두뇌가 저항하지 않는 방식으로, 즉 당신의 성격, 가치관, 과거 삶을 존중하며 오래 지속되는 변화를 만들어낼 수 있을 것입니다. 더불어 이 책을 읽으며 변화의 여정에서 때로 좌절감을 느끼더라도 당신은 결국 달라질 가능성을 가지고 있다는 점을 깨닫길 바랍니다.

차례

제1부 드디어 내가 달라지기 시작했다

제1장 단순한 습관 설계만으로 인생이 달라진다 ---------

제1부

드디어 내가
달라지기 시작했다

단순한
습관 설계만으로
인생이 달라진다

앤드류는 아침 일찍 눈을 떴다. 눈을 뜨자마자 너무나 많은 생각이 머릿속에 떠오르면서 스트레스가 치솟기 시작하는 걸 느꼈다. 이제 막 눈을 떴을 뿐인데 말이다. 그는 신경질적으로 샤워를 하고 출근 준비를 했다. 옷을 입을 때쯤에는 불안이 너무 커져서 입맛조차 없었다. 그는 아침을 먹지 않고 집을 나섰다. 지하철이 회사에 도착할 때쯤 되자 뱃속이 꼬르륵 소리로 요동을 쳤다. 그는 결국 커피숍에서 대용량 밀크커피와 블루베리 머핀을 사서 재빨리 입속에 털어넣은 뒤 역을 빠져나왔다.

나에게 코칭을 받기 위해 찾아온 앤드류라는 한 남자의 월요일 아침을 잠깐 훔쳐본 것이다. 그의 일주일을 추적하면 그에게 일관된 '습관'이 있다는 점을 알게 된다. 앤드류는 몇 년 동안 이러한 습관을 바꾸기 위해 노력해오고 있었지만 잘 되지 않았다. 그는 일과 일상생활의 균형을 맞추고 싶다며 나를 찾아왔다. 일상의 습관이 불안 발작, 체중 증가, 고혈압, 제2형 당뇨, 가족과의 불화, 직장에서의 성과 저하로 이어졌기 때문이다.

앤드류의 이야기를 듣고서 당신은 어떤 생각이 들었는가? 그가 한심해 보였는가? 아니면 '이건 내 얘긴데?'라는 생각이 들었는가? 어떤 생각을 했든 습관을 갖는다는 측면에서 당신도 별반 다르지 않다. 인간은 누구나 별다른 노력 없이 무의식적으로 습관을 만든다. 그리고 이렇게 만들어진 습관을 '인식'했을 때 비로소 그 습관이 부정적인 결과를 만들어왔음을 깨닫고 바꾸려고 노력한다.

사실 우리 모두의 뇌는 에너지를 절약하고 반응 시간을 단축하기 위해 습관을 만들고 유지하도록 설계되었다. 그래서 습관을 바꾸려면 뇌에 새로운 네트워크를 뚫어야만 한다. 바람직하지 못한 '옛 습관'과의 연결을 약하게 만들고 새로운 습관과의 연결을 강하게 하는 네트워크 말이다. 새로운 걸 만들어야 하니 당연히 시간뿐만 아니라 에너지도 많이 필요하고 의식적인 행동이 필요한데, 바로 여기서 모든 문제가 발생한다. 이 의식적인 행동이 무엇인지는 명확히 알지만 실제로 따라 하기가 어려운 것이다. 바로 당신을 계속 과거의 방식으로 돌아가게 하는 포유류의 뇌 때문이다. 그래서 이 장에서 나는 이 과정의 각 단계에서 어떤 일이 일어나는지 상세히 설명하려 한다. 또한 어떤 장애물이 있는지, 다음 단계로 넘어가지 못할 때 거기서 빠져나가는 방법은 무엇인지에 대해서도 이야기할 것이다.

새로운 습관은 눈뜨자마자 시작할 것

우리 뇌는 하루아침에 만들어지지 않았다. 인간의 뇌가 현재의 상태에 이르기까지는 수백만 년의 시간이 걸렸다. 두뇌의 각 부분은 각기 다른 시점부터 진화를 시작했다. 의사이자 신경과학자인 폴 맥린Paul MacLean이 1990년에 발표한 삼위일체 뇌Triune Brain 모델은 소위 파충류 뇌를 가장 오래된 두뇌 중추로 분류한다. 파충류 뇌는 호흡, 소화, 심장 박동과 같은 필수 기능을 통제하는데 도마뱀과 같은 파충류의 뇌에서 비슷한 중추가 발견되기 때문에 이런 이름을 갖게 되었다.

파충류 뇌의 뒤에는 파충류 뇌보다 늦게 진화된 일련의 중추들이 있다. 이 포유류 뇌는 안전에 관한 부분을 책임진다. 포유류 뇌 덕분에 우리는 기술을 배우고 습관을 만들어서 반응 시간을 줄이는 자동적인 루틴을 형성할 수 있다. 포유류 뇌는 걷고, 차를 운전하고, 아침에 커피를 만들고, 욕을 하는 사람에게 반응하는 등의 무의식적인 행동의 대부분을 지배한다. 안전이 최우선 목표인 포유류 뇌는 끊임없이 잠재적 위험을 추적하며 우리가 기존 습관을 고수하도록 만든다. 그런 습관이 생존이라는 우수한 결과를 가져왔기 때문이다. 위협을 받으면 포유류 뇌는 불안, 두려움, 분노 등의 감정을 일으켜서 위험으로부터 멀어지게 하거나 과거의 루틴으로 되돌아오게 한다. 포유류 뇌의 사명은 우리를 안전하게 지키고 에너지를 절약하는 것이다. 그런 이유로 포유류 뇌는 대단히 강력한 신경망을 만들고 유지하며 습관으로 이러한 행동을 자동화시킨다. 가장 자주 반복하는 행동에 대해서 가장 강력한 대뇌 네트워크를 만드는 것이다. 이것이 바로 우리가 '무의식'이라고 부르는 중요한 중추들이며 모든 다른 포유류도 이러한 비슷한 중추를 갖고 있다.

그래서 습관을 바꾸려면 다른 두뇌 영역을 사용해야 한다. '인간 뇌'라 불리는 신피질Neocortex, 그중에서도 가장 앞부분인 전전두피질을 사용해야 하는 것이다. 뇌에서 가장 큰 부분이며 다른 어떤 동물보다 인간에게서 가장 많이 발달한 신피질은 여러 부분으로 나뉘는데, 각 부분의 기능이 다르다. 전두엽은 합리적인 사고와 수의운동隨意運動(의지에 따른 근육의 움직임 ─옮긴이)을 가능하게 하고 두정엽은 촉감, 온도, 맛을 감지하며 후두엽은 시각을, 측두엽은 청각과 후각을 책임진다.

습관 변화의 측면에서 가장 중요한 조직은 전두엽의 가장 앞부분인 전전두피질이다. 전전두피질은 일을 완수할 수 있게 하는 광범위한 정신 능력, 즉 논리적 사고, 문제 조정, 데이터 분석, 추론, 새로운 정보의 학습, 합리적인 의사결정, 창의성 등에 관여한다. '합리적인 지성'이라고 부르는 모든 것을 다룬다고 볼 수 있다. 특히 전전두피질은 삶에서 어떤 변화를 원하는지 결정하고 이런 변화를 일으킬 수 있게 해준다. 또한 의지력을 지배하고, 만족을 지연시켜 장기적인 보상을 기다리는 능력을 만든다. 그리고 그 과정에서 유혹에 저항하는 주된 영역이다.

에너지 소비량이 각기 다른 이들 뇌에 '먹이를 주는' 일에는 우선순위가 있다. 파충류 뇌는 가장 효율적이고, 인간 뇌는 에너지 소비가 가장 많다. 인간 뇌는 많은 양의 포도당과 산소를 소비하는 수천 개의 뉴런neuron 활동으로 복잡한 기능을 수행해야 하기 때문이다.

이들 중추들이 에너지 소비에서 보이는 차이를 운송수단에 비유해 쉽게 설명해보자. 파충류 뇌는 작은 오토바이다. 항상 전원이 들어와 있으며 아주 효율적으로 에너지를 사용한다. 따라서 뇌는 죽지 않는 한 항상 파충류 뇌를 위한 영양과 산소를 찾는다. 포유류 뇌는 경차다. 파충류 뇌보다는 연비가 무척 떨어지지만 우리가 깨어 있는 대부분의 시간 동안 활동하면서 자동적인 습관을 통제한다. 포유류 뇌 중의 일부는 자는 동안에도 활동하면서 낮 동안에 받아들인 정보를 처리한다. 마지막으로 인간 뇌는 비행기와 비슷하다. 엄청난 양의 영양소와 산소를 이용하기 때문에 두 가지 조건이 충족될 때만 활동한다. 이들 기능을 필요로 하는 과제를 처리하고 있을 때와 다른 두뇌 중추에게 먹이를 주고도 연료가 충분히 남았을 때다. 하루가 끝나고 피곤할 때, 더구나 스트레스를 받았을 때는 인간 뇌, 특히 전전두피질과 같이 가장 복잡한 부분이 적절하게 기능할 만한 충분한 에너지가 없다. 바로 이런 이유로 인간은 좀 더 에너지 효율이 높은 포유류 뇌의 지배를 받는 옛 습관으로 쉽게 돌아가고 만다. 따라서 새로운 습관을 만들고 싶다면 하루가 끝날 때까지 기다려서는 안 된다. 전전두피질의 지배를 받는 우리의 의지력은 그 시점에서 거의 바닥이기 때문이다. 이 현상을 자아 고갈ego depletion이라고 부른다. 뇌가 사용할 에너지가 거의 남아 있지 않고 전전두피질에 휴식이 필요한 저녁에는 의지력을 비롯한 전전두피질의 중요한 자질들이 많이 약화되어 있다. 새로운 방식으로 일을 하기 위해서는 한층 발달된 뇌 중추를 사용해야 하며 여기에는 훨씬 많은 에너지가 필요하다. 그러므로 새로운 습관 형성의 첫 번째 규칙은 "새로운 일은 아침이나 휴식 직후에 하라."가 되어야 한다.

왜 자꾸 간식을 곁눈질하게 될까

우리가 오랜 시간에 걸쳐 발달시킨 습관은 특정한 욕구를 충족시킨다. 이는 '나쁜 습관'에도 똑같이 적용된다. 인간은 매우 다양한 욕구를 충족시키면서 살아간다. 그 욕구에는 배고픔, 목마름, 성욕 등 생리적인 것도 있고, 안전-안정, 다양성-참신성, 유대-사랑, 인정, 성장-학습, 타인을 위한 공헌과 같은 심리적인 것도 있다. 인간의 행동, 사고, 감정 패턴은 모두 이런 욕구를 충족시키기 위해 발달한다.

앞서 들려줬던 앤드류의 이야기로 돌아가보자. 그가 가장 고치고 싶어 했던 습관은 당분이 많은 간식을 지나치게 자주 먹는 것이었다. 하지만 그 행동은 그의 여러 신체적, 생리적 욕구를 충족시킨다. 아침이면 그는 배가 고프고, 머핀은 그의 배고픔을 덜어준다. 잠이 부족하기 때문에 하루를 시작할 때 그는 상당한 피로를 느끼며, 진한 커피와 함께 하는 간식으로 혈당을 끌어올려야 잠깐이나마 에너지와 각성 상태를 얻을 수 있다. 더구나 당은 그가 느끼는 불안을 일시적으로나마 완화시켜주고 짧은 시간이지만 안정감과 평온함을 준다. 앤드류와 함께 일하는 동료들 역시 비슷한 라이프스타일을 가지고 있었기에 그는 오후 시간에 종종 동료들과 커피와 빵을 먹으면서 유대에 대한 욕구까지 충족시키곤 했다.

우리 모두가 잘 알고 있듯이 오래 지속된 습관을 바꾸기란 대단히 어렵다. 그 습관이 오래 반복된 데는 다 이유가 있다. 효율적인 방식으로 중요한 욕구를 쉽게 충족시켜주기 때문이다. 빵을 먹는 것과 같은 단순한 일로 앤드류는 배고픔, 각성, 안전, 유대라는 욕구를 충족시킨다. 앤드류가 빵을 그만 먹고자 한다면 우선 이런 욕구를 충족시킬 더 나은 방법을 찾아야 한다.

더구나 습관에는 습관 루프habit loop가 뒤따른다. 습관 루프는 자극('단서'cue라고도 한다)으로부터 시작한다. 장소, 일정 시간, 사람들, 사전 행동, 특정한 신체적 혹은 감정적 상태가 자극이 될 수 있는데, 앤드류의 사례에서는 지하철역의 커피숍이나 직장에 있는 매점과 같은 장소가 이러한 자극에 해당한다. 자극이 주어지면 그 뒤에 머핀과 빵을 먹는 행동이 뒤따른다. 마지막은 즉각적인 충족이다. 배고픔을 완화하거나 에너지를 높이는 것과 같이 이미 언급했던 구체적인 니즈가 즉시 채워지는 것이다. 그러므로 습관을 바꾸려면 동일한 단서와 동일한 보상을 유지하면서 이런 욕구를 충족시키는 다른 방식으로 행동을 대체해야 한다. 예를 들어 앤드류는 아침을 먹거나 지하철역(자극)에서 커피와 함께 작은 그래놀라 바나 건강 주스를 먹음으로써 배고픔을 줄이고 에너지를 높이고자 하는 욕구를 충족시킬 수 있다.

이처럼 습관을 바꾸려면 하나의 습관을 선택해서 이 습관이 충족시키는 '욕구'들을 솔직하게 직시해서 나열하고 이들 욕구를 충족시킬 수 있는 다른 방법을 찾아야 한다. 바로 이것이 나쁜 습관만 딱 집어 그만두는 게 불가능한 이유다. 습관은 그만두는 것이 아니라 '대체하는 것'이다. 나쁜 습관으로 충족시키는 욕구가 중요한 것이라면 매력적인 대안을 내놓아야만 의지력이 약해졌을 때 이전의 습관으로 돌아가려는 엄청나게 강한 충동을 이겨낼 수 있다.

하루살이 뇌에게 '내일'도 있다고 알려주기

즐거움을 주는 일에 끌리고 고통을 일으키는 일은 어떻게든 피하려 하는 것이 인간의 자연스러운 반응이다. 여기에서 우리가 탓해야 할 두뇌의 부분은 포유류 뇌 깊숙이 자리하고 있는 보상과 고통 중추다. 이 보상 중추는 도파민dopamine이라는 신경전달물질을 분비한다. 그리고 도파민은 측좌핵Nucleus Accumbens이라는 두뇌 영역에서 쾌감과 동기를 유발한다. 이성을 관장하는 전전두피질, 기억을 보유하는 해마와 감정을 조절하는 편도체 등의 다른 뇌 중추 역시 측좌핵에 연결되어 있다. 따라서 그들의 판단에 따라 우리가 경험하는 즐거움의 수준은 높아질 수도, 낮아질 수도 있다.

맛있는 저녁 식사를 하고 있다고 상상해보자. 피렌체 스타일의 스테이크를 씹으면 도파민 분자들이 잔뜩 분비되어 측좌핵을 자극한다. 그런데 갑자기 가족이 아프다는 전화를 받는다. 혹은 당신이 진행 중인 프로젝트에 대해 나쁜 소식을 전하는 상사의 전화를 받는다. 이제 당신의 저녁 식사가 어떻게 느껴질까? 전전두피질은 해마의 기억 보관소에서 뽑아낸 몇 가지 사실을 분석하고 편도체에 있는 관련 감정들을 자극해 이 소식이 어떤 의미인지 계산한다. 불안, 두려움, 스트레스, 충격은 큰 쾌감이 주는 만족감도 완전히 차단할 수 있다.

그 반대의 일도 일어날 수 있다. 전전두피질의 긍정적인 기대는 쾌감을 높인다. 당신이 미슐랭 스타를 받은 레스토랑에 있다고 상상해보자. 당신은 이날을 오랫동안 기다려 왔다. 드디어 이 식당에 왔구나! 흰 턱시도를 입은 웨이터가 으깨진 상태의 빨간 음식이 손톱만큼 담겨 있는 커다란 접시를 가져온다. 당신은 그게 어떤 음식인지도 모르지만 완벽한 맛을 기대하며 스푼 끝으로 음식을 맛본다. 정말 맛있다. 놀라운 맛의 조합 때문이기도 하지만 당신의 전전두피질이 맛있는 음식을 기대해서 쾌감을 더욱 증폭시켰기 때문이기도 하다.

정서적 고통과 두려움 중추가 작동하는 방식은 이것과는 좀 다르다.

여기에서 가장 중요한 영역은 편도체amygdala다. 포유류 뇌의 일부이자 원시적이며 장기적인 영향보다는 즉각적인 결과만을 보는 편도체는 과거에 당신에게 피해를 입혔을 수 있는 모든 일을 추적한다. 측좌핵과 복측피개영역Ventral Tegmental Area, VTA의 보상 중추라고 불리는 쾌감을 만드는 영역도 마찬가지다. 예를 들어 당신이 오늘 오후 차와 함께 맛있는 케이크를 먹는다면 그 케이크는 도파민을 치솟게 해서 다시 케이크를 먹고 싶은 쾌감과 욕구를 유발할 것이다. 몇 시간 후 몸이 무거워지는 것을 느끼고 지금 하는 일에 집중하기가 어렵다는 것을 깨달아도, 포유류 뇌 중추는 그것을 당신이 아까 먹었던 커피와 당분이 많은 간식과 연결시키지 않는다. 이런 일상의 습관은 장기적으로 체중 증가, 생산성 저하, 합병증으로 발가락을 잃을 섬뜩한 가능성을 가진 제2형 당뇨, 두뇌와 신체의 염증까지 유발할 수 있다. 건강을 위협하는 매우 기분 나쁜 결과다. 결코 바람직해 보이지 않는다. 그러나 당신의 포유류 뇌는 이런 것을 생각하려 하지 않는다. 그 때문에 강력한 이성의 전전두피질을 꼭 사용해야 하는 것이다!

눈앞의 충동에서 벗어나는 연습

그렇다면 어떻게 해야 전전두피질을 사용해서 습관을 바꿀 수 있을까? 첫째, 그 습관을 바꿀 때의 많은 이점을 목록으로 만들어야 한다. 그리고 습관을 바꾸지 않을 때 지금의 그리고 장래의 부정적 결과도 목록으로 작성해야 한다. 당분이 많은 간식을 좀 더 몸에 좋은 간식으로 대체하는 것을 예로 들어보자. 가장 먼저 해야 할 일은 변화에 대한 동기를 부여하기 위해서 새로운 행동의 50가지 혜택과 과거의 패턴을 고수할 때의 50가지 문제점을 적는 것이다. 새로운 행동과 낡은 행동에 대해 그렇게 많은 수의 혜택과 결점을 찾으려면 자신의 삶을 일, 가족, 인간관계, 사회생활, 취미, 신체적 건강, 정신적 건강, 자기계발의 여덟 가지 영역으로 나누어 생각해보는 것이 좋다. 각 영역에 대해 생각해보고 새로운 행동에 따른 혜택과 과거의 행동에 따른 결점을 가능한 많이 적는다. A4 용지를 꺼내서 중앙에 세로선을 그리고 같은 간격으로 세 개의 가로선을 그려 용지를 여덟 개의 동일한 구획으로 나눠보자. 각 사각형마다 여덟 개의 삶의 영역을 제목으로 적고, 사각형 왼쪽에는 플러스(+)를 쓰고 좀 더 건강한 간식으로 대체했을 때의 이점을 적는다. 사각형의 오른쪽 부분에는 마이너스(−)를 쓰고 회사에서 하루 두세 번씩 당분이 많은 간식을 먹었을 때의 단점을 모두 적는다. 이것을 다른 일곱 개 영역에도 적용하면 약 50개 정도의 이점과 50개 정도의 단점을 적게 될 것이다(35쪽 그림 참고).

달리 말해, 습관을 바꾸고 싶다면 포유류 뇌의 쾌감 및 고통 중추를 재교육시켜야 한다. 습관이 장기적으로 어떤 의미인지, 그 습관이 우리를 원하는 곳에 데려다주는지 아니면 그 길에 방해가 되는지를 교육시키는 것이다. 당신의 포유류 뇌가 이런 연관성을 잊고 즉각적인 만족을 추구하리란 것을 유념해야 한다. 즉 이 목록을 잘 보이는 곳에 두고 포유류 뇌에게 장기적인 결과를 계속해서 상기시켜야 한다.

일		가족	
(+)	(−)	(+)	(−)

인간관계		사회생활	
(+)	(−)	(+)	(−)

취미		신체적 건강	
(+)	(−)	(+)	(−)

정신적 건강		자기계발	
(+)	(−)	(+)	(−)

| 워크시트 작성 예시 |

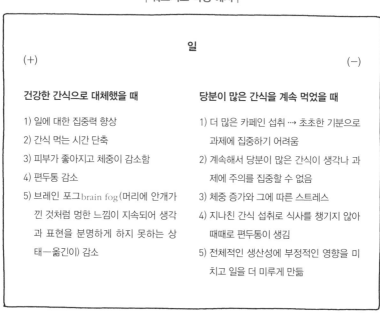

일

(+)   (−)

건강한 간식으로 대체했을 때

1) 일에 대한 집중력 향상
2) 간식 먹는 시간 단축
3) 피부가 좋아지고 체중이 감소함
4) 편두통 감소
5) 브레인 포그brain fog(머리에 안개가 낀 것처럼 멍한 느낌이 지속되어 생각과 표현을 분명하게 하지 못하는 상태─옮긴이) 감소

당분이 많은 간식을 계속 먹었을 때

1) 더 많은 카페인 섭취 ⋯→ 초초한 기분으로 과제에 집중하기 어려움
2) 계속해서 당분이 많은 간식이 생각나 과제에 주의를 집중할 수 없음
3) 체중 증가와 그에 따른 스트레스
4) 지나친 간식 섭취로 식사를 챙기지 않아 때때로 편두통이 생김
5) 전체적인 생산성에 부정적인 영향을 미치고 일을 더 미루게 만듦

또 다른 선택지는 나쁜 습관이 주는 즉각적인 충족을 이겨내도록 동기를 부여하는 더욱 강력한 장기적 보상을 마련하거나 혹은 단기적인 보상에 접근하기 힘들게 만드는 것이다. 마시멜로 테스트에 대해 들어본 적이 있을 것이다. 마시멜로가 놓인 테이블을 가져다 놓고 네 살짜리 어린아이들을 그 방에 혼자 두었다. 아이들은 연구원이 돌아올 때까지 마시멜로를 먹지 않고 기다리면 두 개의 마시멜로를 얻을 수 있다는 이야기를 들었다. 당연하게도 많은 어린이들이 참지 못하고 이후의 마시멜로 두 개 대신 당장의 마시멜로 한 개를 선택했다. 그렇지만 일부 아이들은 유혹을 참고 더 큰 보상을 받았다. 연구자들은 이들을 추적해 당장의 유혹을 참아냈던 아이들이 학교에서 더 높은 시험 성적을 받았고 훨씬 더 많은 연봉을 받는 직업을 얻었다는 것을 발견했다. 이 실험이 알려주는 것은 무엇일까? 우리 중에는 보다 충동적인 천성을 가져서 장기적인 이득보다 단기적인 만족에 마음을 빼앗기는 사람들이 있다. 이런 사람들도 미래에 대한 아름다운 꿈이 있을 것이다. 하지만 달달한 간식, 온라인 쇼핑, 소셜미디어에 대한 쉬운 접근의 유혹과 마주하면 미래의 꿈은 뒷전으로 밀려나고 만다. 당신이 이런 사람이라면 즉각적인 보상을 얻기 어렵게 만드는 방법들을 고려해보라. 아마존 프라임을 취소하고, 스마트폰을 책상 서랍이나 다른 방에 놔두고, 신용카드를 해지하고, 적금 통장으로 돈이 자동 이체되도록 해두고, 집에 있는 모든 군것질거리를 치워버리는 것이다.

충동 제어가 아무리 잘 되더라도 장기적인 측면에서 명확성이 부족하면 눈앞의 유혹에 빠질 수 있다. 유난히 충동적인 행동을 하는 경향이 있다면 5년 후, 10년 후의 삶이 어떤 모습이길 바라는지 가능한 명확하게 만들어야 한다. 어떤 일을 하고 싶은가? 어떤 모습이고 싶은가? 어떤 기분을 느끼고 싶은가? 월급은 얼마나 되었으면 좋겠나? 예금 계좌에는 돈이 얼마나 있었으면 하는가? 어떤 종류의 인간관계를 맺고, 어떤 가정을 꾸리고 싶은가? 어떤 경험을 하고 그 경험을 어떤 사람들과 공유하고 싶은가? 당신이 만들고 싶은 미래를 생생하게 상상할수록 보상 중추가 더 많이 자극되고, 방해가 되는 습관에 저항하게 된다.

식단 전부 바꾸기 vs. 밥만 현미로 바꾸기

다음 장에서 감정의 중요성과 의미에 대해서 논의할 테지만 여기에서 잠깐 언급해둘 것이 있다. 상사에게 부당한 대우를 당해서 당신이 지금 화가 머리끝까지 나 있다고 해보자. 아니면 여자 친구가 근사하게 생긴 남자와 시시덕거리는 장면을 목격해서 질투심이 폭발하고 있다고 하자. 혹은 회사 면접을 기다리고 있는데 너무 불안한 나머지 숨도 쉬기 힘들고 가슴이 너무 크게 뛰어서 방 안에 있는 다른 사람에게도 그 소리가 들릴 지경이라고 해보자. 이런 일을 경험해본 적이 있는가? 그렇다면 그 상황에서 어떤 말이나 행동을 하고 나중에 후회해본 적은? 당신이 보통의 사람이라면 그 대답은 '예스'일 확률이 무척 높을 것이다. 하지만 괜찮다. 그것은 당신의 뇌가 정확히 해야 할 일을 하고 있다는 뜻이다.

앞서 이야기했다시피 편도체 내의 뉴런들은 전전두피질의 뉴런에 연결되어 있다. 실제 혹은 상상의 위험에 의해 활성화된 편도체는 일시적으로 복내측 전전두피질ventromedial PFC, vmPFC이라는 부분의 '전원을 꺼버린다'. 그 순간에는 건전한 이성적 의사결정을 하는 것이 물리적으로 불가능하다. 이 현상을 편도체의 '전전두피질 납치'라고 부른다. 이런 상황은 보통 20~30분간 지속되지만 가장 강도가 높은 단계는 단 몇 분에 불과하다. 문제는 이 상황에서 우리가 스스로 제어가 안 된다는 점을 자각하지 못한다는 데 있다. 균형감을 가지려면 전전두피질이 필요한데 안타깝게도 이때 전전두피질은 그 순간 일시적으로 기능이 멈춰 있기 때문이다. 따라서 삶에서 어떤 부분을 변화시키려면 가능한 한 편도체 납치를 피하는 것이 최선이다. 일기 쓰기, 명상, 운동, 위로가 되는 사람과의 시간, 반려동물 껴안기, 사랑하는 사람과의 포옹은 편도체의 활성도를 낮추고 강한 감정으로 확대될 가능성을 줄인다.

성공적으로 습관을 바꾸고 싶다면 포유류 뇌가 안정감을 느끼도록 해주어야 한다. 편도체를 진정시키는 활동을 하고 변화를 작은 단계로 쪼개 친숙한 느낌을 유지하게 하는 것이다. 또한 가능하면 무엇이든 한 번에 한 가지씩 바꾸는 것이 좋다. 야심 찬 큰 변화로 여러 가지 새해 계획을 만드는 일은 편도체에게 최악이다. 대신 자신에게 이런 질문을 던져보자.

- 이달에 바꾸고 싶은 한 가지가 있다면 무엇일까?

- 그 변화를 위해 이번 주에 할 수 있는 일은 무엇일까?

- 이번 주의 목표를 달성하기 위해 할 수 있는 작은 단계의 일은 무엇일까?

예를 들어 이달에는 재정 문제 정리를 최우선으로 하고 싶다고 해보자. 첫째 주에 할 일로 '입출금 내역서 확인하기'를 선택할 수 있다. 이후 다음 주가 되면 어떤 신용카드가 혜택이 가장 좋은지 확인하고 그에 따라 카드 사용 계획을 다시 세운다. 그다음 주에는 금융 상담사와 약속을 잡는다. 또 그다음 주에는 매달 월급의 10퍼센트가 적금 계좌로 들어가도록 자동 이체를 신청한다. 이런 식으로 하나씩 실행하면 전전두피질은 많은 과제로 중압감을 느끼지 않아도 되고, 편도체 역시 매주 하나의 새로운 일만 해결하면 되기 때문에 위기감을 느끼지 않는다.

뇌를 바꾸는 Q&A

새해 결심 대신 먼저 던져야 할 질문

야심 찬 큰 변화로 여러 가지 새해 계획을 만드는 것은 편도체에게 할 수 있는 최악의 일이다. 대신 자신에게 이런 질문을 던져보자.

- 이달에 바꾸고 싶은 한 가지가 있다면 무엇일까?
- 그 변화를 위해 이번 주에 할 수 있는 일은 무엇일까?
- 이번 주의 목표를 달성하기 위해 할 수 있는 작은 단계의 일은 무엇일까?

딱 30일만 반복하면 30년은 저절로 한다

그렇다면 실제로 우리는 어떤 과정을 거쳐 변화하게 될까? 우선 각 기술, 사고, 감정, 성격 특성은 두뇌 안에서 신경망의 형태로 암호화된다는 점을 알아야 한다. 신경망은 뇌의 다양한 영역에 있는 뉴런의 집합이다. 뉴런은 서로 연결되어 있으며 신경 자극이라 불리는 약한 전기 흐름을 이용해 '소통'을 한다. 그렇다. 당신이 하는 모든 생각은 두뇌의 약한 전기 흐름으로 만들어진다. 똑같은 전기 흐름이지만 각각의 신경망은 서로 다른 생각을 생성하며, 당신이 많이 사용하는 신경망은 시간이 흐르면서 점점 강해진다. 물론 그 반대도 마찬가지다. 많이 사용하지 않는 신경망은 시간이 지나면서 점점 약화되어서 완전히 사라질 수도 있다. 뭔가를 잊는 것도 이 때문이다. 그 기억이나 기술을 저장하는 신경망이 너무나 약해져서 처음의 정보를 재생할 수 없는 것이다. 이런 현상을 어려운 말로 '활동의존 가소성'activity-dependent plasticity이라고 부른다. '사용하지 않으면 사라진다'는 특성 때문에 종종 두뇌를 근육에 비교하기도 하는데 근육이 강해지는 기제와 두뇌 신경망이 발전하는 기제는 완전히 다르지만 어쨌든 이들을 훈련시키는 주된 원리는 비슷하다.

새로운 습관을 만들고 싶다면 새롭게 만든 네트워크나 기존의 네트워크를 강화해야 한다. 그 습관이 자동화되는 지점까지 말이다. 그렇다면 새로운 네트워크는 어떻게 만들 수 있을까? 당신의 나이가 30, 40, 50대, 심지어 80대 이상일 때도 그것이 가능할까? 답은 '예스'이기도 하고 '노'

이기도 하다. 신경가소성은 매우 유연한 과정이다. 우리가 새로운 정보를 많이 받아들일수록 두뇌는 가소성이 커진다. 그렇지만 정확히 같은 일을 매일 반복하면 약간 녹이 슬기도 한다. 때문에 학습 모드로 되돌아가려면 약간의 훈련이 필요할 수도 있다. 뇌는 평생에 걸쳐 변화할 수 있으며 우리가 변화를 겪을 때마다 가소성은 강화된다.

학습은 그 대가가 대단히 큰 과정이다. 두뇌의 많은 자원과 에너지, 그리고 결정적으로 일정 수준의 시간이 필요하다. 그런 이유로 우리는 정말 필요할 때만 새로운 신경망을 개발하곤 한다. 그래서 "새로운 습관을 만드는 데 얼마나 긴 시간이 필요한가요?" 같은 질문에는 한마디로 답할 수 없다. 어떤 습관이냐에 따라, 당신이 어떤 경험을 갖고 있느냐에 따라, 당신이 이 일을 얼마나 자주 하느냐에 따라 완전히 달라지기 때문이다. 일단 다른 습관은 그만큼 다른 수의 신경망 형성을 필요로 한다. 그러므로 새로운 직업을 갖는 것처럼 복잡한 변화를 이루려면 수천 개의 새로운 신경망을 만들어내야 한다. 둘째, 이전에 해본 적이 있다면 신경망이 존재하기는 하나 사용 부족으로 약화되어 있을 것이다. 약해진 신경망을 강화하는 것은 처음부터 새로운 신경망을 만드는 것보다는 에너지가 덜 든다. 예를 들어 학창 시절 배웠던 프랑스어를 다시 공부하는 것은 전혀 배운 적 없던 외국어를 배우는 것에 비해 시간이 덜 걸린다. 마지막으로 그 기술을 자주 사용할수록 빠르게 익힐 수 있다. 학습을 시작하면 일시적으로 가소성이 생기지만 반복하지 않으면 사라져버린다. 그렇지만 특정 행동이 다음 날도, 그다음 날도 여러 날 동안 반복되면 그 일시적인 가소성은 결국 신경망을 장기적으로 강화시키고 그 기술은 자동적으로 수행되게끔 바뀐다.

따라서 새로운 활동을 시작할 때는 최소한 한두 달 동안 지속하면서 그 행동이 자동화될 수 있도록 준비를 갖춰야 한다. 다시 말해 힘이 들 때도 과거의 친숙한 방식으로 돌아가지 않고 새로운 습관을 유지할 수 있도록 주변에 지원 수단을 많이 마련해두어야 한다.

이 장을 마치며: 실패 확률 제로의 습관 전략

앤드류의 이야기로 다시 돌아가보자. 생활에 변화를 일으키고 싶다면 그는 우선 첫 단계로 시작할 하나의 습관을 선택해야 한다. 좀 더 건강한 식사로 아침을 먹기로 선택했다고 가정해보자. 먼저 현재 그가 아침에 하는 행동들이 무엇인지 조사한다. 그는 일어나서 업무용 휴대전화에서 이메일과 문자 메시지를 확인하고 스트레스를 받은 후 급히 샤워를 하고 옷을 입고 집을 떠난다. 아침부터 스트레스가 가득이다.

업무용 휴대전화를 직장에 두고 오고 개인 전화에는 일과 관련된 이메일을 연동시키지 않는다고 상상해보자. 이미 그것만으로 일과 가정의 분리가 상당히 이루어진다. 일어나면 삶은 달걀과 녹차 한 잔처럼 단백질이 풍부한 식사로 하루를 시작하며 몸을 서서히 깨운다. 샤워 전에 아침을 먹는 것이 좋다. 보통 앤드류는 샤워를 하면서 회사 일에 대해 생각하기 시작하고, 그 때문에 불안감이 높아져 입맛을 잃은 채 급히 직장으로 가기 때문이다. 반대로 그가 식사를 한 뒤 샤워를 한다면 체내에 있는 음식이 휴식과 소화를 관장하는 부교감신경 체계를 자극해서 스트레스 반응의 영향을 줄일 것이다. 그러면 그는 전처럼 불안해지지 않는다. 그는 옷을 입고 집을 나서 지하철을 타고 시내로 향한다. 역에 도착한 앤드류는 커피숍을 지나쳐 회사에서 커피를 마신다. 만약 회사에 도착했을 때 에너지가 충분한 상태를 계속 유지하고자 한다면 빵과 밀크커피 대신 블랙커피와 사과를 산다.

물론 나도 잘 안다. 이런 습관을 시작하기가 절대 쉽지 않다는 것을 말이다. 그중에서도 가장 어려운 일은 업무용 휴대전화를 직장에 두고 오는 것이 아닐까? 그렇다면 앤드류는 이런 변화를 실천에 옮기기 전 회사에 전화를 두고 오는 일이 현재와 미래에 주는 이점을 목록으로 작성해볼 필요가 있다. 그렇게 함으로써 이 새로운 습관이 건강, 정신적 안정, 업무 성과와 전반적인 경력, 취미, 재정 상황, 가족 관계, 사회생활, 아내와의 관계에 이르기까지 삶의 모든 영역에서 보다 좋은 쪽으로 가져올 변화를 명확하게 인식해야 한다. 이 단계에서는 장단점을 살피지 않는다. 장단점을 같이 고려하다 보면 이러지도 저러지도 못하는 상태가 계속되기 때문이다. 이때는 새로운 습관의 좋은 면만을 봐야 한다.

또한 한 번에 하나의 습관만을 선택하는 것이 중요하다. 이는 구체적인 행동과 '긍정적 연관성'의 구축과 관련이 있는데, 구체적인 행동이 아니면 두뇌는 긍정적 결과와의 연관성이 너무 모호하다고 받아들이기 때문이다. 예를 들어 대부분의 사람은 건강한 식사를 한다는 것의 의미를 잘 알고 있다. 하지만 행동 측면에서 봤을 때 '건강한 식사를 한다'는 너무 모호해서 사실상 뇌에게는 큰 의미가 없다. 대신 '일주일에 세 번은 시리얼에 초콜릿 대신 블루베리와 바나나를 넣어 먹는다'는 두뇌가 실행할 수 있는 구체적인 행동이 된다. 이처럼 실천 가능한 행동을 한 번에 하나씩 선택해야 한다.

위에서 설명한 회사에 업무용 전화를 두고 오는 것의 이점을 목록으로 만든다면 다음과 같이 적을 수 있다.

- 가족: 저녁에 집에서 일을 하지 않게 되면서 아내, 아이들과 더 많은 시간을 함께할 수 있다. 가족들에게 맛있는 요리를 해줄 수도 있을 것이다. 여덟 살 딸의 스페인어 공부를 돕고 수영 수업에 데려다주면서 유대를 키워갈 수도 있을 것이다. 다섯 살 아들과도 더 많이 놀아줄 수 있다.

- 신체적 건강: 활동이 더 많아지고 운동을 하거나 한 정거장 먼저 내려 집에 걸어올 시간을 낼 수도 있을 것이다. 불안을 덜 느끼기 때문에 마음을 진정시키기 위해 간식이나 당분이 많은 음식을 먹을 필요가 없어질 것이다. 주말에는 아이들과 야외에서 시간을 보낼 수도 있을 것이다.

- 정신적 건강: 불안과 스트레스가 줄어들기 시작할 것이고 우울 증세를 줄이는 데에도 도움이 될 것이다. 뇌가 회복하고 영양소와 신경전달물질을 보충할 충분한 시간을 얻으면서 정신이 더 맑아질 것이다.

- 일: 일과 휴식을 분리함으로써 더 잘 쉴 수 있고 다음 날 훨씬 더 상쾌한 기분을 느낄 것이다. 일에 열정적이 되고 생각을 정리할 시간을 더 많이 가지면서 더 나은 해법과 창의적인 접근법을 내놓을 수 있을 것이다. 전전두피질이 많이 회복되면서 업무 성과가 거의 즉각적으로 향상될 것이다. 다음 날 기분이 나아지면서 동료들과도 더 나은 관계를 유지할 수 있을 것이다. 나아가 팀원들의 니즈에 초점을 맞추고 더 나은 리더가 되는 일에 관심을 둘 정신적 여유를 얻게 될 것이다.

- 재정: 직장에서 더 나은 성과를 올리면서 더 많은 보너스를 받게 될 것이다. 재정 상태를 확인하고 저축한 돈을 투자할 더 좋은 방법을 생각할 시간이 많아진다. 그 결과 신용카드의 빚이 늘어나거나 다른 불필요한 지출이 생기는 상황이 없어질 것이다.

- 사회생활: 오랜 친구들과 만날 시간을 낼 수 있게 될 것이다. 지나치게 자주 휴대전화를 확인하지 않게 된다. 대인 관계가 개선되면서 내 문제를 털어놓는 일이 좀 더 편안해지고 이로써 단절되어 있다는 느낌이 줄어들 것이다.

- 취미: 영화를 보고, 스쿼시를 치고, 새로운 요리를 시도해볼 시간이 생길 것이다. 너무 기대가 된다. 일에 치여서 스스로에게 정말 좋아하던 일을 할 시간을 주지 못했다.

- 아내와의 정서적, 신체적 친밀감: 아내와 함께하는 시간을 더 많이 가지게 될 것이다. 아내의 말을 경청하고 그녀에게 더 많은 관심을 쏟을 것이다. 요리를 해주고, 꽃을 사주고, 그녀가 좋아하는 것이 무엇인지 알아내서 깜짝 선물을 하고, 때때로 마음을 표현하는 작은 물건을 살 수 있을 것이다. 외모를 가꾸는

시간을 가지게 될 것이다. 이는 나 자신에게도 이롭지만 아내 역시 내게서 새로운 매력을 발견하게 될 것이다.

얼마든지 계속할 수 있다. 많은 이유를 찾아낼수록 긍정적인 연관성은 더 강해진다. 이로써 두뇌의 보상 체계에서 더 많은 도파민이 분비되면서 변화에 대한 열망 또한 자연스럽게 더 높아진다.

앤드류는 회사에 업무용 전화를 두고 오기만 하면 저녁과 아침에 좀 더 여유를 가질 수 있다는 것을 깨달았다. 그리고 그렇게 해야 하는 이유의 목록도 만들었다. 이제 그는 끊임없이 업무용 전화를 확인함으로써 그가 충족시키고 있던 욕구가 무엇이었는지, 그렇게 하도록 그를 자극하는 것이 무엇이었는지 찾아내야 했다. 앤드류는 일주일 동안 업무 시간 외에 전화를 확인하는 때가 언제인지를 기록했다. 무슨 일을 하고 있었나? 어떤 기분이었나? 그 이전에 어떤 일이 일어났었나? 누구와 함께 있었나? 이후 어떤 일을 해야 했나? 이렇게 추적한 끝에 그는 주된 계기가 감정적 문제, 즉 불안이라는 것을 발견했다. 이 습관의 보상은 감정 상태의 변화와 불안으로부터 '주의를 돌리는 것'이었다. 이후 그는 코치인 나와 함께 불안을 줄이는 데 도움을 줄 다른 일들을 확인했다. 앤드류의 경우에는 호흡 훈련, 명상, 일기 쓰기가 가장 효과가 좋은 것 같았다. 이렇게 그는 욕구를 충족시키는 새로운 방법을 개발하기 시작했다. 그때까지 앤드류는 아직 업무 전화를 직장에 두고 오지 않았다. 하지만 전화를 확인하고 싶은 욕구를 느낄 때마다 5분간 호흡 훈련을 하고 난 뒤 전화를 확인했다. 흥미롭게도 호흡 훈련을 하고 나면 대부분 전화를 확인하고 싶은 욕구가 크게 감소했다.

다음으로 앤드류는 첫 번째 작은 걸음을 내딛기로 했다. 일주일에 하루, 월요일에만 회사에 업무 전화를 두고 오는 것이었다. 마음의 안정을 위해서 그는 직속 상사에게 불안과 관련된 자신의 문제를 털어놓고 그 문제에 대처하기 위해 코치와 프로그램을 진행 중이라는 이야기를 전했다. 당연히 그의 상사는 집에 업무용 전화를 가져가지 않는 데 동의했고 업무 시간에만 연락이 가능하다는 점을 받아들였다. 또한 한 시간 일찍 출근해 업무가 바빠지고 팀원들 문제로 주의가 산만해지기 전에 중요한 이메일에 답하는 시간을 갖는 자기 나름의 방법에 대해서도 일러주었다. 앤드류는 그 방법이 마음에 들었고 월요일 저녁 회사에 업무용 전화를 두고 온 뒤 화요일 아침에는 9시가 아닌 8시까지 출근하기로 마음먹었다. 이 방법은 일과 중에 이메일에 응답할 충분한 시간이 없으면 어쩌나 하는 걱정을 덜어주었다. 이렇게 세 번의 과제를 성공적으로 실행한 뒤 앤드류는 자신에 대한 보상으로 새 구두를 샀다. 오래전부터 구입하고 싶었지만 스스로 그럴 자격이 없다고 생각했던 물건이었다.

마지막 단계는 장기 계획을 세우고 장기적인 지원 방안을 마련하는 것이었다. 앤드류는 이미 이 일을 처리했다. 상사와 아내에게 자신이 원하는 바가 무엇인지 밝혔고 두 사람 모두 그가 책임감 있게 그 일을 해내도록 도와주기로 약속했다. 또한 그는 매주 나와 만나 문제를 공유하고 그 문제들을 분석하고 해결하는 시간을 가졌다. 이제 장기적인 보상이 그를 기다리고 있다. 3개월 동안 계획을 잘 지키고 나면 가족들과 이탈리아로 여행을 가기로 한 것이다!

지금까지의 내용을 정리하면 습관을 바꾸기 위해서는 이런 단계들을 밟아야 한다.

1. 습관을 바꾸기 위해서는 전전두피질의 에너지 수준을 관리해야 한다. 쉽게 지치고 과부하도 쉽게 걸리는 부분이기 때문이다. 정신적인 부담을 덜고, 당장의 과제에 집중하고, 새로운 습관은 아침이나 휴식 직후에 실천하면 전전두피질의 에너지를 관리할 수 있을 것이다.

2. 확실한 동기부여가 필요한가? 뇌의 보상 중추를 깨워보자. 새로운 습관이 삶의 모든 영역에 가져다줄 혜택을 목록으로 만들어보라. 가능한 한 구체적으로 만들되 가장 의미 있는 주제를 포함해야 한다.

3. 나쁜 습관을 지속하는 이유는 그런 습관들이 뇌에 필수적인 욕구를 충족시켜주기 때문이다. 우선 당신의 나쁜 습관이 어떤 욕구를 채워주고 있는지 파악한 뒤 그 욕구를 대신 충족시켜줄 수 있는 다른 습관으로 대체해야 한다.

4. 포유류 뇌에서 가장 오래된 감정 중추인 편도체는 새로운 것을 싫어한다. 많은 변화가 빠르게 일어나면 쉽게 겁을 먹고 불안, 분노 등의 감정을 극도로 끌어올린다. 심지어는 전전두피질의 전원을 일시적으로 꺼버려 충동적으로 후회할 만한 짓을 저지르게 하기도 한다. 그러므로 산책, 명상, 사랑하는 사람과 시간 보내기 등의 활동을 해서 편도체를

진정시켜야 한다.

5. 새로운 습관을 만들기 위해서는 뇌에 새로운 신경망을 만들고 강화시켜야 한다. 많은 시간과 에너지, 그리고 반복이 필요하다. 두뇌는 충분히 자주 사용해야만 새로운 신경망을 유지하기 때문이다. 그러므로 새로운 습관을 가끔 장시간 실천하는 것보다는 자주, 그리고 조금씩 실천하는 것이 좋다. 적어도 두 달 동안은 지속할 수 있도록 전략을 짜야 한다. 여러 사람에게 공개해서 책임감을 느끼게 하거나 일기를 쓰거나 장기적인 보상을 약속하거나 지원을 요청하라.

제2장

들쭉날쭉
내 감정에 휘둘리지
않는 기술

우리가 행복을 느끼는 데 감정은 없어선 안 될 필수 요인이다. 하지만 불안, 스트레스, 두려움과 같은 감정은 최고로 행복한 경험조차 엉망으로 만들 수 있다. 인간은 무엇을 먹을지에서부터 누구와 데이트를 할지, 어떤 일을 할지에 이르기까지 삶의 모든 선택에서 감정에 큰 영향을 받는다. 아무리 이성적인 사람이라도 감정의 영향을 피할 수는 없다.

감정은 인간의 내·외적 환경에 대한 귀중한 정보를 담고 있다. 하지만 우리는 감정에 대해서 이야기하기를 무척 꺼려하는 편이다. 불쾌한 감정을 누르고 긍정적인 사고로 의욕을 끌어올리라는 세상의 가르침을 주입받으며 성장했기 때문이다. 그러나 불행히도 '긍정적인 사고'는 어떤 사건에 대한 진정한 감정을 인식하지 못하게 하며, 그 결과 우리는 종종 바람직하지 못한 결정을 내린 뒤 진정한 행복을 잃고 우울감에 빠지곤 한다.

이 장에서는 감정의 본질과 중요성, 감정을 경험할 때 뇌에서 일어나는 일, 최선의 의사결정을 내리는 데 감정을 활용하는 방법에 대해서 설명할 것이다. 또한 스트레스와 불안과 같은 강렬한 감정을 느낄 때 형편없는 판단을 내리는 이유와 이런 상황에 대응하는 최선의 방법에 대해서도 이야기할 것이다. 그리고 마지막에는 건전한 의사결정에 필수적인 감정적 메시지를 이해하고 감정 패턴을 조절하는 데 도움을 주는 실용적인 기술들을 소개한다.

감정은 생존의 무기로 생겨났다

시간을 1만 년 전으로 되돌려 이 모든 것이 시작된 아프리카 사바나로 가보자. 인간은 개인과 종족의 생존이라는 명확한 목표를 가지고 수렵 채집 공동체에서 살고 있었다. 환경은 열악했다. 냉장고도, TV도, 스마트폰도, 배달 음식도 없었다! 인간은 다른 많은 포유류와 별로 다르지 않았다. 먹이를 찾거나 사냥하기 위해 필요한 물건들을 모아야 했으며 동시에 다른 종에게 사냥당하지 않도록 조심해야 했다. 이 때문에 인간에게는 환경에 즉각적으로 반응하는 대단히 기민한 두뇌와 신체가 필요했다. 주의가 흐트러지거나 낙관적인 태도를 가져서는 집으로 먹을거리를 가져가기는커녕 내가 먹잇감이 될 확률을 높일 뿐이었으니까. 그렇다면 뇌의 어떤 과정이 생존을 보장해주었을까?

생존을 위해서 인간에게는 정말로 재빠른 감지 시스템이 필요했다. 위험을 알릴 뿐 아니라 위험에 적절히 대응하도록(대개 도망치거나 싸우는, 즉 '투쟁-도주' 반응) 신체의 생리까지 변화시키는 체계를 만들어야 했다. 이렇게 해서 포유류 뇌 혹은 변연계는 대단히 유용하게 발전했다. 거의 즉각적으로 위협을 감지하고 자동으로 생존을 위한 반응을 하는 방향으로 말이다. 이렇게 포유류 뇌 중추에서 만들어진 인간의 감정은 환경에 대한 빠른 판단을 가능케 해서 생존 확률을 높여주었다. 우리가 사는 환경은 진화했지만 이러한 뇌의 감정 중추는 1만 년 전에서 바뀌지 않았다. 그러므로 행동 패턴 뒤에 있는 감정적 의미를 이해하기 위해서는 진화에서 감정이 맡았던 역할을 고려해야 한다.

모든 인간의 감정은 크게 슬픔, 분노, 죄책감과 수치심, 혐오감, 두려움, 놀람, 흥분과 기쁨, 사랑과 신뢰의 여덟 가지로 나눌 수 있다. 각 감정은 뚜렷한 목적과 그와 연관된 구체적인 트리거trigger, 즉 유인이 있다. 그리고 그 트리거는 개인이나 종의 생존에 유리한 행동을 이끌어내는 생리적 신체 반응으로 이어진다.

트리거 → 감정 → 생리적 변화 → 행동 → 개인과 종의 생존하지만 생활 환경의 커다란 변화로 오늘날은 많은 트리거가 상상 속에만 존재하게 되었다. 이제 우리가 취하는 행동들, 예를 들어 슬플 때 초콜릿 쿠키를 먹는 것과 같은 행동들이 반드시 생존 가능성을 높인다고 할 수 없게 되었다는 얘기다. 그러므로 이제는 각 유형의 감정을 만나면 어떤 반응이 유용하고, 어떤 반응이 역효과를 낳는지 스스로 평가해야만 한다.

나를 울고 웃고 미치게 하는 감정들

우리가 매일 마주하는 여덟 가지 감정들은 어떤 상황에서 어떻게 발현되는 것일까? 하나씩 살펴보자.

무력감을 가져오는 반응, 슬픔

'슬픔'은 좋지 않은 상황에 반응하는 수동적인 감정이다. 우리는 사랑하는 사람이 떠나거나 치료가 불가능한 병에 걸리거나 어쩔 수 없이 싫은 상황에 묶여 있을 때 슬픔을 느낀다. 슬픔을 느낄 때는 항상 일정한 수준의 통제력 부족이 따라온다. 이는 근육으로 가는 혈류를 감소시키고 무력감과 포기하고 싶은 감정을 만들어낸다. 이런 무력한 감정은 실제일 수도 있고 인식에서 비롯된 것일 수도 있다. 뭐가 됐든 포유류 뇌 중추는 그 둘의 차이를 구별하지 못한다.

슬픔을 느낄 때 우리는 초콜릿을 먹거나 재미있는 유튜브 영상을 보거나 술을 마시거나 운동이나 일에 몰두하는 식으로 불쾌한 감정을 회피하는 행동을 취한다. 이를 '현실도피'라고 부른다. 물론 어떤 상황에서는 감정을 조절하고 신체에 회복과 재충전의 기회를 주기 위해 현실도피가 필요하기도 하다. 그렇지만 너무 자주 현실도피가 일어나면 중독적인 습관으로 발전한다. 도피를 일으키는 감정들이 계속 늘어나면서 주의를 분산시키는 더 강력한 행동이 필요하고, 그러다 정말 벗어나기 힘든 심각한 중독으로 이어지는 것이다. 그렇다면 슬픔을 느낄 때 유용한 반응은 무엇일까? 물론 상황에 따라 다를 것이다. 여기 자신의 직업을 몹시 싫어하는 루시라는 한 여성을 예로 들어보겠다. 매주 월요일이면 그녀는 출근하면서 큰 슬픔을 느낀다. 직장에 도착하기도 전에 말이다. 직장이 슬픔의 유인이라면 그녀가 하는 일에서 구체적으로 어떤 부분이 그렇게 심각한 무력감을 자아내는지 알아봐야 한다. 내가 경력 코칭을 할 때 클라이언트와 즐겨 이용하는 경력 가치관 체크리스트가 있다. 이 방법을 이용하려면 일단 당신이 꿈꾸는 이상적인 일의 여덟 가지 기준을 적어야 한다. 지금 직장에서 맡은 역할에 구애되지 말고 일에서 만족감을 느끼기 위해 필요한 기준들을 상상해보라. 루시는 다음과 같은 목록을 만들었다.

- 인정: 내가 하는 일에 대해 인정을 받는다.
- 자율성: 자유롭게 의사결정을 할 수 있다.

- 시간과 장소의 자유: 근무 시간을 유연하게 조정할 수 있고 때로는 재택근무도 할 수 있다.

- 멘토링: 다른 사람의 성장을 돕는다.

- 재정: 연간 6~7만 파운드를 번다.

- 기여: 세상에 긍정적인 영향을 미친다.

- 의욕을 북돋아주는 팀: 협력하는 팀원들과 함께 일한다.

- 권한 부여 리더십: 나를 신뢰하는 멘토가 있다.

그 뒤 나는 루시에게 현재 직업에서 이들 측면에 대한 점수를 매기도록 했다(1점은 매우 나쁨, 10점은 매우 좋음이라는 기준을 주었다). 루시는 잠깐 생각하더니 다음과 같은 분석을 내놓았다.

- 인정: 9점

- 자율성: 8점

- 시간과 장소의 자유: 9점

- 멘토링: 4점

- 재정: 10점

- 기여: 3점

- 의욕을 북돋아주는 팀: 3점

- 권한 부여 리더십: 2점

이제 더 나은 그림을 갖게 되었다. 루시는 상당히 높은 위치에서 아주 높은 성과를 올리는 직원이다. 연봉이 높고 많은 자율성을 누리고 있다. 그렇지만 그녀는 인적 교류가 부족하고 다른 팀원들과 잘 맞지 않는다고 느낀다. 그녀는 직속 상사에게 어떤 도움도 받지 못하며 대부분의 시간을 컴퓨터 앞에서 보낸다. 더구나 자신의 일이 사회에 어떤 가치 있는 기여도 하지 않는다고 생각한다. 그녀가 느끼는 슬픔은 바로 여기에서 비롯된다. 직장에서 너무나 많은 이득을 얻고 있기에 직장을 떠나고 싶진 않은데 성취감을 전혀 느끼지 못하는 상황을 어떻게 개선해야 할지 모르는 것이다. 그녀는 무력감을 느꼈으며 이런 기분이 들 때마다 달고 자극적인 간식을 먹으며 소셜미디어를 둘러보았다. 그러나 이런 행동은 상황을 바꾸지 못하고 오히려 그녀의 건강과 업무 성과에 악영향을 주면서 그녀를 더욱 심한 교착상태에 밀어 넣었다. 어떤 조치를 취해야 그녀가 이 상황에서 빠져나올 수 있을까? 커리어 변화에 대한 책을 읽어볼 수 있을 것이다. 비슷한 경험을 하는 사람들이 모인 커뮤니티를 찾아갈 수도 있다. 또 이런 상황에서 빠져나오는 것을 도와줄 코치를 구할 수도 있다. 자신의 능력을 평가한 뒤 다른 업계에서 일자리를 찾아보거나 같은 회사에서 부서를 바꾸어 변화를 시도해볼 수도 있다. 선택지는 무궁무진하다. 그러나 슬픔은 생각을 마비시켜 아무런 조치도 취하지 못하게 한다. 현재의 내 모습과 내가 바라는 모습 사이의 격차가 클 때는 더욱 그렇다.

내 이상과 현실의 격차는 얼마나 될까?

당신이 꿈꾸는 이상적인 일의 기준은 무엇인가? 직장에서의 역할에 구애되지 말고 일에서 만족감을 느끼기 위해 필요한 기준들을 상상한 뒤 1점(매우 나쁨)부터 10점(매우 좋음)까지 점수를 매겨보자.

• 당신이 일에서 만족감을 느끼기 위해 필요한 기준은 무엇인가? 현재에 대한 만족도는 몇 점인가?

1. _____ (점수:)

2. _____ (점수:)

3. _____ (점수:)

4. _____ (점수:)

5. _____ (점수:)

위험에 대한 적극적인 반응, 분노

두 번째 감정은 '분노'다. 슬픔과는 달리 분노는 실제 혹은 인식한 위험에 대한 반응으로 나타나는 능동적인 감정이다. 분노의 감정은 팔다리 근육에 산소가 풍부한 혈액을 공급하고 심장을 빠르게 뛰도록 해서 불쾌한 상황에서 도망치거나 그 상황을 싸워서 헤쳐 나가도록 한다. 슬픔과 마찬가지로 분노를 폭발시키는 데에는 보통 명확한 유인이 있으며 그런 반응이 반복될 경우 반응을 더 강하고 쉽게 끌어낼 수 있다.

분노를 불러일으키는 유인은 개인마다 다른데, 보통 어린 시절이나 양육 환경에 따라 생의 초기에 정해지는 경우가 많다. 주로 당신이나 당신의 가족에게 피해를 주는 상황과 관련이 깊다. 또 다른 범주로는 사회적인 유인이 있다. 부당함, 이해를 받지 못하거나 무시당하는 것, 과도한 비난, 충분한 관심을 받지 못하는 것, 인간관계에서 욕구를 충분히 충족시키지 못해 분노를 느끼는 것은 아주 흔한 일이다.

흥미롭게도 어떤 사람에게는 분노를 유발하는 상황이 다른 사람에게는 슬픔을 유발한다. 앞서 이야기한 루시에 대해서 생각해보자. 그녀가 자신의 상황을 약간 다르게 받아들였다면 어떨까? 자신이 직속 상사로부터 훨씬 많은 지원을 받아야 마땅하다고 생각했다면? 그녀는 상사에게 분노를 느낄 것이다. 개인적 기질과 어린 시절 및 그 이후 통제력에 대한 인식의 차이가 상황에 분노로 반응할지 슬픔으로 반응할지 영향을 준다. 이런 서로 다른 반응을 불러일으키는 또 하나의 요인에는 원인을 어디에 두느냐, 즉 특정 상황에서 자신을 탓하는지 다른 사람을 탓하는지가 있다. 여기에서 다음 감정인 죄책감과 수치심이 등장한다.

지나친 의무가 만드는 감정, 죄책감과 수치심

'죄책감'과 '수치심'은 당신의 행동이나 존재 방식이 사회의 요구에 적합하지 않음을 나타내는 '사회적 감정'이다. 죄책감은 하지 말았어야 한다고 생각하는데 해버린 일 혹은 했어야 한다고 생각하는데 하지 않은 일에서 비롯되는 경우가 많다. 진화의 측면에서 이런 감정은 당신이 부족 내에서 자기 몫을 다하지 못하고 있으며 당신의 행동이 집단을 위태롭게 한다는 것을 나타낸다. 이는 행동을 집단에 이익이 되는 쪽으로 돌려놓는 피드백 기제다. 하지만 현대에 와서는 죄책감의 주된 유인이 '의무'로 바뀌었다. 즉 다른 사람이나 사회로부터의 기대에서 비롯된 내면화된 지침으로 말이다. 따라서 이런 감정을 느낀다면 자신의 생각을 한번 검토해봐야 한다. 그러기 위해서는 당신이 생각하는 모든 의무를 적은 광범위한 목록을 만들어야 한다. 지위, 직업, 신체, 건강 등 '자책'이 이루어지는 부분이라면 삶의 모든 영역이 다 해당된다.

　나는 루시에게 이 목록을 한번 만들어보라고 요청했고 그녀는 다음과 같은 목록을 만들었다.

- 나는 런던에 집을 소유해야 한다.

- 나는 12만 달러 수준의 연봉을 받아야 한다.

- 나는 아이를 낳고 헌신적인 엄마가 되어야 한다.

- 나는 결혼해서 영원히 지속되는 이상적인 관계를 가져야 한다.

- 나는 매일 체육관에 가야만 한다.

- 나는 절대 화를 내서는 안 된다.

- 나는 친구도 많이 사귀고 그들과 자주 어울려야 한다.

- 나는 직접 요리를 해야 한다.

- 나는 날씬하고 건강해야 한다.

- 나는 군것질을 그만해야 한다.

- 나는 지금처럼 커피를 많이 마시면 안 된다.

- 나는 일찍 일어나 명상을 하거나 달리기를 해야 한다.

- 나는 내 아파트를 깔끔하게 관리해야 한다.

- 나는 가족들에게 전화를 더 자주 해야 한다.

- 나는 여행을 더 다녀야 한다.

- 나는 다른 사람들을 더 도와야 한다.

- 나는 남자친구한테 투덜거려서는 안 된다.

- 나는 남자친구에게 너무 의지해서는 안 된다.

- 나는 저축을 더 해야 한다.

가능한 많은 의무를 생각해서 적도록 한다. 루시의 목록을 보면 그녀가 스스로에게 비현실적인 기대를 많이 한다는 것을 알 수 있다. 한쪽으로는 인간관계에 집중하고 아이를 갖고 헌신적인 엄마가 되어야 하며, 다른 한쪽으로는 커리어에 집중하고 돈을 많이 벌고 런던에 집을 사야 한다. 자신이 그런 기준에 부합해야 하는데 계속 '실패'하기 때문에 버거운 기분을 느끼는 것이다. 이를 해결하기 위해서는 이런 신념이 어디에서 비롯되었는지, 그것들이 지금 이 시점에서 루시에게 정말 중요한 것인지 살펴야 한다. 우리는 어린 시절부터 양육자나 권위자로부터 많은 의무를 요구받으면서 그들의 가치관과 목소리를 우리 자신의 사고 속에 내면화시킨다. 하지만 이성의 전전두피질을 이용해서 그 목소리에 반박하고 다음과 같은 질문을 던질 수 있다.

- 내 목록의 '의무'는 누구의 것인가?(목록의 각 내용을 살펴보고 조언이나 본보기의 형태로 자신의 신념을 당신에게 전해준 사람들의 이름을 적는다.)
- 그 '의무'가 현재 나의 삶에서 개인적으로 얼마나 중요한지를 1점에서 10점으로 평가한다면?
- 내가 이 '의무'를 따를 때의 단점은 무엇인가?

마지막 질문은 사고에 균형과 현실적인 기대를 끌어들이기 위한 것이다. 우리가 가진 시간과 에너지, 기타 자원은 한정되어 있다. 그렇다면 그 자원들을 어디에 사용해야 할지 우선순위를 정해야 한다. 인생의 한 영역에 집중하면 다른 부분에는 소홀해질 수밖에 없다. 삶에 자율권을 부여하기 위해서는 주어진 순간에 당신에게 정말로 중요한 것이 무엇인지 의식적인 선택을 하고 그 가치로 초점을 옮겨야 한다. '의무'를 그런 방식으로 바라보면 즉각적으로 가능한 것과 그렇지 않은 것에 대한 훨씬 더 객관적인 시각을 갖게 된다. 이로써 자기 비난과 수치심을 덜어낼 수 있다.

죄책감이 특정한 행동 혹은 반대로 하지 않은 행동에 대한 감정인 반면, 수치심은 결함이 있는 대상에 대한 감정이라는 점을 기억해야 한다. 수치심을 느낀다는 것은 반드시 어떠해야 한다는 믿음과 실제의 상태 사이에 큰 격차가 있다는 의미다. 당연히 수치심과 맞서는 데에 훨씬 더 많은 노력이 필요하다.

내가 짊어진 의무의 무게 계산해보기

내가 생각하는 나의 의무를 적어보자. 가능한 한 많이 떠올려보는 게 좋다. 다 적은 뒤에는 각 의무에 대해 세 가지 질문을 던져보자. 무엇이 정말로 중요한지 깨닫고 인생의 우선순위를 다시 설정해볼 수 있을 것이다.

• 나에게 주어진 가장 큰 의무 다섯 가지는 무엇인가?

1. _____

2. _____

3. _____

4. _____

5. _____

위의 다섯 가지 의무에 대해 질문을 던져보자.

• 내 목록의 '의무'는 누구의 것인가?
• 그 '의무'가 현재 나의 삶에서 개인적으로 얼마나 중요한지를 1점에서 10점으로 평가한다면?
• 내가 이 '의무'를 따를 때의 단점은 무엇인가?

도덕적 신념까지도 자극하는 감정, 혐오

네 번째 감정은 '혐오'다. 진화론적 관점에서 혐오의 감정은 우리가 섭취하기에 적합지 않은 대상과 위험할 수 있는 질병을 가진 사람으로부터 멀어지는 데 도움을 주었다. 우리의 사고 중추, 특히 전전두피질은 감정을 만드는 포유류 뇌에 연결되어 있고, 따라서 도덕적 신념도 혐오의 감정을 자극할 수 있다. 배우자가 부정을 저질렀다는 것을 알고 혐오감을 느끼거나 약한 사람, 특히 어린이를 학대한 사람에 대한 뉴스를 듣고 혐오감을 느끼는 사람들의 이야기를 종종 듣는다. 혐오는 도덕적 규범이 침해되었지만 당장은 그것을 바로잡기 위해 우리가 할 수 있는 일이 많지 않다는 것을 알려준다.

실제보다 부풀려진 강한 감정적 반응, 두려움

다섯 번째 감정인 '두려움'은 이길 가능성이 없는 상황, 예를 들어 훨씬 큰 포식자, 심각한 기상 조건, 높은 곳 등에서 멀어지게 하기 위해 진화되었다. 이러한 두려움은 실제 상황뿐만 아니라 생존에 위협이 될 수 있는 상황을 상상할 때 유발되기도 한다. 위험을 과장하는 포유류 뇌 때문에 우리는 미래를 실제보다 훨씬 나쁘게 상상하곤 한다. 포유류 뇌는 현실을 알지 못한다. 그저 떠오르는 생각을 믿고, 이런 생각이 진짜인 것처럼 강한 감정적 반응을 만들어낼 뿐이다. 두려움을 촉발하는 흔한 유인에는 사랑하는 사람을 잃는 것, 불치병에 걸리는 것, 심각한 부상을 입는 것, 파산하는 것, 직장을 잃는 것 등이 있다.

그러나 두려워하는 대부분의 일들은 실제로는 거의 일어나지 않으며 일어난다고 해도 대부분의 사람은 그에 대응할 충분한 능력을 갖추고 있다. 루시가 직장을 잃었다고 상상해보자. 상사로부터 아무런 피드백을 받지 못하고 있기 때문에 그녀는 자신의 성과가 만족스러운지 아닌지 전혀 알지 못한다. 내가 루시에게 직장을 잃으면 어떤 일이 일어날 것 같냐고 처음 질문했을 때, 그녀는 잔뜩 긴장을 해 머릿속이 하얗게 된 나머지 아무런 말도 하지 못했다. 이후 루시에게 자기 일을 싫어하고 직장에서 인정을 받지 못한다고 느끼는 '조지'라는 가상의 인물을 상상하도록 했다. 조지가 정리 해고를 당했다면? 루시는 기운을 차리고 브레인스토밍을 시작했다. 다른 직장을 구할 수 있다. 퇴직금을 투자해 완전히 다른 분야를 공부해볼 수 있다. 다른 나라로 가 영어를 가르치는 일을 할 수 있다. 하와이로 가서 돈이 떨어질 때까지 서핑을 할 수 있다. 잠깐 부모님 집으로 들어가거나 친구들과 함께 살면서 어떻게 해야 할지를 생각해볼 수 있다. 선택지는 끝없이 많다. 그제서야 루시는 자신의 상황을 객관적으로 살필 수 있었다. 이번에 그녀는 미소를 지으면서 정리 해고를 당했을 때 생각할 수 있는 여러 가지 멋진 시나리오를 만들어 냈다. 심지어는 정리 해고를 바라는 지경에 이르렀다.

이처럼 두려움의 대상에 대해 자세히 살피다 보면 생각했던 것보다 많은 선택지가 있음을 깨닫게 된다. 미래의 어떤 일에 대해 계속 두려움을 가지고 살아왔다면 다른 사람이 그 미래 상황에 놓여 있다고 생각하고 아이디어를 궁리해보라고 권하고 싶다. 그 과정에서 새로운 시각을 갖게 될 것이다.

또 다른 종류의 두려움은 공포증이다. 현대적인 도구를 개발하지 않았더라면 생명에 위협이 되었을 상황(예를 들어 비행에 대한 두려움, 뱀에 대한 두려움)에 대한 대단히 원시적인 반응이다. 공포증을 해소하려면 편도체에 안전하다는 것을 확인시킬 방법을 찾아야 한다. 하지만 맹렬한 두려움을 느끼고 있을 때는 이렇게 하기가 쉽지 않다. 이에 대해서는 이 장의 후반부에서 편도체를 달래는 기법을 다루면서 좀 더 자세히 이야기할 것이다.

불확실한 상황에 대한 중립적인 반응, 놀람

여섯 번째 감정인 '놀람'은 결과에 따라 반가운 감정일 수도 있고, 불쾌한 감정일 수도 있다. 놀람은 아직 결과를 알지 못하는 불확실한 상황에 대처하도록 몸을 준비시킨다. 루시가 집에 돌아와서 현관 앞에 있는 꽃바구니를 발견한다면 그녀는 놀람의 감정을 느낄 것이다. 그녀가 좋아하는 어떤 사람과 데이트할 기회가 생겼다는 생각에 흥분하거나, 그녀가 연애 감정을 전혀 갖고 있지 않은 누군가가 보냈다는 것을 알고 질겁하기 전까지 말이다.

이어서 살펴볼 두 유형의 감정, '흥분-기쁨'과 '사랑-신뢰'는 긍정적인 감정으로 여겨지는 것들이다. 이 두 유형의 감정은 우리가 처한 상황이나 참여하고 있는 활동이 생존에 바람직하다는 것을 나타낸다.

안전과 생존의 다른 이름, 흥분과 기쁨

'흥분'과 '기쁨'의 흔한 유인에는 가족이나 친구와의 즐거운 시간(집단의 응집력이 좋음을 나타낸다), 좋아하는 활동을 하는 것(이런 일에 집중해도 될 만큼 세상이 충분히 안전함을 나타낸다), 맛있는 음식(신체적 생존), 매력적인 사람과 데이트를 하는 것(종의 생존) 등이 있다. 물론 때로 우리의 포유류 뇌 중추와 인간 뇌 중추의 의견이 충돌할 때가 있다. 당분이 많은 과자와 살이 찌는 것은 신체적 생존 측면에서는 좋은 일이지만 해변에서 당신이 원하는 몸매를 만드는 데에는 도움이 되지 않는다. 당신이 본능적으로 무척 끌리는 사람이 당신이 어떤 것도 함께하고 싶지 않은 사이코일 수도 있다. 그렇다, 이는 상당히 복잡한 문제이기도 하다.

타인과의 관계에서 나타나는 사회적 감정, 사랑과 신뢰

마지막으로 '사랑'과 '신뢰'는 타인과의 관계가 충분히 안전하고 예측 가능할 때 발전시키는 사회적인 감정이다. 나는 이 둘을 하나의 감정으로 분류할 것이다. 이 감정은 부모가 자식을 돌보고 배우자가 서로에게 돌아오도록 하기 위해 진화했다. 사랑과 신뢰가 지속되려면 행동의 예측 가능성이 전제되어야 한다. 특히 신뢰의 경우에는 거짓말과 같은 이전의 행동과 조화되지 않은 사건이 발생했을 때 회복하기가 대단히 힘들다.

이렇게 실제적 위험 혹은 인식된 위험에 대해 경고해주는 감정은 다섯 가지고, 일이 잘 돌아가고 있다고 알려주는 감정은 두 가지뿐이다. 놀람은 결과에 따라서 두 가지 모두에 해당된다. 이런 불공평한 감정 분포가 의미하는 것은 무엇일까? 바로 즐거움을 좇는 것보다 위험을 피하는 일이 생존에 훨씬 더 중요하다는 점이다. 이런 빈틈없는 위험 관리 시스템 덕분에 수천 년 동안 인간이 안전하고 건강하게 생존할 수 있었던 것이다. 이어지는 내용에서 몸과 뇌에 어떤 일이 일어나는지 알아봄으로써 이런 반응을 중재하고 우리가 할 수 있는 일은 없는지 분석해보자.

내 머릿속 일곱 가지 감정 컨트롤러

뇌와 신체에는 감정을 정확하게 느끼도록 하기 위한 일종의 감정 시스템이 있다. 다음의 일곱 가지 시스템이 잘 작동했을 때 우리는 감정을 제대로 느낄 수 있다.

1. 위협 감지기threat detector: 환경 내의 위험 수준을 감지하고 구체적인 위험 관련 감정을 촉발하는 시스템이다. 포유류 뇌에 해당하는 편도체는 위협 감지기 역할을 하면서 위험을 정확하고 매우 빠르게 감지해낸다.

2. 즐거움 감지기pleasure detector: '보상 체계'라고도 불리는 시스템이다. 인간의 생존과 종의 생존에 이로운 대상과 사람을 감지하기 위해 진화했다. 환경 내에서 즐거움의 가능성을 감지하는 복측피개영역과 맛있는 음식을 먹고, 짝짓기 행동을 하고, 재미있는 책을 읽을 때 즐거운 감정을 만드는 측좌핵으로 이루어진다.

3. 뇌-신체 연결기brain-body connector: 몸의 여러 부분들에 영향을 주어 감정에 따라 몸을 준비시키는 시스템이다. 시상하부라고 불리는 뇌 구조가 항상성 유지를 위해 특정 상태와 행동을 촉발하는 호르몬을 분비함으로써 뇌와 신체를 연결한다. 어느 정도는 신체-뇌 연결기의 역할도 한다. 시상하부는 혈류와 혈당의 상태를 끊임없이 모니터한다.

4. 신체-뇌 연결기body-brain connector: 몸의 상태를 파악해 뇌의 처리 과정을 그에 따라 조절하는 시스템이다. '뇌도'insula라는 뇌의 또 다른 부분이 몸의 상태(내장 정보라고도 한다)를 꾸준히 모니터하고 그에 따라 신경계의 기능을 조절한다. 뇌도는 심박 상승, 빠른 호흡을 감지해서 불안을 가중시키면서 악순환을 야기한다.

5. 활성기activator: 위험이 감지되면 모든 신체 기관을 각성 상태로 활성화시키는 시스템이다. 이 기능은 주요 신체 기관의 활동을 통제해 다양한 상황을 준비하게 하는 자율신경계의 일부인 '교감신경계'가 관리한다. 교감신경계가 하는 일은 위험에서 달아나거나 맞서 싸우도록 신체를 준비시키는 것이다. 이를 위해 교감신경계는 신장 위의 부신을 자극해 아드레날린을 분비시킨다. 아드레날린은 심장박동을 빠르게 만들고 간에서 혈류로 포도당 분비를 자극한다. 또 팔다리 근육의 혈관을 확장시키고 소화계와 면역계를 차단시켜 통증을 잘 견딜 수 있게 해준다. 어떤 대상이 온통 마음을 빼앗고 있을 때 뇌는 계속해서 일정한 각성 상태를 유지시킨다. 혈압을 높이고, 호흡을 얕고 빠르게 만들고, 소화를 막고, 면역계를 차단한다. 이런 내적 스트레스 요인이 계속 교감신경을 자

극하면 신체는 휴식과 재충전의 기회를 얻지 못해 다양한 건강 문제를 일으킨다.

6. **완화기**soother: 위험이 사라지거나 즐거움이 감지되면 신체의 각성 상태를 진정시키는 시스템이다. 자율신경계의 두 번째 말초신경인 부교감신경계가 관리한다. 위험이 사라지면 부교감신경계가 작동해 신체에 휴식과 재충전('휴식·소화' 상태라고 부른다)의 기회를 준다. 부교감신경계는 호흡을 깊고 느리게 만들고, 심장박동을 훨씬 더 안정적인 속도로 줄이고, 소화계와 면역계를 정상으로 되돌린다. 부교감신경계와 교감신경계의 이런 기제는 자동적이므로 의도적으로 통제할 수 없다는 뜻이다. 우리가 어느 정도 통제할 수 있는 유일한 부분은 호흡이다. 스트레스를 진정시키는 많은 기법이 호흡을 변화시키는 것을 중심으로 하는 이유는 바로 이 때문이다.

7. **학습기**learner: 무슨 일이 일어났는지 이해하고 그 상황으로부터 미래에 위험을 피하는 방법을 학습하는 시스템. 학습기는 주로 전전두피질로 이루어져 있다. 전전두피질은 일어난 일을 분석하고 그 경험을 과거의 경험으로부터 얻은 모든 지식과 비교해서 의미를 찾아낸다. 이런 학습을 거쳐 적응과 변화가 이루어진다. 전전두피질은 몸이 스트레스 상태에 있느냐(교감신경계가 지배할 때) 혹은 재충전 중이냐(부교감신경계가 지배할 때)에 따라 영향을 받는다. 교감신경계의 지배 상태에 있을 때는 전전두피질을 제대로 기능하게 할 자원이 충분치 않다. 이는 학습과 이성적 판단을 저해한다. 반면 부교감신경계의 지배 상태에 있을 때는

전전두피질의 혈관이 확장되어서 이 중추가 기능하는 데 필요한 충분한 산소와 포도당을 공급해준다. 이 상태에서 우리는 효과적으로 학습하면서 다른 사람들을 이해하고 공감과 연민을 발휘할 수 있다.

평정심의 필수 조건, 안전하다는 감각

감정을 '관리'하는 것을 순전히 뇌의 관점에서 이야기하면 이렇다. 편도체를 달래서 신체를 교감신경 지배 상태에서 부교감신경 지배 상태로 전환시키고 몸과 뇌의 화학 구조에 회복할 기회를 준다. 그때에서야 명확한 사고와 창의성을 발휘하고 다른 사람들과 함께 유대를 형성할 능력을 기대할 수 있기 때문이다. 이를 달성하는 가장 빠른 방법은 호흡이다. 배로 숨을 깊게 마시고 호흡, 특히 내쉬는 호흡을 천천히 하기 시작하면 뇌도가 밖의 상황이 안전하다고 인지한다. 천적을 피해 도망치고 있다면 숨을 천천히 쉴 수 없을 테니까 말이다. 이는 악순환을 멈추고 신체를 아주 짧은 시간일지라도 부교감신경계가 지배하는 상태로 돌려놓는다.

흥미롭게도 이런 신체 상태는 저절로 유지된다. 흥분했을 때 우리는 주위 세상에 대한 왜곡된 인식을 갖게 된다. 흥분한 상태는 편도체를 위험에 좀 더 기민해지도록 만든다. 그 결과 편도체는 더 많은 불안 요인을 발견하고 세상을 실제보다 훨씬 더 위험하고 부정적인 장소로 인식하게 되는 것이다. 반대의 경우에도 똑같이 작용한다. 편도체가 안정되면 우리의 전전두피질이 활성화되면서 편도체에게 세상을 보다 객관적으로 볼 수 있는 기회를 준다.

긴장을 완화하는 호흡 연습

우선 4초간 코로 숨을 들이쉬고, 4초간 숨을 참은 뒤 다시 4초간 숨을 내쉰다. 이 행동의 목표는 내쉬는 호흡을 6~8초까지 늘려서 신체를 이완 반응으로 돌려놓는 것이다. 최대 6~8초까지 늘린다면 더 좋지만 4초 정도만으로도 충분하다. 자신에게 맞는 속도를 찾아보자. 눈을 감고 이를 네 번 반복한다.

이제 이 활동에 시각화를 더한다. 다음에는 호흡을 하면서 화창한 바깥 풍경을 그리고 그 햇살과 빛을 들이마신다고 상상한다. 배와 가슴과 등에 숨을 가득 채우고 몸 전체가 이완되는 것을 느낀다. 잠시 숨을 참는다. 이제 천천히 부드럽게 숨을 내쉰다. 다음에는 바닷가에 있는 자신을 상상한다. 파도가 해안에 부딪치는 소리를 듣는다. 그 상쾌한 공기와 자유로운 느낌을 들이마신다. 배와 가슴과 등에 숨을 가득 채우고 등이 펴지는 것을 느낀다. 숨을 참는다. 이제 어깨를 떨어뜨리고 천천히 부드럽게 숨을 내쉬면서 이완시킨다. 이제 겨울을 상상한다. 어깨에는 담요를 두르고 손에는 따뜻한 찻잔을 든 채 벽난로 앞에서 불을 바라보고 있다. 그 따스함과 아늑함을 들이마신다. 배와 가슴과 등에 숨을 가득 채우고 몸 전체에 그 따뜻함이 채워지는 것을 느낀다. 천천히 부드럽게 숨을 내쉰다. 이제 테이블에 초가 있다고 상상한다. 당신은 촛불을 바라보고 있다. 당신은 그 평화와 평온을 들이마신다. 배와 가슴과 등에 숨을 가득 채우고 몸 전체가 이완되는 것을 느낀다. 잠시 숨을 참는다. 이제 천천히 부드럽게 숨을 내쉰다. 어떤 느낌인가?

세미나에서 이 활동을 가르치면 대부분의 사람은 긴장이 풀리고 대단히 차분해졌다고 말한다. 호흡의 주의를 기울이고 숨 쉬는 속도를 늦추고 부교감신경계가 몸과 뇌를 재충전할 수 있도록 한다. 기분 좋은 장면을 그리는 것은 편도체를 자극하지 않는 다른 것으로 마음을 한곳에 집중시키는 데 도움이 된다. 마음이 제멋대로 떠돌게 놓아두면 마음은 대개 걱정거리를 찾는다. 호흡 연습을 처음 하는 사람이거나 나쁜 상황을 겪고 있는 경우에는 특히 더 그러한데, 이는 호흡과 명상 실천을 방해할 수 있으니 주의가 필요하다.

평정심을 불러오는 신체 활동

신체의 생리적 반응을 바꾸는 또 다른 방법은 움직임, 즉 적절한 신체 활동이다. 뇌도는 몸이 무슨 일을 하고 있는지 계속해서 추적한다. 요가나 태극권과 같은 느린 움직임은 뇌에 지금 환경이 안전하다는 것을 알려준다. 암벽 등반이나 사이클링, 조깅과 같은 다른 종류의 운동도 마음이 스트레스를 벗어나도록 하는 데 도움을 준다. 혈액의 산소 공급 수준이 변화하면서 전전두피질이 지배하는 사고가 상황을 이성적으로 분석하기에 적절한 상태가 만들어지는 것이다. 신체 활동은 뇌의 화학 구조까지 변화시켜 보다 균형 잡힌 기분을 만들고 두뇌 가소성의 수준을 높여준다.

돌봄 행위로 감정 조절하기

아기를 안고 있거나 애완동물을 쓰다듬거나 사랑하는 사람과 포옹하거나 오르가즘을 느낄 때 우리의 신체는 안정감을 느낀다. 이 행동들을 할 때 자연스럽게 옥시토신oxytocin이 분비되기 때문이다. 옥시토신의 진화론적 목표는 약한 사람들을 보호해서 종의 생존 가능성을 높이는 양육 행동을 자극하는 것이다. 즉 사랑하는 사람을 돌보도록 동기를 부여하는 것인데, 협동이나 이타주의가 생존의 가능성을 높이기 때문이다. 이로써 아이들은 양육자의 보호를 받으면서 안전하게 세상을 탐색할 수 있다. 옥시토신이 분비되면 인간은 사랑과 이완, 평화로운 마음이 주는 따뜻한 느낌을 받는다. 이 상태에서 우리의 신피질은 완벽하게 재충전이 되고 산소와 포도당을 충분히 공급받아 건전한 의사결정, 문제 해결, 창의성, 학습, 다른 사람에 대한 이해, 연민과 공감의 감정과 같은 높은 수준의 정신적 능력을 갖출 수 있다. 사랑하는 사람들을 돌보고 보살핌을 받는 관계는 감정 상태를 자연스럽게 조절해준다. 이런 감정 상태에 접근할 수 없을 때에는 스스로에게 이와 비슷한 상태를 만들어줄 수 있다. 옥시토신은 따뜻하게 목욕을 하거나 마사지를 받거나 다른 사람들을 돕는 것과 같은 행동에서 자극을 받는다. 사실 다른 사람을 위하는 일은 내부 편도체의 자극으로부터 우리의 주의를 돌려서 몸과 뇌에 재충전의 기회를 준다.

긍정의 확언을 되새겨라

감사의 마음을 이용하는 가장 흔한 실천법으로는 매일 잠자리에 들기 전에 감사한 일 다섯 가지를 적는 방법이 있다. 여러 연구에서 2주간 이 활동을 한 사람들의 행복 지수가 매우 높아지고 불안이 줄어들었다는 것을 보여주었다. 백지 한 장을 꺼내놓고 자리에 앉아서 떠오르는 감사한 일 다섯 가지를 적으면 된다. 건강, 음식, 읽고 쓸 수 있는 것도 괜찮고 오늘 아침 남편이 아침 식사를 근사하게 차려준 것, 이웃과 재미있게 대화를 한 것도 상관없다. 이 활동을 많이 할수록 항목을 찾아내는 일이 쉬워지는데 감사의 상태를 느끼는 '뇌의 고속도로'가 만들어지기 때문이다.

감사 실천법은 뇌의 화학 구조를 변화시키는 것 외에도 편도체에 보다 객관적인 정보를 전해준다. 편도체는 세상의 부정적인 면을 스스로 알아채기 때문에 그쪽으로는 굳이 추가적인 활동을 할 필요가 없다. 따라서 긍정적인 정보를 추가해 편도체가 보다 균형 잡힌 시각을 갖게 하자. 마찬가지로 세계적인 작가이자 심리학자인 루이스 헤이Louise Hay가 처음 개발한 긍정의 확언positive affirmation도 편도체를 자연스럽게 달랠 수 있다. 긍정의 확언이 효과가 있으려면 구체적이고 현실적이어야 한다. 뇌는 그렇게 쉽게 속지 않기 때문이다. 효과적으로 긍정의 확언을 하려면 감사 목록에 있는 항목을 활용하거나 당신을 아끼는 누군가의 애정 어린 격려의 메시지를 포함시키면 된다. 다음과 같이 말이다.

- 나는 강하고, 건강하고, 안전하다. 나는 나의 진정한 잠재력을 막 발견하기 시작했다.
- 나의 심장은 매 순간 뛰면서 내 몸의 모든 세포가 재충전되고 건강해지도록 만들고 있다.

뇌를 바꾸는 Q&A

긍정의 확언으로 편도체 달래기

불안감을 줄이고 행복 지수를 높이기 위해 효과적인 방법 중 하나는 매일 긍정의 확언 다섯 가지를 적는 것이다. 아래에 직관적으로 떠오르는 다섯 가지를 적어보자. 위의 문장을 참고하면 이해가 더 쉬울 것이다.

- 당신에게 도움이 될 긍정의 확언에는 무엇이 있을까?

1. _____

2. _____

3. _____

4. _____

5. _____

어린아이처럼 겁먹은 뇌 달래기

뇌의 감정 부분인 편도체와 이성 부분인 전전두피질은 서로 연결되어 있다. 그래서 이성적인 의문을 던짐으로써 감정의 패턴을 진단하고, 거기에 의문을 제시하고, 나아가 감정 패턴을 변화시킬 수 있다. 이를 위해 심리학에서는 인지적 평가cognitive appraisal라는 접근법을 가장 흔하게 사용한다. 인지적 평가는 당신이 느끼고 있는 것을 인식하고, 어떤 생각이 그런 느낌을 불러일으켰는지 추측하고, 감정을 바꾸기 위해 사고 패턴에 새로운 시각을 부여하는 과정으로 이루어진다.

인지적 평가는 인지 행동 치료cognitive behavioural therapy, CBT의 형태로 널리 사용되어왔다. 심리학자 앨버트 엘리스Albert Ellis가 만든 ABC(혹은 ABCDE) 모델이 대표적이다. 인간은 특정한 상황adversity(A)을 각자의 신념belief(B)에 따라 다르게 경험하며 특정한 감정적 반응emotional consequence(C)을 보인다. 이런 패턴은 무의식적이며 편도체가 지배하는 사고 아래에서 일어난다. 편도체가 지배하는 사고는 현실을 왜곡하고, 부정성을 극대화시키고, 환경 내의 긍정성을 무시한다. 만약 당신이 이런 신념을 가지고 있음을 인식하면 그 신념에 반박dispute(D)할 수 있다. 이는 우리의 사고를 훨씬 더 객관적이고 균형 잡힌 전전두피질이 지배하는 상태, 즉 효과적인 새로운 신념effective new belief(E)을 가질 수 있는 상태로 변화시키며 이는 감정 상태의 변화로 이어진다.

《시크릿 실천법》의 저자인 존 디마티니John Demartini 박사는 어떤 상황에서 억울하거나 슬프거나 화가 나는 이유는 그림의 절반만을 보는 데에서 비롯되는 경우가 많다고 말했다. 연인과 가슴 아프게 헤어진 경험이 있는가? 연애가 끝난 순간, 당신은 관계 단절의 부정적인 면을 강하게 인식했을 것이다. 그리고 당신의 주의는 그다지 좋지 않았던 기억을 무시하고 긍정적인 기억에만 집중되었을 것이다. 이는 자연히 절망으로 이어진다. 디마티니 박사는 그 관계에서 좋지 않았던 면과 관계를 끊었을 때 생길 수 있는 모든 좋은 면에 주의를 집중함으로써 그림에 균형을 맞추라고 조언한다. 그 관계를 유지했을 때의 부정적인 측면 혹은 관계 단절의 긍정적인 측면을 설명하는 가능한 한 긴 목록을 만들어보는 식으로 말이다. 목록은 이런 식이 될 수 있다.

· 그와 있으면 나는 종종 투명 인간이 된 듯한 느낌을 받았다.

· 그는 냄새가 많이 나고 집을 엉망으로 만들었다.

· 그에게 너무 빠져서 친구들에게 소홀했다.

· 그와 함께하는 시간 때문에 취미 생활과 멀어졌다.

· 그와 싸우고 나면 며칠 동안 생산성이 무척 떨어졌다.

· 그가 요리한 음식이 마음에 들지 않았고 그 때문에 살이 쪘다.

· 내가 좋아하는 일에 시간 쓰는 것을 양보하기 시작했다. 예를 들어 그가 관심 있어 하는 영화만 보러 가고 음악회나 재즈 콘서트에는 전혀 가지 않았다.

· 그는 아이를 갖길 원치 않았다. 그와 결혼했다면 절대 아이를 가질 수 없었을 것이다.

- 그의 친구들이 싫었다.

50개 정도 항목까지 목록을 만들어서 뇌가 보다 객관적인 시각을 가질 수 있도록 충분한 증거를 만들어주자. 그런 긴 목록을 만들기 위해서는 제1장에서 소개한 기법을 사용하는 것이 좋다. 삶의 여덟 가지 영역 각각에 대해서 그 관계가 어떤 부정적인 영향을 주었는지 알아보는 것이다. 물론 이 방법은 모든 곳에서 관계 단절의 긍정적인 면을 보도록하려는 게 아니다. 모든 관계에서 그런다면 매우 이상할 사람일 테니 말이다. 이 방법의 목적은 좀 더 균형 잡힌 시각을 만들기 위함이다. 당신의 편도체는 자기 역할에 충실하게 상황의 모든 불리한 면만을 인식할 것이다. 관계가 끝났을 때 가슴이 아프고 괴로운 것은 인정해야 한다. 거기에는 의심의 여지가 없다. 하지만 편도체가 왜곡된 사고에 휘말려서 좌절하고 파국에 빠지는 일은 없게 해야 한다. 전전두피질을 이용해 초점을 옮김으로써 새로운 상황의 이점과 헤어지지 않았을 때의 단점을 보게 할 수 있다. 이로써 편도체가 지배하는 사고에서 균형을 찾고 상황에 대한 좀 더 객관적인 시각을 만들 수 있다.

하지만 이런 활동은 절대 자연스럽게 이루어지지 않기 때문에 매우 적극적인 노력을 기울여야 한다. 편도체는 이기적인 녀석이며 쇼를 계속하고 싶어 하기 때문에 슬픔의 수렁에 빠지기 쉽다. 우리의 포유류 뇌에게는 자연스러운 일이다. 하지만 당신에게는 슈퍼컴퓨터, 즉 전전두피질을 활용해서 균형을 찾고 훨씬 더 유연한 사고를 할 수 있는 선택지가 있다. 어떤 습관이나 그렇듯이 거기에는 노력과 연습이 필요하다.

매일 스스로에게 다음과 같은 몇 가지 간단한 질문을 던져보자. 자신의 생각에 반박하다 보면 감정 신경망의 배선을 바꿀 수 있다.

- 유인을 인식하기: 지금 나를 정말로 짜증 나게 하는 한 가지는 무엇인가?
- 편도체 사고를 존중하기: 이 상황의 가장 부정적인 면은 무엇인가? 그 상황의 잘못된 점은 무엇인가?
- 전전두피질의 개입으로 편도체 사고의 균형 찾기: 이 상황의 긍정적인 측면은 무엇인가?

위와 같은 연습을 많이 할수록 보다 유연한 사고가 제2의 천성으로 자리 잡게 될 것이다.

뇌를 바꾸는 Q&A

내 감정의 균형을 찾아서

관계가 단절되어 슬픈 감정을 느끼는가? 아니면 하고 싶었지만 포기한 일이 절망스러운가? 억울하거나 슬프거나 화가 난다면 다음과 같은 질문을 던져 감정의 균형을 찾는 연습을 해보자.

- 지금 나를 정말로 짜증 나게 하는 한 가지는 무엇인가?
- 이 상황의 가장 부정적인 면은 무엇인가? 그 상황의 잘못된 점은 무엇인가?
- 이 상황의 긍정적인 측면은 무엇인가?

이 장을 마치며: 감정 패턴에 지배되지 마라

지금까지 포유류 뇌가 어떤 상황이 우리에게 적절하고, 어떤 상황이 해가 되는지 빠르게 전달하는 데 감정이 얼마나 중요한지 논의했다. 포유류 뇌(특히 편도체)는 우리를 안전하게 지키기 위해 주로 위험을 감지하도록 설계되어 있다. 그렇지만 편도체는 현대적인 생활 방식을 잘 이해하지 못하기에 실제 위험이 없는데도 위험 신호를 만들어내는 경우가 많다. 따라서 느린 호흡, 자연 속에서 보내는 시간, 친구들과 의 즐거운 시간, 운동이나 건설적인 취미 등의 활동으로 편도체를 '달래줄' 필요가 있다.

또한 전전두피질을 이용해 편도체에 일이 정말로 어떻게 돌아가는지 교육시켜서 한층 균형 잡힌 시각을 만들어내야 한다. 감정은 신체의 상태를 변화시키며 신체 상태 역시 감정의 상태를 변화시킬 수 있다. 따라서 이런 패턴을 알아내고, 필요하다면 습관을 조정하는 것이 중요하다. 불안을 느끼고 있다면 커피를 얼마나 마셨는지, 영양이 풍부한 알맞은 식사를 했는지 확인해보라.

다음 장으로 넘어가기 전에 감정 패턴을 변화시키기 위해 밟아야 하는 단계들을 요약해보자.

1. 모든 감정에 목적이 있음을 받아들이자. 감정은 우리를 안전하게 지키고 보다 나은 환경으로 이끌기 위해 발전되었다.

2. 뇌의 감정 중추는 이성적이지 않다. 그래서 감정을 진정으로 이해할 수 없는 것이다. 단지 왜 그렇게 느끼는지 추측할 수 있을 뿐이다(합리화). 이성적인 정신은 무의식적인 감정 중추에 접근할 수 없다.

3. 당신이 생존하기 위해서는 편도체(위협 감지기), 보상 중추(즐거움 감지기), 시상하부(뇌-신체 연결기), 뇌도(신체-뇌 연결기), 교감신경계(활성기), 부교감신경계(완화기), 전전두피질(학습기) 같은 여러 두뇌 시스템 사이의 복잡한 상호작용이 필요하다. 이들이 감정을 만들고 조절하며 당신의 정신 상태와 행동에 영향을 준다.

4. 편도체는 당신을 안전하게 지키기 위해 계속 잠재적인 위험 요소를 찾는다. 그러다 보면 당신의 사고방식을 왜곡해서 세상의 모든 부정적 측면을 강조하고 긍정적이고 중립적인 경험과 기억은 무시한다. 쉽게 긴장해서 이성적 사고를 차단하기도 한다. 분별력을 가질 수 없는 이런 상황에서는 최소한 15~30분 정도 어떤 결정도 내리지 말고 기다려야 한다. 그리고 호흡 연습, 명상, 자연 속에서의 시간 등 편도체를 달래기 위한 활동을 매일 해야 한다.

5. 전전두피질은 뇌에서 가장 민감한 영역이지만 충분히 안정되면 편도체에 현실을 확인시켜줄 수 있다. 전전두피질이 주도하는 사고를 하기 위해서는 앨버트 엘리스의 ABC(DE) 모델을 활용하는 방법이 있다.

제3장

내 성격의 35퍼센트 원하는 대로 바꾸기

우리가 때로 다른 사람들을 이해하는 데 어려움을 겪는 이유는 무엇일까? 가장 주된 이유는 사람들 각자가 세상을 바라볼 때 대단히 편향된 인식을 갖고 있기 때문이다. 사람들은 세상을 '있는 그대로' 인식하지 못한다. 뇌는 대단히 선택적이어서 이전에 중요하다고 정해둔 것들만을 인식한다. 여기서 더 나아가 인식한 것 중에서 아주 적은 부분만을 기억한다. 그 결과 실질적으로는 기억하는 부분은 더 적어진다.

우리는 이런 극히 제한적인 정보를 바탕으로 세상에 대한 모델을 구축한다. 그 모델이 행동과 태도를 만들고 성격 특성을 형성한다. 여기서 그냥 끝나면 좋겠지만 설상가상으로 우리의 의식은 자기충족적 예언으로 편향을 강화한다. 관찰한 것, 결정 내린 것들은 지각 과정을 더욱 한쪽으로 쏠리게 만들고, 이는 과거의 정보를 지지하는 사실만을 받아들이도록 만든다. 이것을 '주의 편향'attention bias이라고 부른다. 결과적으로 자기 자신만의 방식에 갇히게 되고 이로써 자발적인 변화는 거의 불가능해진다.

그렇다면 변화를 원할 경우 어떻게 해야 할까? 우선 진정한 변화를 원한다면, 세상에 대한 '기존의 모델'을 깨부수고 새로운 모델을 구축해야 한다. 우리 고유의 인지 지도에는 성공한 사람이 된다는 것이 무엇인지, 좋은 관계는 어떤 모습인지, 실패를 어떻게 받아들여야 하는지 등에 대한 가정들이 가득하다. 이러한 가정은 대부분 어린 시절의 경험으로 자연스럽게 학습된다. 물론 일부는 성인이 되어 학습하기도 한다. 어느 쪽이든 이러한 가정 대부분은 무의식 속에 숨겨져 있기에 우리 스스로는 그것들을 제대로 인식하지 못한다. 따라서 첫 단계는 이런 가정들을 의식에 끌어들여서 거기에 다른 의견을 제시해보는 것이다. 우리가 가진 가정에는 옳은 것도 있지만 말도 안 되는 것도 있다. 따라서 그런 것들을 보다 정확한 의견으로 대체해야 한다. 그렇게 했을 때 우리가 누구인지에 대한 고유 모델을 업데이트하고, 행동과 성격에서 조금씩 변화를 일으킬 수 있다.

캐럴 드웩에 따르면 우리의 태도나 사고방식에 따라 이 과정이 어려울 수도 있으며 반대로 쉬울 수도 있다. 성격 특성이 타고나는 것이라고 생각하는 '고정형 사고방식'으로는 기존의 성격을 변화시키는 데 필요한 일을 해낼 수 없다. 좋은 소식은 신경과학 분야가 우리의 뇌가 평생 변화할 수 있다는 무수한 증거를 내놓으면서 '성장형 사고방식'을 지지하고 있다는 점이다. 따라서 이 장에서는 우리가 때로 고정형 사고방식에 '갇히는' 이유, 그것이 두뇌 가소성에 영향을 미치는 방식, 두뇌를 '해방'시키고 성격 특성과 태도, 행동을 변화시키는 데 필수적인 성장형 사고방식을 키우는 방법도 살펴볼 것이다.

일란성 쌍둥이에 대한 연구들은 성격 특성의 50퍼센트가 유전적 요인으로 결정된다고 주장한다. 그리고 15퍼센트는 환경적 요인으로, 마지막 35퍼센트는 우리가 하는 선택으로 결정된다고 말한다. 형편없는 교사나 당신을 버린 여자친구 혹은 남자친구 같은 다른 사람을 탓하고 싶은가? 하지만 사실은 당신이 할 수 있는 일이 많이 남아 있다. 이 장에서는 그 35퍼센트, 즉 당신이 세상을 인식하는 방식과 당신의 가치관, 선택, 사고방식이 당신의 삶에 미치는 영향, 그것들을 변화시키는 방법에 대해서 살펴볼 것이다.

내 성격은 어떻게 만들어진 걸까

인간 뇌는 크게 전두엽, 두정엽, 측두엽, 후두엽의 네 부분으로 이루어져 있다. 이들이 우리가 세상을 지각하고 세상과 상호작용하는 방식을 결정한다.

전두엽은 뇌의 가장 앞쪽, 즉 이마 아래 위치한다. 그중에서도 가장 큰 부분인 전전두피질은 이성적인 사고, 의지력을 만들어 감정을 통제하며 성격에 가장 중요한 영향을 미친다. 부상이나 질병으로 이 부위가 손상된 환자는 성격 변화를 보이고 분노나 좌절감을 억제하거나 만족을 지연시키는 일을 할 수 없는 경우가 많다. 전전두피질 뒤에는 운동피질이 있다. 운동피질은 글을 쓰고, 운전을 하고, 공을 차는 등 신체적 과제를 수행할 수 있도록 한다. 그 바로 밑에는 언어를 조정하는 '브로카 영역'Broca's area이 있다. 이 부분은 생각을 말로 표현하는 데 필수적인 역할을 한다(프랑스의 인류학자이자 신경해부학자인 폴 피에르 브로카Paul Pierre Broca가 밝혀내 브로카 영역이라 명명되었다―옮긴이).

두정엽은 머리 위쪽 운동피질 뒤에 위치한다. 두정엽의 감각피질 부위는 피부로부터 온도, 촉감, 통증과 같은 감각을 받아들여 차가 마시기에 너무 뜨겁다는 것을 알아차리거나 특별한 친구와의 포옹을 만끽하거나 신발이 너무 불편해서 신기 어렵다는 것을 알게 해준다. 두정엽은 문자나 숫자와 같은 상징을 이해하는 데 필수적이다. 당신이 이 페이지를 읽을 수 있는 것도 모두 두정엽 덕분이다. 또한 이 영역은 휠에 흠집을 내지 않고 차를 주차할 수 있게도 해준다. 안타깝게도 나는 그런 능력을 갖지 못했지만 말이다. 이 기술을 공간 지각력이라고 부른다.

머리의 우측으로 가면 관자놀이 바로 밑에 귀로부터 정보를 받아들이는 측두엽이 있다. 이 때문에 이 영역을 청각피질이라고도 부른다. 측두엽은 음악을 감상하고, 자동차 경적이 울리는 소리를 듣고, 가장 중요하게는 언어를 이해할 수 있게 해준다. 언어 이해에 중요한 부분을 '베르니케 영역'Wernicke's area이라고 부른다(독일의 신경정신과 의사 카를 베르니케Carl Wernicke가 밝혀내 베르니케 영역이라고 명명되었다―옮긴이). 이 부분이 손상되면 다른 사람을 이해하고 자신을 이치에 맞게 표현하는 일이 대단히 힘들어진다.

두뇌 가장 뒤쪽에는 후두엽이 있다. 후두엽은 눈으로부터 정보를 받아들이고 시각과 당신이 보는 대상을 인식하는 일을 책임진다. 이 영역을 시각피질이라고 하며 이 부분의 손상은 시력 장애를 초래할 수 있다.

우리가 어떤 일을 하건 두뇌의 이 모든 영역은 통합되어 움직인다. 당신이 차를 운전하거나 자전거를 타고 있다고 상상해보자. 전두엽은 경로를 계획하고 필수적인 정보에만 집중해 주의가 흐트러지지 않게 해준다. 두정엽은 전두엽의 운동피질이 핸들을 조정하는 동안 핸들을 잡고 있다는 감각을 느끼게 해준다. 시각피질 덕분에 당신은 속도와 다른 자동차의 방향을 예측할 수 있다. 한편 청각피질은 내비게이션의 방향 안내를 듣게 해주며 당신 쪽으로 다가오는 구급차의 사이렌이 들리면 빠르게 반응할 수 있게 해준다.

똑같은 현실을 다르게 바라보게 하는 뇌의 필터

뇌가 어떤 정보가 중요한지 판단하는 방식을 더 잘 이해하려면 시상부라고 불리는 뇌의 깊숙한 곳에 있는 구조를 살펴야 한다. 시상부는 눈, 귀, 혀의 미뢰, 피부과 같은 감각 기관으로부터 신호를 받아 그 정보를 관련 뇌 중추로 보낸다. 시각을 책임진 시상의 일부, 외측 슬상핵lateral geniculate nucleus을 예로 들어보자. 외측 슬상핵은 눈으로부터 시각 정보를 받아 시각피질의 브이원(이하 V1)이라는 부위로 보내야 한다. 그런데 V1은 소위 시상피질 루프thalamocortical loop를 통해 외측 슬상핵의 활동을 조절해 특정 시각 단서에 대한 민감성을 높이거나 반대로 낮출 수 있다. 달리 말해 시각피질은 시상부에 어떤 대상을 찾아야 하는지, 혹은 어떤 대상을 무시해야 하는지 알려주어서 시각적 인식이 편향되도록 만드는 것이다. 차를 운전하고 있다면 당신의 시각피질은 시상부에 다른 차, 길, 신호등이 중요한 대상이라고 '알려주고' 당신이 관련된 모든 것을 확실히 의식하게 만든다. 또한 보도에 있는 행인, 가게 진열장, 다른 운전자 등은 관련이 없는 요소로 집중을 방해한다는 점도 알려주어서 시상부가 그런 것들을 '걸러내게' 한다.

이런 시상피질 루프는 내적 신념에 따라 세상을 바라보도록 만들기도 한다. 이를테면 모든 정보에 일종의 필터를 씌우는 것이다. 당신이 '도시에 사는 모든 사람은 우울하다'는 믿음을 갖고 밖으로 나가서 길을 걷는다고 생각해보자. 당신은 이 믿음에 맞아떨어지는 많은 사례를 발견하게 된다. 이제 당신이 시상부에 다른 '과제'를 준다고 상상해보자. 나가서 완전히 반대의 사례를, 행복한 사람들을 찾으라고 말이다. 당신은 또다시 상당히 많은 사례를 찾아낼 것이다. 둘 다 모두 맞는 말이다. 지금 이 순간 거리에는 불행한 사람이 잔뜩 있다. 하지만 행복한 사람도 많이 있다. 그렇지만 당신이 이전 장에서 배웠듯이, 편도체는 위험을 피하기 위해 당신의 신념을 편향되게 만들어서 부정적인 모든 것을 의식하고 기억하게 한다. 바로 이 때문에 많은 사람이 시간이 갈수록 비관적인 태도를 갖게 되는 것이다. 당신의 뇌는 이렇게 말한다. '구하라, 그리하면 찾을 것이니.'

마트에 가면 취미용품만 보이는 이유

우리의 과거 경험과 기대는 세상을 바라보는 방식을 편향되게 만든다. 하지만 의식하고, 기억하고, 행동하는 것에 필터를 씌우는 중요한 요인이 하나 더 있다. 바로 개인적 가치관이다. 사람으로 붐비는 쇼핑몰을 걷고 있다고 생각해보자. 패션에 가치를 두는 내 사촌 비어트리스는 미용 제품이나 가방, 최신 유행의 신발을 알아볼 것이다. 어린아이가 있고 아이를 더 갖고 싶어 하는 나 같은 사람들에게는 유모차나 장난감, 아기 옷이 눈에 띨 것이다. 내 남편 매튜처럼 암벽 등반이나 야외 활동을 좋아하는 사람은 등산화나 등산 장비에 주의를 기울일 것이다. 우리 각각에게 500달러가 있다고 가정해보자. 나는 바로 내 딸 에밀리아를 위해 정원에 놓을 성 모양 장난감을 살 것이다. 비어트리스는 화장품과 세련된 청바지 한 벌, 스타일리시한 구두를 구입할 것이다. 매튜는 고산 캠핑을 위한 경량 텐트나 스키 부츠를 구입할 것이다. 옳은 일을 한 사람은 누구일까? 돈을 낭비한 사람은 누구일까?

이것이 터무니없는 질문이라는 것을 이해했길 바란다. 우리 각자는 나름의 가치관을 가지고 있고 그것이 나라는 사람을 형성한다. 각자의 가치관 목록에서 상위권에 있는 것들에 대해서라면 인간은 항상 의욕이 넘치고, 기지가 풍부하고, 주의력이 높고, 창의적이다. 가치를 두는 일은 당연히 잘하게 된다. 거기에 집중하고 그 일을 하는 데 많은 시간을 할애하기 때문이다. 하지만 가치관 목록의 하위권에 있는 것들에 대해서는 좀처럼 의욕을 느끼지 못한다. 일을 미루고 집중하지 못하고(나와 정치 토론 프로그램을 시청해보면 바로 알 수 있다), 중요한 정보를 아주 쉽게 잊는다. 따라서 당신이 누구인지 진정으로 이해하려면 현재 당신이 가지고 있는 '가치 위계'를 이해하고, 그에 따라 활동을 연결하고 당신의 직장 생활이나 사생활을 계획해야 한다.

내가 누구인지 이해하기 위한 열세 가지 질문

존 디마티니 박사에 따르면 당신이 진정으로 어디에 가치를 두는지 파악하기 위해서는 현재의 일상을 세밀하게 살펴보고 그 속에서 자연스럽게 하는 일이 무엇인지 진단해야 한다. 디마티니는 당신의 현재 생활을 가능한 솔직하게 진단하기 위한 다음과 같은 열세 가지 질문을 던진다. 다음의 질문지를 한번 읽어보자.

- 개인 공간을 어떻게 채우는가? 당신의 작업실, 거실, 침실, 자동차 등에서 주

위에 두는 세 가지를 꼽는다면?

· 시간을 어떻게 보내는가? 항상 시간을 내서 하는 활동 세 가지를 꼽는다면?

· 에너지를 어떻게 사용하는가? 어떻게든 에너지를 내서 하는 것 세 가지를 꼽
  는다면?

· 돈을 어떻게 사용하는가? 돈을 마련해서 하는 것 세 가지를 꼽는다면?

· 가장 질서와 체계를 많이 부여하는 부분은? 당신이 가장 계획적으로 실행하
  는 일 세 가지를 꼽는다면? 생활 속에서 하는 어떤 일도 가능하다. 물리적인
  것(대상)일 수도 있고 보다 추상적인 것일 수도 있다.

· 당신이 가장 집중하고, 가장 자제력을 발휘하는 부분은 어디인가? 생활에서
  항상 정신을 집중하는 영역 세 가지를 꼽는다면?

· 항상 당신의 머릿속을 채우고 있는 세 가지 주제는 무엇인가? 이 부분에서는
  편도체가 지배하는 부정적인 마음속 말을 가치 주도 사고와 분리하는 것이 까
  다로울 수 있다. 이럴 때는 그저 이런 생각이 대변하고 있는 영역을 적으면 된
  다(계속해서 '나는 충분히 좋은 엄마인가?'라는 생각을 한다면, 그 영역은 모성이
  나 아이가 될 것이고, '직장을 잃으면 어쩌지?'라는 생각은 경력이나 재정적 안정
  을 나타낸다. 가장 정확하다고 느껴지는 부분을 선택한다).

· 당신이 시각화하고 실현하는 것은 무엇인가? 삶 속에서 당신이 꿈꿔왔고 느
  리지만 확실히 비전을 달성하고 있는 세 가지 영역은?

· 당신의 내적 대화는 어떤 것인가? 내적으로 논쟁을 벌이고 있는 세 가지 문제
  는? 앞에서 나온 머릿속을 항상 채우고 있는 생각과 대단히 비슷하다. 당신을
  대변하는 내적 대화를 적는다.

- 사람들과 만났을 때 무엇에 대해 이야기하는가? 다른 사람과의 대화가 항상 일정한 방향으로 가게 된다면 가장 대표적인 세 가지 주제는?
- 당신에게 영감을 주는 것은 무엇인가? 당신에게 가장 큰 영감을 주는 세 가지 주제나 사람의 유형을 꼽는다면?
- 당신이 가지고 있는 장기적 목표는 무엇인가? 오랫동안 마음속에 품어온 계획·꿈·목표 세 가지를 꼽는다면?
- 가장 배우고 싶은 것은 무엇인가? 서점을 둘러보거나 웹 서핑을 하거나 대화나 세미나에 참석할 때 가장 끌리는 세 가지 주제는?

이 열세 가지 질문에 답을 했다면 같은 대답을 몇 번이나 반복했는지 살펴보고 답변을 비슷한 범주별로 나눈다. 이렇게 했을 때 내가 가장 가치를 두는 세 가지는 내 딸 에밀리아, 나의 일, 남편과의 관계다. 이런 가치관은 당연히 삶의 단계에 따라 변화한다. 이전의 나는 사이클링, 등반, 친구들과의 시간에 훨씬 많은 가치를 부여했다. 에밀리아가 태어나면서 나는 사이클을 거의 하지 않고, 아주 가끔 등반을 하며, 다른 부모들과 친구 집단을 다시 형성했다. 나는 여기에 만족한다.

하지만 당신의 가치 위계를 흐려놓는 것이 있다. 과거의 가치관이나 다른 사람의 가치관을 당신의 가치 목록에 억지로 끼워 넣는 일이다. 진정한 자신을 찾으려면 당신의 삶이 당신의 진정한 가치관과 일치하는지, 다른 사람의 우선순위를 당신의 목록에 집어넣고 있지는 않은지 진단해야 한다. 다른 사람의 가치관에 따라 살려고 노력한다면 그 행동은 생산성, 신뢰성, 특히 동기부여에 부정적인 영향을 미친다. 그리고 그것은 필연적으로 상실감으로 이어질 수밖에 없다. 그래서 지금부터 이 문제의 해결 방법에 대해 알아보려고 한다.

그 일은 정말 '당신'의 의무인가요

사람들은 각자 특유의 가치 위계를 가지고 있다. 바로 이 위계가 의미 있는 일을 하도록 특정 방향으로 이끄는 것이다. 그렇지만 우리는 종종 권위 있는 사람의 가치관이나 사회 규범을 흡수하려 하고 그러다 보니 불가피하게 내적 갈등에 빠지곤 한다. 당신의 마음속이 '의무', 즉 내키지는 않지만 해야 하는 일로만 가득하다면 그런 것들을 모두 적어보라. 가능한 많이 생각해내고 모두 종이에 적는다. 내 목록은 이런 식이다.

- 에밀리아를 좀 더 엄하게 대해서 보다 바람직한 생활 습관을 갖게 해야 한다.
- 매튜에게 양육 시간을 반씩 분담하자고 요구해야 한다.
- 운동을 더 많이 해야 하고 우수한 사이클 선수로 복귀해야 한다.
- 연구에 열정을 쏟고 언젠가는 나만의 연구 팀을 꾸리는 것을 목표로 해야 한다. 친구들에게 더 자주 연락해야 한다.

목록은 더 길게 만들 수도 있다. 하지만 이쯤에서 멈추고 이 항목들에 대해 따져보도록 하자. 여기에서 정말 목소리를 내고 있는 사람은 누구인가? 사실 목록의 모든 내용은 다른 사람들로부터 나온 것이다. 먼저 첫 번째 의무는 저녁 7시에서 오전 7시 수면 습관을 지키고 있는 영국 출산재단의 다른 부모들에게서 나왔다. 두 번째는 여권 운동, 특히 반반 양육을 적극 지지하는 몇몇 친구들에게서 나왔으며 세 번째는 사이클링이 대단한 의미였던 2013년의 나에게서 나왔다. 나는 이전에 사용하던 레이싱용 자전거를 아직도 가지고 있는데 그 자전거를 볼 때마다 아직도 마음의 속삭임을 듣곤 한다. 네 번째는 박사 과정을 시작할 때부터의 내 꿈이다. 하지만 지금은 그때만큼의 의미를 갖고 있지 않다. 마지막은 사실, 내 친구들의 말이다. 우정은 그들이 매우 우선적으로 생각하는 가치다. 독신일 때는 나도 마찬가지였으며 지금보다 훨씬 많은 시간을 친구를 만나는 데 할애했다.

더 깊이 파고들자면 다른 질문도 할 수 있다. 만약 이런 일을 하는 데 따르는 단점은 무엇일지 생각해본다면 다음과 같은 더 긴 목록을 만들 수도 있다.

- 에밀리아를 일찍 자고 일찍 일어나게 한다면: 에밀리아는 늦게 퇴근하는 아빠를 보지 못한 채 잠들 것이다. 나는 아침 시간에 조용히 일하는 것을 좋아하는데 오전에 일할 시간을 가질 수 없을 것이다. 나는 아침에 혼자만의 시간을 갖는 것을 무척 좋아하고 그 시간에 글을 가장 잘 쓸 수 있다.
- 매튜에게 양육 시간을 반씩 분담하자고 요구한다면: 도수치료사인 매튜는 환

자들을 위해 도수치료 시술을 하루 10~12시간씩 한다. 그는 고통받는 많은 사람들을 통증에서 해방시켜주는 그 일을 매우 소중하게 생각한다. 결과적으로 나 역시 그가 에밀리아와 노는 것보다는 그 일이 중요하다고 생각한다. 또한 나는 에밀리아와 보내는 시간이 너무나 즐겁다! 에밀리아는 너무 재미있는 아이고 나는 아이에게 말을 가르치고, 아이와 춤을 추고, 책을 읽고, 요리를 하고, 아이와 산책하는 것을 몹시 좋아한다. 솔직히 아이와 보내는 시간을 줄이고 싶지 않다.

· 운동을 더 많이 하고 사이클을 다시 시작한다면: 이전처럼 사이클링을 한다는 것은 이 책을 쓰고, 연구 논문을 읽고, 강연과 세미나를 준비하고, 에밀리아와 놀고, 매튜와 보낼 시간이 많지 않다는 것을 의미한다.

· 나만의 연구 팀을 꾸리는 데 헌신한다면: 현재 나는 대학에서 강의를 하고, 회사에서 세미나를 개최하고, 클라이언트들을 코칭하고, 이 책을 쓰고 있다. 나는 내 일을 사랑한다. 불행히도 박사 과정을 밟으며 각종 연구에 참여할 때는 일을 즐기지 못했다. 당시 내가 하던 일은 내가 가장 가치 있게 생각하는 것, 지식을 사람들에게 나눠주는 것과 연관되어 있지 않았다.

· 친구들과 이야기하는 데 더 많은 시간을 할애해야 한다면: 글을 쓰고, 책과 논문을 읽고, 에밀리아와 보내는 시간이 줄어든다. 내가 원하는 것보다 자주 전화를 하기 위해 노력한다면 나는 압박감을 느낄 것이고 화가 나면서 오히려 역효과가 빚어질 것이다.

'의무'에 대해 반박하는 일은 하나의 과정이며 몇 번이고 다시 해야 할 수도 있다. 물론 힘든 일이다. 하지만 그 의무들을 적고 그것들이 어디에서 비롯되었는지 파악하고 평가하는 일은 힘들지만 꼭 해야 하는 일이다.

이러한 평가가 끝났다면 다음으로 다룰 것은 사고방식이다. 즉 우리의 성격 특성, 재능, 역량에서 무엇이 변화 가능하고 무엇이 변화 불가능한지에 대한 일련의 믿음에 대해 알아볼 것이다.

뇌를 바꾸는 Q&A

나에게 진짜 의미 있는 일은 무엇일까

'의무'라고 생각하는 일을 다섯 가지 적은 뒤 생각해보자. 이것은 정말로 '당신'이 생각하는 의무인가?

- 지금 당신의 의무는 무엇인가?

1. _____

2. _____

3. _____

4. _____

5. _____

성격은 바뀐다고 믿는 만큼 바뀐다

습관, 성격 특성, 감정 패턴을 변화시키기 위해서는 우선 이러한 변화가 '가능하다'는 것을 믿어야 한다. 그것을 믿지 않는다면 신경망을 변화시키는 데 필요한 노력을 기울일 필요가 없다. 그렇지만 우리 대부분은 항상까지는 아니어도 종종 지금 모습에서 변화할 수 없다는 믿음에 빠져들곤 한다. 이게 바로 캐럴 드웩이 고정형 사고방식이라고 부르는 태도다. 고정형 사고방식에서는 지능, 재능, 성격 특성이 미리 결정된 것이고 그에 대해서 우리가 할 수 있는 일은 별로 없다고 생각한다. 결과적으로 우리는 새로운 도전을 피하고 관리 가능한 과제만을 맡는다. 기존의 방식을 고수하는 이러한 접근법은 두뇌의 가소성을 떨어뜨려 뇌가 새로운 경로를 만들고 새로운 기술을 익히지 못하게 만든다. 흥미롭게도 두뇌 가소성은 우리의 라이프스타일에 적응한다. 가소성은 필요할 때(여행을 하거나 새로운 인간관계를 맺거나 운동을 하거나 새로운 기술을 배울 때)는 증가했다가 사용하지 않을 때(똑같은 습관에 갇혀 있거나 스스로를 고립시키거나 몸을 많이 움직이지 않는 라이프스타일을 영위할 때)나 신체와 뇌가 생존 모드에 있다고 생각할 때(혈액 내 코르티솔cortisol 수치가 높을 때)는 감소한다.

반대로 소위 성장형 사고방식을 가질 때라면 우리는 훨씬 개방적이 된다. 지능, 재능, 성격이 변화될 수 있다고 믿는 것이다. 그 결과 새로운 도전을 하고, 잘하지 못하는 기술에 더 많은 노력을 기울이고, 성격 특성을 바꾸고자 한다. 이는 뇌 가소성을 높이고 이런 특성들의 변화 가능성을 높인다.

두 사고방식은 두뇌 상태와 행동에 다른 영향을 준다. 고정형 사고방식에서 우리는 행동에 변화를 주지 않고 뇌 가소성을 떨어뜨려 변화를 거의 불가능하게 만든다. 반대로 성장형 사고방식에서는 행동의 범위를 넓히고 뇌 가소성을 끌어올려 지속되는 변화를 이룰 가능성을 훨씬 높인다. 그 결과 각각의 사고방식은 자기충족적 예언을 만든다. 나아가 두 사고방식은 우리가 어렵고 힘든 상황에 대처하는 방식에도 영향을 준다.

고정형 사고방식에서는 모든 성공을 자신이 우월하다는 증거로, 실패를 자신의 결함을 드러내는 증거로 받아들인다. 이런 신념을 가지면 일이 잘 돌아갈 때는 대단히 거만해지고, 실패하면 그것을 숨기거나 비난할 외적인 요인을 찾는다. 의도한 결과를 달성하지 못하는 경우, 고정형 사고방식은 그 상황에 대해 편도체 중심의 반응을 일으켜 당신이 더 이상 도전을 하지 못하게 만든다. 그렇게 쉽게 포기하도록 만드는 것이다. 더 나아지기 위해서 할 수 있는 것이 많지 않다고 믿으면 다른 사람의 성공도 외부의 요인으로 돌려버리고 그 의미를 인정하지 않으려 한다. 당신은 경쟁심이 강하고 비밀이 많은 사람이 된다. 솔직해지자. 그리 곁에 두고 싶지 않은 사람이 되는 것이다. 고정형 사고방식은 감정적 행복에 큰 타격을 준다. 그런 사고방식이 끊임없이 편도체를 자극하고 편도체는 전전두피질의 기능을 손상시키기 때문이다. 전전두피질의 활동성이 낮아지면 사고의 유연성이 떨어지면서 당신은 고정형 사고방식에서 벗어날 수 없게 된다. 그렇게 악순환의 나락에 빠진다.

　반대로 성장형 사고방식에서는 결과의 달성이 여러 가지 요인에 좌우된다고 믿는다. 그 요인들의 핵심에는 노력과 인내가 있다. 걸림돌을 만나면 당신은 더 열심히 일을 하거나 접근법에 약간 변화를 주어 다시 한번 도전한다. 이런 상태에서 당신은 유연하고, 적응력이 크고, 개방적이다. 고정형 사고방식에서는 피드백을 비난으로 받아들이고 그 가치를 무시하거나 반박해버린다. 성장형 사고방식에서는 편도체의 전전두피질 납치 없이 피드백에 귀를 기울일 수 있다. 따라서 피드백을 평가하고 거기에서 효과가 있는 것을 받아들이거나 어른다운 방식으로 반론을 펼친다. "정보 고마워. 왜 그게 효과가 있는지 알겠어. 하지만 이 기준에는 맞지 않아."라고 말하는 것이다.

　모니카와 도미닉의 예를 한번 들어보겠다. 두 사람은 같은 회사의 고위 임원이지만 매우 다른 사고방식을 갖고 있다. 모니카에게 어떻게 그 위치에 오르게 되었느냐고 질문하면 그녀는 이 분야에 열정이 있었고, 결단력이 있었으며, 열심히 일을 했다고 말할 것이다. 반면 도미닉은 매우 똑똑했고, 사실 학교에서도 수석이었으며, 그 결과 이 자리에 오기까지 열심히 노력할 필요가 없었다고 말할 것이다. 그는 자신의 성공을 지능이라는 타고난 특성 덕분으로 생각한다. 노력을 인정하는 것은 그의 우월한 지능에 대한 도전이다. 하지만 모니카는 도미닉보다 IQ가 높으며 항상 1등을 놓치지 않았음에도 그것을 대단하게 생각지 않는다. 그녀는 자신의 성취가 일을 잘 해내겠다는 욕심, 학습 능력, 헌신과 책임감의 조합 때문이라고 보기 때문이다.

취미에 대한 질문을 받으면 도미닉은 타이 복싱을 하고 있으며 자신은 거기에 천부적인 소질이 있다고 말한다. 그는 자동차 레이싱, 암벽 등반, 기타 연주 등 다른 취미를 몇 가지 시도해봤지만 모두 한 달도 되지 않아 포기했다. 절대 잘할 수 없을 것이 뻔했기 때문이다. 모니카는 현재 크로스핏에 심취해 있지만 수년간 여러 가지 취미 생활을 했다. 아마추어 트랙 사이클링 훈련을 하고 대회에도 참여했으며, 피아노를 꽤 괜찮은 수준까지 배웠고, 매년 여름 한 달씩 외국에서 생활하면서 외국어를 배우는 데에도 열정을 갖고 있다. 모니카는 자신이 어떤 활동에 재능이 있는지에 크게 신경 쓰지 않는다. 그저 열정과 관심을 따르고 거기에 노력을 기울인다. 결과적으로 그녀는 현재 다양한 일에 능하다. 반대로 도미닉은 어떤 외국어도 구사하지 못하며 악기도 연주하지 못한다. 고정형 사고방식과 성장형 사고방식 모두 자기충족적 예언을 만든다. 그 결과 사고방식은 우리 성격의 핵심을 이루게 된다. 바로 여기에서 가장 중요한 질문이 등장한다. '사고방식은 바꿀 수 있는가?'라는 질문이다.

도전 좀 해본다고 세상이 뒤집히진 않는다

사고방식의 변화 가능성을 이야기하기에 앞서 먼저 사고방식이 어떻게 발전되는지부터 살펴보자. 도미닉의 부모를 상상해보자. 그들에게는 항상 성공이 대단히 중요한 문제였다. 따라서 도미닉이 영리하다는 사실을 알아차리고 나자 그들은 계속해서 이런 칭찬을 했다. '너 진짜 똑똑하구나!', '재능을 타고났어.', '얘는 크게 성공할 거야.' 칭찬은 지능에 한정되지 않았다. 그는 외모로도 칭찬을 받았다. '정말 예쁜 갈색 눈을 가졌네.', '몸매가 어쩜 저렇게 좋아.' 성격에 대해서도 칭찬받았다. '타고난 리더라니까. 다른 사람 지시를 받고 살 팔자가 아니야.' 이런 칭찬은 그가 전혀 통제할 수 없는 특성들에 대해 이야기한다. 따라서 이런 칭찬들은 그가 어떤 사람이라는 데 대한 고정된 생각을 만들었다. 학교에서 도미닉은 똑똑한 사람으로 자리매김할 방법을 찾았다. 그는 교사나 또래의 피드백에 열려 있지 않았다. 그는 자신이 어떤 과목에서 낮은 점수를 받은 이유가 그 과목 교사들이 멍청해서라고 말했다. 물론 그의 지능을 칭찬하는 교사들은 좋은 교사였다. 부모의 이런 칭찬은 좋은 의도이긴 했으나 어린아이의 뇌에 자신이 가진 특성에 대한 뿌리 깊은 믿음을 새겨 넣었다.

모니카의 양육 과정을 살펴보자. 출발은 도미닉과 비슷했다. 그녀는 똑똑했고, 운동도 잘했고, 예쁜 아이였다. 그렇지만 모니카의 부모는 그 때문에 그녀를 특별하게 대하지는 않았다. 그녀가 수학 성적으로 A를 받아오면 방정식을 공부하는 데 쏟은 노력에 대해 칭찬을 받았다. 글짓기에서 최고상을 받아오자 아버지는 상상을 글로 표현하는 데 들인 노력과 헌신을 자랑스럽게 생각하고 인정해주었다. 모니카가 옷을 잘 맞춰 입고 머리를 꾸미느라 시간을 들이면 할머니는 세련된 모습을 만드는 데 들인 수고에 대해 칭찬을 했다. 모니카 역시 어린 시절 많은 칭찬을 들었지만 그것은 수학 숙제에 얼마나 많은 시간을 할애했는지, 글을 쓰고 고치는 데 얼마나 많은 노력을 들였는지, 외모를 가꾸기 위해 얼마나 많은 생각을 했는지와 같이 모두가 그녀가 통제할 수 있는 것이었다. 고등학교 때 모니카는 학교 테니스 대표인 리즈라는 친구를 사귀었다. 모니카는 테니스 코트에서 빠르게 움직이는 리즈의 모습에 매료되어서 테니스를 배우기로 결심했다. 학교가 끝나면 모니카는 리즈가 훈련을 받는 모습을 지켜보았고 그녀도 그 코치에게 레슨을 받기 시작했다. 그녀는 차근차근 테니스를 배웠고 상당한 수준에 올랐다. 리즈로부터 피드백을 받으면 빠르게 고쳐나갔다. 2년 만에 모니카의 실력은 리즈와 비슷하게 게임을 하는 수준까지 올라갔다. 때로는 리즈를 이기기도 했다.

같은 상황에서 도미닉이라면 어떻게 했을까? 그는 테니스를 잘 치지 못하는 것을 타고난 특성이라고 받아들였을 것이다. 고정형 사고방식을 갖고 있을 때는 이분법적인 사고를 하게 된다는 것을 기억하라. 잘하거나 못하거나 둘 중 하나다. 중간은 없다. 격려를 받으면 한두 번은 시도하겠지만 리즈가 자신보다 실력이 훨씬 나은 것을 보면서 테니스는 자신에게 맞는 운동이 아니라는 결론을 내리고 포기할 것이다. 도미닉이 고정형 사고방식과 성장형 사고방식 사이의 격차를 메울 수 있는 방법은 없을까?

우선 도미닉이 전전두피질이 지배하는 사고 아래에서 자신의 생각에 반대 의견을 낼 수 있도록 도와야 한다. 내가 클라이언트들에게 적용하면서 그 유용성을 크게 발견한 기법이 하나 있다. 영적 스승인 바이런 케이티Byron Katie가 개발한 '워크' The Work라는 기법인데 자신의 생각을 재평가하고 재발견할 수 있는 6단계 질문법이다. 도미닉이 확신하고 있는 한 가지 믿음, '나는 테니스에 재능이 없어'를 예로 들어보자. 6단계 질문을 이용해서 이 진술을 하나씩 반박해보는 것이다. 마지막 여섯 번째 단계에서는 기존의 진술로 재평가할 수 있도록 상황, 주체, 그리고 믿음을 바꾼 진술로 새롭게 해본다는 점을 기억하며 읽어보자.

- **1단계**

  나: (당신이 테니스에 재능이 없다는 게) 정말인가요?

  도미닉: 네.

- **2단계**

  나: 도미닉, 당신이 테니스에 재능이 없다고 확신하실 수 있나요?

  도미닉: 당연히 확신까지는 못하죠. 테니스를 그리 많이 쳐본 것은 아니니까요.

- **3단계**

  나: 테니스에 재능이 없다고 생각할 때 어떤 느낌을 받나요? 그럴 때는 보통 어떻게 반응하나요?

  도미닉: 루저처럼 느껴져서 하고 싶지가 않아요. 테니스를 하는 사람들을 보면 화가 나고 그런 것을 재미있게 하는 걸 보면 바보같다는 생각이 들어서 별로 어울리고 싶지 않아요. 그래서 집에 가서 TV를 보죠.

나: 좋습니다. 자, 이제 당신이 테니스에 재능이 없다는 생각을 더 이상 하지 않는다고 생각해봅시다. 어떤 느낌인가요? 당신은 어떻게 할까요?

도미닉: (약간 망설인 후) 화가 나지 않겠죠. 한동안 시도를 하면서 재미있는지 생각해볼 거예요. 재미가 있으면 계속 가볍게 해보면서 새로운 친구도 사귈지 모르죠. 정말 재미가 있으면 자주 테니스를 칠 테고 연습을 해서 아주 잘 치게 될 수도 있을 거예요. 재미가 없으면 굳이 칠 필요는 없겠지만 최소한 시도는 해봤다는 것을 알게 되겠죠. 지금은 잘 알지도 못하는 것을 포기했다는 느낌이지만 시도를 해본다면 제게 맞는지 아닌지를 알게 되겠죠. 테니스를 즐기는 사람들에 대해서도 그렇게 비판적인 태도를 취하지 않을 겁니다.

· 5단계

나: 당신이 테니스에 재능이 없다는 생각을 버릴 만한 이유를 찾으셨나요?

도미닉: 어느 정도는요. 그런 생각을 버린다면 저나 다른 사람의 스트레스가 훨씬 줄어들 것 같네요.

· 6단계

나: 지금 여기에서 처음의 믿음보다 더 진실하게 느껴질 다른 믿음을 만들어보면 어떨까요?

도미닉: (조금 회의적으로) 괜찮을 것 같네요.

나: 그 문장 안에서 한 번에 한 단어씩 바꾸어볼까요? '나는 테니스에 재능이 없어.'라는 처음의 믿음에서 시작해봅시다. 그 문장을 반대로 바꾸어보죠.

도미닉: 나는 테니스에 재능이 있어, 이렇게요?

나: 그렇습니다. 이 진술이 처음 당신이 가졌던 믿음만큼 맞는 말일까요?

도미닉: 무슨 말을 하려는 것인지 알겠어요! 시도를 해보지 않았으니까 그 진술이 맞는 말일 수도, 아닐 수도 있다는 것이죠? 적절한 시도가 없으면 모른다는 말이군요.

나: 그렇습니다. 다른 것도 한번 해보죠. 처음의 믿음을 살짝 달리 바꾸어보세요.

도미닉: 테니스에 재능이 없는 사람은 많다?

나: 좋습니다. 그 진술에 대해 생각해보죠. 당신이 정말 좋아하고 동경하는 사람 중에 테니스에 재능이 없는 사람이 있습니까?

도미닉: (웃음) 그렇습니다. 제 여자 친구 조안나요. 정말 멋진 여자지만 테니스를 칠 때는 우스꽝스러워요. 그래도 열심히 하는 모습이 보기 좋습니다. 똑똑하고 건강하기 때문에 분명 테니스를 잘 치게 될 겁니다. 앗, 정말 이상하네요. 같은 것에 대해, 그러니까 테니스를 못 치는 것에 대해서 이야기하는데 나에 대해서 이야기할 때와 조안나에 대해서 이야기할 때 완전히 딴판이네요. 말도 안 돼.

나: 흥미롭지 않나요? 조금 다른 시도를 해볼까요? (도미닉이 고개를 끄덕인다.) 이번에는 약간 까다롭습니다. 재능이 없다는 말을 '맞지 않다'는 말로 바꾸어볼까요?

도미닉: 나는 테니스와 잘 맞지 않는다?

나: 그렇습니다. 그럼 이 진술에 대한 어떤 해석이 타당할지 살펴볼까요?

도미닉: 이게 맞을지 모르겠지만 가장 먼저 떠오르는 생각은 제가 전체적으로

테니스에 대해 좌절감과 분노를 느낀다는 것입니다. 그저 테니스를 잘 치지 못하는 것뿐인데 그것이 저의 결점을 지적하는 것처럼 느껴지거든요.

나: 좋습니다! 계속해보세요.

도미닉: 저는 재능이 있다는 것을 기쁘게 생각하고 제가 재능이 없는 부분에 대해 지적받는 것을 싫어합니다. 때문에 테니스가 저의 결점을 가리키며 '결국 넌 그렇게 대단치가 않아'라고 말하는 사람 같습니다. 이상하게 들리나요?

나: 전혀요. 아주 좋습니다. 그런 이상함이 우리의 사고를 넓히는 데 도움을 줍니다. 그렇지 않나요?

도미닉: 그렇습니다! 제대로 시도조차 안 해보고 그렇게 생각했다니 정말 어리석은 짓이었단 생각이 드는군요.

나: 테니스와 관련되어 계속 갖고 싶은 믿음은 무엇인가요?

도미닉: 제가 테니스에 재능이 있는지 없는지는 아직 모릅니다만 한번 시도해 봐야겠어요. 다음에 시간이 나면 조안나와 함께 말이죠. 기대가 되네요. 재미있을 것 같아요.

이 과정에서 나는 도미닉에게 그의 생각을 반박하는 질문을 던졌을 뿐이다. 그의 사고에 있는 실수를 지적한 것이 아니고 그저 호기심을 가졌을 뿐이며 모든 작업은 도미닉 자신이 했다. 자기 생각의 논리적 결함을 인정하고, 그의 사고가 그에게 미친 영향을 분석하고, 대안을 만들어냈다. 그는 훨씬 더 전전두피질 지배적인 태도로 상황에 다가갈 수 있었다. 이는 편도체가 안정되면 전전두피질이 나머지 일을 알아서 한다는 것을 보여준다.

이처럼 우리 스스로를 비롯해 사람들에게 성장형 사고방식을 북돋우려면 피드백을 주는 방식에 주의를 기울여야 한다. 그 사람이 바꿀 수 있는 부분에 초점을 맞추고 있는지 자문해봐야 한다.

이 장을 마치며: 내 성격을 변명하지 않는 법

요약하자면 성격 특성의 50퍼센트는 유전자가 결정하고 양육이 그 외 15퍼센트를 차지한다. 하지만 여전히 자신의 의지로 어느 정도 바꿀 수 있는 35퍼센트가 남았다는 사실을 기억해야 한다. 단 변화를 이루기 위해서는 다음 단계를 거쳐야 한다.

1. 당신이 세상을 '객관적으로' 바라볼 수 없음을 깨달아야 한다. 중요한 과업을 해내는 데 방해가 되는 특정한 생각이 떠오른다면 그 생각에 반대되는 증거를 찾아야 한다.

2. 진정으로 가치 있는 일의 우선순위를 파악한다. 이는 당신이 무엇에 관심이 있고 무엇을 잘 해낼 수 있는지 결정짓는다.

3. '의무'를 정리해본다. 의무들은 당신이 진정으로 원하는 것을 받아들이지 못하게 방해한다. 또한 당신에게 잘 맞는 직업적, 개인적 삶을 살 수 없도록 만든다.

4. 고정형 사고방식에 빠지지 않도록 노력한다. 이 사고방식은 당신을 안전하게 지키려고 하지만 불행하게도 과거의 행동 패턴에 가둬버리는 편도체 지배적인 사고다.

5. 고정형 사고방식을 버리고 당신이 실제로 통제할 수 있는 일들에 초점을 맞춤으로써 성장형 사고방식을 키우자.

제2부

오늘부터 일도,
공부도 두 배로 잘된다

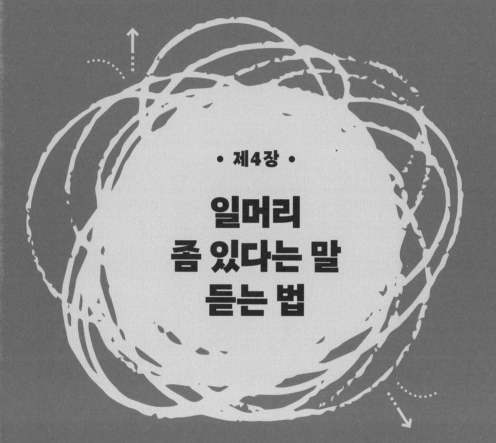

• 제4장 •

일머리
좀 있다는 말
듣는 법

어릴 때보다 기억력이 훨씬 떨어졌는가? 예전에는 앉은 자리에서 몇 시간씩 책을 읽곤 했는데 요즘은 인터넷의 기사 하나도 다 읽기 힘든가? 아무리 노력해도 일을 미루는 버릇을 고칠 수 없고 영원히 고치지 못할 것이라는 느낌을 받는가? 한때는 훨씬 낙관적인 사람이었으나 요즘은 삶에 대해 행복을 느끼지 못하는가?

　이는 당신이 가장 자주 하는 일에 따라 뇌가 끊임없이 변한다는 것을 보여주는 몇 가지 사례다(또 한 번 언급하게 되는 활동의존 가소성과 관계가 있다). 그러므로 지금보다 뇌를 한 단계 업그레이드하고 싶다면 다음 두 가지를 알아야 한다. 첫째, 높은 성과, 기억 형성, 주의력과 생산성의 기반이 되는 기제들을 이해해야 한다. 둘째, 일을 능숙하게 할 수 있도록 적절한 방법으로 두뇌를 훈련시켜야 한다.

당신의 머릿속을 최적화하라

전전두피질은 감정을 통제하고 의지력과 주의 집중력, 작업 기억과 동기를 갖게 한다. 따라서 좋은 성과를 올리려면 전전두피질의 '재충전'이 확실히 이루어져야 한다. 앞에서 말했듯이 이 두뇌 영역은 대단히 큰 신경망을 담고 있어서 엄청난 에너지를 필요로 한다. 영양과 휴식 부족, 충분치 못한 재충전으로 에너지가 부족하면 우리는 보다 자동화된 행동, 즉 포유류 뇌가 지배하는 상태로 되돌아간다. 그러지 않으려면 어떤 습관이 전전두피질의 능력을 최고로 발휘하도록 해주는지 살펴볼 필요가 있다.

첫째, 전전두피질의 뉴런들이 영양소와 산소를 충분히 공급받아야 한다. 그러려면 규칙적으로 영양이 풍부한 식사를 하고, 호흡을 느리고 깊게 하고, 운동을 해서 혈액의 산소포화도를 높여 혈관을 확장시켜야 한다.

둘째, 일과 휴식 시간을 번갈아 가져야 한다. 우리가 활동을 하는 동안 뉴런들은 다른 뉴런과의 소통을 가능하게 하는 신경전달물질을 분비한다. 그 후에는 시냅스synapse라고 불리는 뉴런들 사이의 간극에서 이 화학물질들을 없애 재활용하거나 제거한다. 이때 아교 세포glia cell가 등장해 노폐물을 흡수하고 뉴런에 영양을 공급하는 역할을 한다. 그런데 장시간 동일한 뉴런을 사용하면 신경전달물질이 감소하면서 그들은 결국 제 기능을 할 수 없게 된다. 그러면 처리해야 하는 신경전달물질에 과부하가 생기면서 뉴런의 활동성이 손상된다. 정보를 받아들이고 처리하는 데 오랜 시간이 소요된다는 뜻이다. 그렇다면 해법은 무엇일까?

간단하다. 바로 휴식이다. 사람들에게 얼마나 자주 휴식을 가져야 하는지에 대한 질문을 종종 받는데 사실 이에 대한 답을 하기는 쉽지 않다. 과제의 복잡성, 개인 두뇌의 활동성, 가장 중요하게는 그 활동이 당신에게 어떤 감정을 유발하느냐에 따라 달라지기 때문이다. 따라서 휴식의 빈도와 지속 시간은 개별적인 상황에 따라 조정해야 한다. 그래도 기본적인 권장 기준을 알고 싶다면 오전에는 한 시간 반마다 10분씩 쉬는 것으로 시작해서 오후에는 한 시간마다 10분으로 그 빈도를 늘릴 것을 제안한다. 휴식 시간이 너무 많다고 생각하는 사람도 있을 것이다. 하지만 정신적 피로를 경험하는 동안 인터넷 서핑 같은 쓸데없는 일에 쓰는 시간을 모니터해보면 휴식 시간이 결코 많지 않다는 사실을 알 수 있다. 잦은 휴식은 좀 더 체계적으로 일할 수 있도록 도움을 주고, 일과 휴식을 명확하게 분리해주어 주의력 훈련에도 도움이 된다. 이 점에 대해서는 이후에 더 자세히 논의할 것이다.

셋째, 잠을 충분히 자야 한다. 잠을 잘 때 전전두피질의 뉴런들은 휴식을 취하며 다음 날 필요한 신경전달물질을 보충한다. 또한 전전두피질과 다른 영역에 있는 아교 세포의 활동으로 신경망에 생긴 피해를 복구한다. 잠은 새로운 뉴런의 탄생과 성숙에도 꼭 필요하다. 뇌의 치아이랑Dentate gyrus이라는 영역에서는 매일 새로운 뉴런들이 태어난다. 그리고 이들은 신경망에 통합되어 장기적인 학습과 새로운 기술 습득, 기민한 사고를 가능케 한다. 뿐만 아니라 잠은 기억력에도 필수적이다. 우리가 낮에 학습하는 정보는 잠을 자는 동안 해마라는 뇌 영역에서 장기 기억으로 전환되기 때문이다. 바로 이것이 '기억 공고화'라고 불리는 과정이다.

마지막으로 적당한 신체 활동을 해야 한다. 과도하지 않은 긴장을 푸는 정도의 운동을 하면 혈중 산소포화도가 높아지고 혈관이 확장되어 뉴런에 영양 공급이 원활하게 이루어질 뿐 아니라 뇌 가소성을 높일 수 있다. 좋아하는 활동(미로를 달리거나 쳇바퀴를 돌리는 일)을 하는 쥐 실험에서 활발히 움직이는 쥐가 게으른 쥐들에 비해 기억과 학습을 촉진하는 뇌유래신경성장인자brain-derived neurotropic factor, BDNF의 수준이 높다는 것이 드러났다. 흥미롭게도 즐기지 않는 방식으로 활동을 강요당한 쥐들은 뇌유래신경성장인자가 증가하지 않았다. 자발적으로 즐겁게 하는 신체 활동만이 두뇌 가소성을 높인다는 의미다. 새로운 신경망은 학습, 판단력, 습관 변화 능력에 결정적인 역할을 하며 이런 새로운 신경망의 형성에는 뇌유래신경성장인자가 필요하다.

여기까지 읽고 나서 여러분 중 누군가는 이렇게 말할 수도 있을 것이다. '휴식, 재충전이 중요하다는 건 알겠는데 그럴 만한 시간이 없다'고.

이런 사람들은 재충전의 시간을 만들기 위해 하루를 보다 효율적으로 이용해야 한다. 일상의 다른 일들에서 효율과 생산성이 높아질수록 오롯이 재충전을 위한 시간을 더 많이 가질 수 있기 때문이다(그 결과 전전두피질을 다음 날 더 잘 사용하도록 최적화시킬 수 있다).

첫 단계로 기존 습관을 목록으로 만드는 것부터 시작해보자. 하루 동안(사실 이상적으로는 일주일을 기준으로) 당신이 하는 모든 일(과제)을 적는다. 이후 한 덩어리로 묶을 수 있는 일들을 확인한다. 이것을 '일괄 처리'batch processing라고 부르는데, 예를 들면 여러 차례의 식료품 쇼핑을 하나로 묶어 처리하는 것이다. 이러한 활동은 온라인 쇼핑몰의 정기 배송이나 자동 배송 서비스를 이용해 신경을 덜 쓸 수 있다. 이외에도 다른 사람에게 위임하거나 자동화할 수 있는 일은 없는지 확인한다. 스스로에게 이렇게 물어보자. '이 일들 중 하지 않아도 되는 것은?' 지속적으로 정신적 피로에 시달리고 있다면 분명히 해야 할 일이 남아 있다는 얘기다. 낮 동안 하는 과제의 수를 줄여 가장 중요한 것들만 처리하도록 하자. 보통 할 일 목록에 몇 개의 과제를 올려두는가? 거기에 있는 과제가 많을수록 전전두피질은 집중을 하지 못하고 그 결과 자원을 낭비하고 긴박감과 스트레스를 더 많이 만들어낸다.

하루를 시작할 때 이렇게 자문해보길 권한다. '오늘 해야 할 가장 중요한 일은 무엇인가?' 가능하다면 그 일을 가장 먼저 시작하고 그것을 끝낸 후에 다음 질문을 던진다. '오늘 해야 할 두 번째로 중요한 일은 무엇인가?' 이렇게 해야 할 일을 병렬적이 아닌 순차적 방식으로 처리하는 것이다. 이는 전전두피질의 집중력을 덜 떨어뜨리고 일을 미루게 될 가능성을 크게 줄여준다.

쓱 보고 싹 기억하는 뇌 만들기

이제 뇌 속 정보를 장기 기억으로 전환시키려면 무엇이 필요한지 알아보자. 먼저 기억의 종류는 하나가 아니라는 사실을 알아야 한다. 기억은 크게 서술 기억declarative memory과 비서술 기억non-declarative memory으로 나뉜다. 서술 기억은 외현 기억explicit memory이라고도 불리는데, 다시 두 유형으로 나뉜다. 여러 나라의 수도, 축구 선수의 이름, 영화 대사를 기억하는 것과 같이 사실에 대한 기억, 즉 의미 기억semantic memory이 있고, 살면서 겪은 사건이나 다른 사람의 삶(영화나 책의 줄거리, 사회적인 중요한 사건)을 상기할 때 쓰는 일화 기억episodic memory이 있다. 이 기억들은 뇌의 각기 다른 부분에서 부호화된다. 측두엽은 의미 기억을 담당하는 반면 전전두피질, 해마와 해마 옆에 있는 영역인 해마곁피질parahippocampal cortex은 일화 기억에 결정적인 역할을 한다.

암묵 기억implicit memory이라고도 부르는 비서술 기억은 절차 기억procedural memory, 조건화conditioning, 예비화priming로 나뉜다. 절차 기억은 운전이나 악기 연주와 같은 기술을 습득하게 하고, 배가 고플 때 냉장고 문을 열거나 아침에 일어나자마자 자동적으로 출근 준비를 하는 등의 습관적인 행동 패턴을 발전시키게 해준다.

조건화는 두 종류로 나뉘는데, 부엌에서 달각거리는 소리를 들으면 침이 나오게 하는 소뇌 지배적인 고전적 조건화classical conditioning 와 과거의 트라우마를 자극하는 요소나 비행, 뱀과 같은 것들에 대한 자동적인 감정 반응을 만드는 편도체 지배적인 감정적 조건화emotional conditioning가 그것이다. 예비화는 글에서 비어 있는 부분을 채우고, 올바른 형태의 단어를 읽은 과거의 경험을 기반으로 다음과 같이 엉망으로 쓰인 글을 읽을 수 있는 능력에서 드러난다. 아래 문장을 한번 읽어보자.

> 단어 의띄어쓰 기는크 게문 제가되지않 는다. 중 요한 것 은단 어가배 열된순 서다. 띄 어쓰 기가엉 망이어도당신 은 문 제없이이문장 을읽 을수있다. 이 는 인 간의 정 신이적 혀있는그 대로글 을읽지않 고의미를중 심으로읽기 때 문 이다.

엉망으로 쓰인 글이지만 읽을 수 있지 않은가? 이처럼 예비화가 있다면 뒤죽박죽 섞인 글도 무리 없이 읽을 수 있게 된다.

학교에서 신경과학을 가르칠 때면 나는 제자들에게 어떤 유형의 기억에 능한지 묻곤 한다. 이런 질문을 던지면 처음에는 다들 당황한다. 대부분의 사람이 외현 기억에만 가치를 두기 때문이다. 그렇지만 생산성과 성과에는 다른 유형의 기억들도 중요하다. 잠깐 시간을 내서 자신이 각 유형의 기억에 얼마나 능한지 생각하고 평가해보라. 각 유형의 기억을 자신이 얼마나 잘 수행하는지 평가를 하고 1~10점까지 점수를 매긴다. 더 나아가 성과 달성을 돕기 위해 다른 유형의 기억들을 어떻게 이용하는지도 생각해본다. 어떤 유형의 기억을 체계적으로 훈련해 개선시키고 싶은지 생각해보라. 예를 들어 나는 절차 기억을 훈련할 기회를 열심히 찾는다. 좁은 곳에서 차를 주차하거나 암벽 등반을 하거나 남편으로부터 도수치료 기법을 배우고 피아노를 시작하려고 한다. 반면 나는 좋은 일화 기억력을 가지고 있어서 남편이 허리를 바로잡는 방법을 보여줄 때 취한 움직임이나 시어머니가 차를 주차할 때 취한 행동들을 쉽게 떠올릴 수 있다.

'주의력'도 기억의 다른 유형이다. 우리는 늘 후각, 청각, 촉각, 시각적 자극 등 다양한 감각 정보에 둘러싸여 있다. 그렇지만 정말로 주의를 기울이는 것은 그중 일부에 불과하다. 이런 정보들은 모두 감각으로 들어오지만 주의를 기울인 소수의 감각만이 다음 단계, 즉 단기 기억으로 들어가고 주의를 기울이지 않은 모든 정보는 소실된다. 단기 기억(흔히 작업 기억working memory이라고도 불리는)은 우리가 그것으로 뭔가를 할 수 있을 정도의 기간 동안만 정보를 유지한다. 누군가의 전화번호를 연락처에 저장할 수 있는 시간 동안 기억하는 경우를 생각해보라. 반복하거나(외우기 위해 전화번호를 여러 번 되뇌이는 등) 여러 번 노출되면(가사를 외우기 위해 노래를 여러 차례 듣거나 표현을 기억하기 위해 문장을 여러 번 읽는 등) 기억을 연장시킬 수 있다. 또한 분류를 하거나 숫자의 패턴을 파악하거나 운율을 만드는 등의 좀 더 복잡한 방법으로 정보를 생각하면 그것을 기억할 가능성이 높아진다.

이렇게 우리가 주의를 집중하거나 충분히 연습을 하거나 의미를 부여한 정보만이 다음 단계인 장기 기억으로 넘어간다. 해마라고 불리는 뇌 구조는 정보를 단기 기억에서 장기 기억으로 바꾸는 데 결정적인 역할을 하며, 앞서 언급했듯이 이 과정은 잠을 자거나 휴식을 취하는 동안 일어난다. 정보가 신경망에 저장되려면(즉 기억을 부호화시키려면) 뉴런들 사이 연접 부위(시냅스)에 물리적 변화를 주어 정보를 변경해야 한다. 이 과정을 장기 증강long-term potentiation, LTP이라고 부르며 이 과정을 많이 반복할수록 이들 시냅스가 정보가 저장된 후속 신경망을 더 강화하고 건실하게 만들어 기억의 장기화를 돕는다.

하지만 이러한 정보들 중에 일부는 시간이 흐르면 사라진다. 바로 망각이라 부르는 과정인데, 이것이 기억에서 매우 중요한 부분이다. 두뇌는 관련성이 있는 것들만 저장하고 중요치 않은 사실은 제거해서 새로운 기억을 부호화시킬 공간을 마련하려 한다. 기억의 간극을 메우기 위해서, 두뇌는 잃어버린 정보를 맥락에 따라 이치에 맞는 기억의 조각들로 채운다. 당신이 생일 파티에 여러 번 참석했던 터라 줄리아라는 친구의 열여덟 살 생일 파티에서 뭘 먹었는지 기억하지 못하면, 당신의 두뇌는 이 사라진 간극을 케이크, 소시지 롤, 과일과 같이 다른 생일 파티에서 비롯된 기억으로 채운다. 조금 섬뜩하게도 우리는 이런 설득력 있는 스토리를 이용해서 엉뚱한 기억을 이식하기도 한다. 어린 시절과 같이 잘 기억하지 못하는 기간에 대해서는 특히 더 그렇다. 정보를 많이 반복할수록 우리는 거기에 주의를 더 많이 기울이고, 이 과정에서 구축하는 뇌 신경망이 굳건해질수록 기억의 신뢰성도 상승한다.

지금까지 기억력의 한 측면으로서 주의력에 대해 살펴보았다. 다음으로는 다른 유형의 주의력과 더불어 주의력을 단련하는 실질적인 방법들에 대해 알아볼 것이다.

멀티태스킹은 '에너지 도둑'이다

높은 성과와 생산성, 뛰어난 기억력의 결정적인 요소는 주의 지속 시간이다. 단기 기억을 쓸 때는 4~7개 이상의 항목에 집중할 수가 없다(이를 인지 부하라고 한다). 때문에 진정한 멀티태스킹은 애초에 물리적으로 불가능하다. 여러 가지 과제를 동시에 처리한다고 생각할지는 몰라도 실상 그것은 하고 있었던 과제로부터 다른 과제로 주의를 전환하고 다시 처음 과제를 되돌리는 일을 계속하는 것뿐이다. 이런 전환이 대단히 빠르게 일어나기는 하지만(1초도 걸리지 않는다) 항상 그런 식으로 일을 하면 놀라울 정도로 많은 시간을 낭비하게 된다. 주의를 전환하는 과제가 많아질수록 낭비하는 시간은 더 많아진다. 예를 들어 하나의 과제(나의 경우 이 장을 쓰는 것)에 집중할 때의 생산성이 100퍼센트라면 두 가지 과제에 집중할 때(곧 있을 세미나에서 발표할 자료를 만드는 것)는 과제당 생산성이 40퍼센트로 떨어진다. 20퍼센트의 시간이 두 과제 사이를 오가면서 낭비되는 것이다. 거기에서 그치지 않고 세 번째 과제(메일에 답장을 쓰는 것)를 추가하면 과제당 생산성은 20퍼센트에 불과하다. 이 장을 쓰는 데 다섯 배나 많은 시간이 필요하고 그중 40퍼센트는 낭비된다는 의미다. 이런 식으로 얼마든지 계속할 수 있지만 어쨌든 아이디어는 단순하다. 많은 과제에 집중할수록 낭비하는 시간은 늘어난다. 더구나 두 가지 과제 사이에서 주의를 전환하기만 해도 실수의 확률은 약 세 배 높아진다. 이는 문자 기반의 프로젝트(읽기, 쓰기, 오타 찾기)든 숫자 기반의 프로젝트(회계, 가계부 쓰기, 아이의 수학 숙제 돕기)든 마찬가지다.

따라서 좋은 성과를 내고 생산성을 높이기 위해서는 우선 주의집중 시간을 늘리는 훈련을 해야 한다. 뇌에는 두 개의 다른 주의력 체계가 있다. 하향식이라고 불리는 배측 주의 시스템Dorsal Attention System은 내적인 사고에 집중하고, 상향식이라고 불리는 복측 주의 시스템Ventral Attention System은 주위에서 일어나는 일에 적절히 대응하도록 한다. 이 두 가지 주의력 시스템은 개인이나 종으로서의 생존에 중요했고 여전히 중요하다. 수렵채집인들은 주변의 잠재적 위험을 알아차리는 일과 사슴 사냥과 같은 달성 과제에 집중하는 일, 이 두 가지 사이에서 끊임없이 주의를 이동시켰다. 운전을 할 때도 같은 일이 일어난다. 복측 주의 시스템은 길 위에서 당신의 위치와 다른 차들의 행동을 인식하지만 배측 주의 시스템은 그 행동에 너무 열중하지 않고 당신이 가고자 하는 곳, 거기로 가기 위해 어느 길로 들어서야 하는지에 초점을 맞추도록 한다. 마찬가지로 이 장을 쓰는 나의 배측 주의 시스템은 내가 과제에 집중하게 한다. 어떤 과제를 완수하기 위해서는 꼭 필요한 과정이다. 하지만 주방에 불이 났거나 내 딸이 깨어나서 눈이 퉁퉁 붓도록 우는 경우에 대비해서 나의 주의는 자연스럽게 복측 주의 시스템으로 전환될 수 있어야 한다.

바로 이러한 두 시스템 사이의 전환이 성과에 문제를 일으킨다. 신경망이 흥분했을 때는 특히 더 그러하다. 당신이 당신 회사의 로고를 만든다고 생각해보자. 몹시 신이 나서 다양한 이미지를 찾아보고 일러스트레이터 프로그램으로 이런저런 시도를 해보면서 몇 시간을 보낸다. 너무나 집중해서 근무 시간이 끝났다는 것조차 알아차리지 못한다. 여기에는 아무런 문제가 없다. 다음 날 클라이언트를 위해 세미나를 해야 하는 것이 아니라면 말이다. 근사한 로고가 있다면 프레젠테이션 슬라이드에서 회사를 돋보이게 할 수 있을 것이다. 그렇지만 로고만 있고 내용은 없다면? 더구나 당신은 먹은 것도, 마신 것도 없어서 지금 매우 기분이 좋지 않고(영양의 부족과 전전두피질의 과다한 사용으로 포유류 뇌 지배 상태가 될 가능성이 높다는 것을 기억하라) 두통이 있다. 설상가상으로 당신은 음식을 먹기 위해 위층으로 올라갔다가 퉁명스럽게 대꾸를 해서 배우자를 화나게 만들었다. 이 모두가 하나에 집중하는 배측 주의 시스템에 빠져서 전전두피질이 고갈되었기 때문이다.

또 다른 시나리오를 예로 들어보겠다. 당신은 일을 하기 위해 자리에 앉았다. 그런데 마침 밖에 예쁜 새들이 있어서 그 새들을 잠시 구경했다. 이후 약간 배고픔을 느끼기 시작해서 나가서 치즈 샌드위치를 먹었다. 앉아서 일을 하다가, 세상에! 조금 속도가 느려지고 졸린 느낌이 든다. 그래서 또 나가서 진한 커피를 한 잔 마신다. 혈류 내에 카페인이 치솟자 급박감과 함께 약간의 불안을 느낀다. 당신은 급하게 찾는 사람이 있지는 않은지 이메일을 확인해보기로 한다. 물론 답변을 기다리고 있는 한 무더기의 이메일이 있고 한동안 이메일을 확인하고 답하는 일에 정신을 빼앗긴다. 그 뒤 화장실에 가고 싶어진 당신은 그 김에 SNS를 확인한다. 뉴스피드를 확인하면서 당신은 최근 소식들을 확인하지 못하고 있다는 것을 깨닫고 열심히 소식을 업데이트하기 시작한다. 어느덧 정신을 차려 보니 집에 가서 아이를 돌보거나 저녁 준비를 시작할 시간이다. 오늘 당신의 작업 생산성은 얼마나 될까?

나 역시 적절한 균형을 찾는다는 것이 얼마나 힘든지 잘 알고 있다. 우리는 다른 일을 해야 할 이유에 대해서 온갖 종류의 이유들을 찾아낸다. 정말 솔직하게 눈앞에 닥친 과제를 끝마치고 싶은가? 그 답이 긍정이라면 주의력 훈련에서 가장 유용한 기법 중 하나를 공유해주겠다. 바로 포모도로 기법Pomodoro Technique이다. 이 시간과 주의력 관리 기법은 아주 단순하다. 타이머를 이용해서 25분간 집중해서 일한 다음 5분간 휴식하는 것이다. 이탈리아 시간관리 코치인 프란체스코 시릴로Francesco Cirillo가 창안한 것으로 토마토(이탈리아어로 포모도로)와 모짜렐라 치즈를 편으로 썰어 같이 먹는 이탈리아 샐러드에서 그 이름을 따왔다. 토마토 슬라이스는 한 가지 과제에 집중하는 구간을, 모짜렐라는 무엇이든 원하는 일을 하는 체계화되지 않은 시간 혹은 휴식 시간을 나타낸다. 이 방법은 한 가지 일에 지나치게 집중하는 경향이 있는 사람이나 한 가지 일에 주의를 집중하는 데 어려움을 겪는 사람들 모두에게 유용하다. 과제를 지속하는 시간은 과제의 난이도, 개인의 주의지속 시간, 몸과 정신의 상태에 따라 달라진다.

나는 정말 피곤하거나 우울할 때는 과제에 집중하는 시간을 단 10~15분으로 한다. 예를 들어 박사 논문을 쓸 때 아침에 커피 한 잔을 마시고 난 직후 45분간 논문을 쓰는 것으로 일과를 시작했다(그전에는 이메일을 확인하지도, 샤워를 하지도 않았다). 이후 15분간 쉬면서 샤워를 마치고 옷을 입었다. 이후 또다시 45분간 논문 작업을 하고 성공적으로 끝나면 보상으로 30분의 휴식을 가지면서 이메일을 확인하거나 근처 상점에 가서 점심거리를 장만했다. 단 90분이 하루 동안 내 최소한의 논문 작성 시간이었다. 이후에는 내가 완성해야 하는 다른 과제들을 처리할 수 있었다. 그중에는 포모도로 기법을 이용하는 것도 그렇지 않은 것도 있었는데, 엄격하게 적용할 필요는 없다. 오히려 지나친 스트레스를 유발할 수 있기 때문이다. 45분보다 더 짧은 간격(예를 들어 25분)을 이용하고 싶다면, 횟수를 늘려야 할 것이다. 몇 분이든 과제를 관리 가능한 작은 덩어리로 나누고 작업에 필요한 모든 것을 준비해두어서 포모도로 시간을 이용할 때는 과제 자체에만 집중하는 것이 중요하다. 한 장의 내용을 써야 하는 나의 경우를 예로 들어 보면, 나는 먼저 주제에 따라 작은 하위 중제목으로 내용을 나눈 뒤 그 중제목 내용을 또 별개의 과제인 더 작은 주제로 나눈다. 각 중제목에 해당하는 내용을 쓰려면 45분간의 포모도로 시간이 두 번, 때로는 세 번 정도 필요하다. 글자수나 과제의 완성 비율이 아닌 글을 쓰는 데 사용하는 시간에 집중함으로써 보다 해방된 기분을 느끼고 내 전전두피질의 상태에 맞춘 활동을 할 수 있다. 두 번의 포모도로 시간만으로도 많은 일을 할 수 있는 날이 있는가 하면 그렇지 않은 날도 있다. 하지만 정해진 시간 동안 그 과제에만 집중할 수 있다면 성공으로 여긴다. 정해진 시간이 되면, 과제가 거의 끝나가더라도 반드시 휴식을 취한다. 휴식 시간 동안에는 원하는 대로 무슨 일이든 하고 휴식 시간이 끝나면 바로 과제로 복귀한다. 휴식 시간은 전전두피질을 재충전하고 작업 루틴을 너무 엄격하게 따를 때 경험하는 '자아 고갈'을 피하는 데 매우 중요하다. 자아 고갈은 전전두피질을 지치게 하고 아교 세포가 활동 기간 동안 만들어진 신경전달물질을 치울 기회를 주지 않기 때문이다. 물론 포모도로 기법을 실천하기 위해서는 기본적으로 과제에 대한 동기부여가 되어 있어야 한다. 바로 이어지는 내용에서 생산성과 동기부여의 관계에 대해서 알아보도록 할 것이다.

뇌가 간지러울 때 의욕이 샘솟는다

일을 완수하는 데 의욕이 대단히 큰 부분을 차지한다는 것은 말할 필요도 없을 것이다. 지속적인 노력과 문제 해결이 필요한 과제라면 특히 더 그렇다. 어떤 일에 대해서 끈기를 가지고 해야 할 마땅한 이유를 발견하지 못하면 우리는 그 일을 완수할 수 없다. 심지어는 그 일을 하는 게 쓸모없다는 걸 증명하는 이유들을 찾기도 한다. 일이나 사생활, 여가 시간에서도 마찬가지다. 동기를 부여받으려면 그 활동이 우리 뇌의 보상 중추를 '간지럽혀야' 한다.

보상 중추는 포유류 뇌 집합체의 일부로 잠재적 즐거움을 감지하는 복측피개영역과 즐거움, 동기부여, 기쁨을 만들어내는 측좌핵으로 이루어져 있다. 측좌핵은 복측피개영역으로부터 도파민을 받아들인 후 이러한 감정을 만든다. 보상 중추는 편도체와 유사하게 편견을 만들어낸다. 맛있는 간식, 흥미로운 영화, 매력을 느끼는 사람들과 같은 긍정적인 경험으로 이어질 수 있는 것들, 그리고 일반적으로 과거에 즐거움을 경험했던 상황을 바탕으로 편견이 만들어진다. 재미있게도 인간은 결과가 보장되지 않을 때 더 많은 도파민을 얻는다. 다시 말해 보다 도전적인 과제나 예측할 수 없는 상황이 더 큰 보상을 기대하는 심리를 자극하는 것이다. 앞서 논의했듯이 복측피개영역 역시 전전두피질과 연결되어 있어서 의사결정을 중재하면서 주의력을 통제하고 강한 욕구를 좇아 일시적으로 합리적인 사고를 비활성화시킨다.

그렇지만 이런 연결은 반대 방향으로도 가능하다. 다시 말해 우리는 생각만으로 즐거움의 감정을 일으킬 수 있다. 눈을 감고 당신이 경험한 혹은 생각할 수 있는 가장 멋진 하루를 떠올려보자. 어느새 입가에 미소가 지어지지 않는가? 바로 이 점이 동기부여에서 매우 유용하다. 과제의 중요성에 대해 인식하는 것은 그 일을 얼마나 즐길지에 영향을 준다. 나의 경우, 정치 뉴스를 살펴보는 것처럼 그리 가치를 두지 않는 일을 할 때는 계획이 아무리 좋아도 시간을 내는 데 어려움을 겪는다. 또한 그 일을 할 때는 주의가 산만해지고 정보를 쉽게 유지할 수 없다. 하지만 현재의 정치 상황이 사람들의 정신 건강에 어떤 영향을 주는지에 대한 뇌과학 세미나를 주재해달라는 요청을 받는다면 나는 갑자기 정치 뉴스를 보는 데 큰 의욕을 느낄 것이다. 그것이 내가 우선하는 가치관에 맞아떨어지기 때문이다.

우리에게 전전두피질을 이용해서 인식을 바꿀 수 있는 힘이 있다는 것을 증명하기 위해서 그리 동기를 부여받지 못할 만한 일, 그러니까 강의 중인 대학에서 학생들의 리포트에 점수를 매기는 일을 예로 들어보자. 이 일을 내가 우선하는 가치관에 연결시킨다면 나는 이 일에 대한 의욕을 높일 수 있다. 더 많은 연결 고리를 발견할수록 그 일을 하는 데에서 느끼는 의욕은 커질 것이다. 그렇다면 리포트 채점은 내가 가장 우선순위에 놓는 딸, 나의 일, 남편과의 관계 이 세 가지 가치관에 어떤 이득을 가져다줄까?

- 학생들의 리포트 채점을 효율적으로 한다면 딸과 보내는 시간이 더 많아질 것이다.
- 대학에서의 일을 잘 처리한다면 영구적인 일자리를 제안받을 가능성이 훨씬 높아질 것이고 이는 우리 가정의 재정적 안전을 보장해준다.
- 재정적 안정이 보장되면 남편이 일하는 시간을 줄일 수 있다. 그렇게 되면 그

- 는 딸과 더 많은 시간을 보낼 수 있다.

- 재정적 안정이 보장되면 딸이 더 질 높은 교육을 받을 수 있다.

- 보다 안정적인 소득이 있으면 다음 결혼기념일에 남편이 갖고 싶어하는 시계를 사줄 수 있다.

- 채점을 효율적으로 함으로써 학생들에게 유익한 강의를 만들 시간을 더 많이 가질 수 있다.

- 학생들의 리포트에 귀중한 피드백을 줌으로써 그들의 학습에 도움을 줄 수 있고 일부 학생은 석사나 박사 논문을 쓸 때 지도 교수로 나를 선택할 수 있다.

- 훌륭한 석·박사 과정 학생들로 이루어진 팀이 있다면 의미 있는 대인 관계에 관한 응용신경과학 연구 실험을 계획하고 그에 대한 두 번째 책을 쓸 수도 있다.

- 일을 잘 한다는 것은 부교수로 커리어를 발전시킬 수 있다는 것을 의미하며, 이는 교수가 될 가능성을 높인다. 또한 이는 책을 내는 저자로서 나의 역량을 끌어올린다.

- 딸이 자신의 커리어를 찾는 데 내가 쌓은 학문적 커리어가 영감을 줄 수도 있다.

목록은 얼마든지 더 길게 만들 수도 있다. 리포트 채점이라는 일을 좋은 엄마가 되는 것, 좋은 아내가 되는 것, 행복한 가정을 만드는 것, 흥미로운 연구를 하는 것, 영향력 있는 강의를 하는 것, 사람들이 의미 있는 변화를 이루는 데 도움을 줄 수 있는 책을 쓰는 것 등 내가 의미를 부여하는 더 많은 일과 연결시키는 것이다.

시작하기가 꺼려지는 중요한 과제가 있다면 나처럼 그 과제를 완수할 때의 이득을 목록으로 만들어보길 권한다. 여기에서 한 단계 더 나아가 또 다른 리스트를 만들 수도 있다. 그 과제를 하지 않았을 때 당신에게 일어날 수 있는 온갖 부정적인 결과를 적어보는 것이다. 리포트 채점을 하지 않는 경우 나의 목록은 다음과 같다.

- 강사로서의 일자리를 잃고, 영향력 있는 강의를 하거나 학습에 대한 내 열의를 학생들과 공유하는 일을 할 수 없게 된다.
- 딸에게 좋은 본보기가 되지 못한다.
- 남편이 더 많은 일을 해야 하고 과중된 일로 건강상의 문제가 초래된다.
- 남편이 일을 많이 하느라 딸과 많은 시간을 보낼 수 없게 되면서 딸이 적절한 아버지 상을 갖지 못하고 성장해서 감정적인 교류가 불가능한 남자들과 관계를 추구할 수 있다.
- 내 과제를 미루면서 이 책에서 내가 이야기하는 일을 스스로 실천하지 못하게 된다. 따라서 죄책감을 느끼고 그 감정 때문에 이 책을 쓰는 일도 미루기 시작한다.
- 집필이 계속 지연되면 출판사에서는 계약을 취소하고 지금까지 내가 한 노력은 허사가 된다.

보다시피 나는 리포트 채점을 하는 방향으로 행동을 이끌어내기 위해 미루기의 부정적 결과를 포유류 뇌가 이해할 수 있을 정도로 과장하고 있다. 이를 염두에 두고 다섯 개의 리포트만 채점을 하고 그 일을 마치면 다시 돌아오겠다.

뇌를 바꾸는 Q&A

나의 가치관과 해야 할 일을 연결해보자

당신이 가장 가치 있게 여기는 세 가지를 적은 뒤 '해야 할 일'이 어떻게 그 가치관에 부합하는지 확인한다면 미루는 습관을 고칠 수 있다.

• 당신이 우선하는 가치관 세 가지를 적어보자.

1. _____

2. _____

3. _____

• 지금 하고 싶지 않아 미루고 있는 일이 있는가? 그렇다면 위에 적은 세 가지의 가치관에 그 일이 어떻게 부합하는지 생각해보자.

• 그래도 의욕이 생기지 않는다면 그 일을 끝내지 않았을 때의 부정적 측면을 생각해보는 것도 도움이 된다.

프로 미룸러들을 위한 맞춤 솔루션

코칭을 하다 보면 "미루는 습관이 부족한 동기부여 때문에 나타나느냐?"라는 질문을 자주 받는다. 때로는 그렇지만 미루기의 원인은 훨씬 더 다양하다. 첫째, 미루기는 제1장에서 논의한 것과 동일한 습관 루프를 따른다. 습관 루프는 미루기를 자극하는 유인에서 시작된 후 행동으로 이어진다. 과제가 아닌 다른 일을 하는 것이다. 이 다른 일은 보상으로 이어지며 일시적으로 과제를 잊게 한다. 가장 흔한 유인은 동기의 결여, 과제에 대한 부담감, 책·논문을 쓰거나 한 해의 회계를 정리하거나 집을 고치는 등 과제의 규모가 너무 커서 어디서부터 시작해야 할지 모르는 것, 실패나 성공에 대한 두려움, '학위를 받으면 무슨 일을 해야 하지? 재학 상태를 좀 더 오래 끌어야겠다' 같은 생각을 부르는 변화나 알지 못하는 일에 대한 두려움 등이다. 미루기 유형은 유인에 따라, 또 미루기 습관으로 충족시키는 욕구가 무엇이냐에 따라 여섯 가지 유형으로 나눌 수 있다. 각 유형에 대한 해법 역시 조금씩 다르다.

　모든 습관이 어떤 욕구를 충족시킨다는 것을 기억하라. 대부분은 안전, 인정, 사랑과 유대, 다양성, 성장, 타인을 위한 공헌 중 하나에 해당한다. 첫 세 가지 욕구는 '포유류 뇌 욕구'라고 부를 수 있다. 이 고대 뇌 중추가 차분함과 안전을 느끼는 데 중요하기 때문이다. 이런 욕구가 충분히 충족되지 않으면 우리는 분별없는 행동을 하곤 한다. 당연한 일이다. 포유류 뇌는 이성적이지가 않다! 이상한 방식으로 일을 미루는 것에 대해서 어리석은 짓이라고 느끼면서도 억제하지 못하고 있는가? 그렇다면 포유류 뇌가 당신의 몸과 마음을 장악하고 있다는 뜻이다. 따라서 정확히 어떤 일이 일어나고 있는지를 파악해야 한다. 유인은 무엇인가?

일을 계속 미룸으로써 지금 충족시키고 있는 욕구는 무엇인가? 이런 욕구를 충족시키는 보다 나은 방법은 무엇인가? 다음의 미루는 사람의 여섯 가지 유형 모두에서 이러한 점을 찾아낼 수 있어야 한다.

완벽한 결과를 바라는 완벽주의형 지연가

완벽주의형 지연가들은 결과가 '완벽'하기를 원한다. 이런 완벽함은 대개 안전과 인정에 대한 욕구를 충족시킨다. 하지만 시간, 에너지, 인간의 생리적 한계 때문에 완벽주의자가 설정한 기대는 그 자체로 도달 불가능하다. 이것이 완벽주의자에게 부담을 주고 포유류 뇌의 반응을 일으킨다. 과제를 피하게 되는 것이다. 이에 대응하기 위해서는 다른 방식으로 안전과 중요성의 욕구를 충족시켜야 한다.

완벽주의자에게 유용한 방법은 앞서 이야기한 포모도로 기법이다. 과제에 명확하게 정해진 시간을 사용한 뒤 휴식하는 것이다. 이 방법으로 초점을 '완벽한 결과'가 아닌 '과제에 쓴 시간'으로 옮길 수 있다. 또한 휴식은 균형 잡힌 시각을 유지하고 세부 사항에 지나치게 몰두하지 않게 해준다. 완벽주의자는 완벽보다는 '완성'이라는 가치에 대해 높이 평가하는 법을 배워야 한다. 나는 이 책을 쓰는 동안 책 전체의 초고를 마치기 전까지 그 어떤 수정도 하지 않았다. 나는 하루에 1,000단어 정도를 썼고 글을 쓰는 데 현재 가지고 있는 지식만을 사용했다. 글을 다듬고 수정하는 작업은 책 전체를 마친 후에 이루어졌다. 이러한 규칙에 따라 글을 다시 쓰고 수정하는 데 시간을 보내지 않고, 리서치에 더 많은 시간을 할애하고 책 쓰는 일에 대한 반감을 덜 수 있었다. 완벽주의형 지연가에게는 완벽하지 못한 초고를 만드는 데 집중하고 최적화를 뒤로 미루는 방법이 유용하다.

두려움을 회피하려는 전사형 지연가

전사형 지연가들은 '안전'을 추구한다. 기본적으로 자존감이 낮은 이런 유형의 지연가들은 실패, 성공, 변화, 알지 못하는 것, 판단 혹은 비난에 대한 두려움 등 다양한 두려움에 자극을 받는다. 이런 두려움은 쉽게 편도체를 자극해 불합리한 습관을 유발하고 이는 다시 당분이 많은 간식을 먹거나 동료와 잡담을 하거나 담배를 피거나 술을 마시거나 TV를 보거나 SNS를 살피는 등의 안전 추구 행동으로 이어진다. 그리고 이는 종종 악순환을 불러온다. 과제를 완성하기까지 남은 시간이 줄어들면서 압력이 커지고 이것이 다시 편도체를 회피성 행동에 더 빠져들게 하는 것이다.

전사형 지연가에게 유용한 방법으로는 안정감을 높이는 지원팀을 구축하고, 개인 코치와 함께 자신의 자존감을 점검하고 명상이나 운동, 기타 스트레스를 줄이는 기법으로 편도체를 진정시키는 것 등이 있다. 이런 유형의 지연가들에게도 포모도로 기법이 유용할 수 있다. 결과에서 과정으로 초점을 옮겨주기 때문이다. 다만 전사형 지연가들은 포모도로 단계에서 과제를 지속하지 못한 것에 대해 자신을 자책할 위험이 있다. 따라서 이 기법을 시작하기 전에 편도체를 확실히 진정시키는 준비가 필요하다.

자신을 과대평가하는 몽상가형 지연가

몽상가형 지연가들은 자유와 다양성을 추구한다. 이들은 지루함에 대한 역치가 낮고 과제가 단조롭거나 특히 장기간 지속적인 노력을 기울여야 할 경우 쉽게 산만해지곤 한다. 또한 몽상가들은 강한 낙관주의 성향을 가지고 있는 경우가 많다. 과제에 소요되는 시간을 과소평가하고 자신의 능력을 과대평가하는 것이다. 이렇게 비현실적인 목표를 설정하기에 실패가 불가피하다. 실패가 계속되면 이들은 과제에 노력을 기울이는 일에 저항하고 따라서 남은 짧은 시간 안에 더 많은 일을 해야 하는 상황에 처한다. 자연히 부담감은 가중된다.

몽상가형 지연가는 적합한 책임 체제가 있을 때 가장 좋은 성과를 올린다. 실제로 박사 과정을 밟고 있는 내 학생 중 하나는 매주 30분간 나와 전화 통화를 하면서 그 주에 한 일에 대해서 논의하고 다음 주의 목표를 정한다. 큰 과제를 관리할 수 있는 작은 덩어리로 나누고 현실적인 스케줄을 만드는 일을 돕는 성과 코칭도 유용하다. 또한 몽상가는 실제적인 성과를 인식할 때 효과적으로 일을 처리할 수 있다. 당신의 목표가 이번 주 30명의 잠재 고객에게 전화를 거는 것이라면 이렇게 자문해보라. 지난주 실제로 몇 명의 고객에게 전화를 걸었지? 만약 세 명에게 걸었다면 이번주 목표로는 네 명을 잡는다. 비합리적인 목표는 당신을 과거와 똑같은 함정으로 밀어넣을 게 뻔하기 때문이다. 매일 블로그에 단어 1,000개 분량의 글을 쓰고 싶다면 현재 몇 개 단어의 글을 쓰고 있는지 자문해보라. 100개 단어라면 1,000개는 어림없는 목표다. 5분만 더 글을 쓰겠다는 목표를 세워라. 그게 가능하다면 잠깐의 휴식 뒤에 5분을 더 추가하라.

자신의 기준이 우선인 반항형 지연가

반항형 지연가들은 정체성에 대한 자각이 강하며 자신의 가치관과 부합하지 않는 일을 하는 데 대한 저항이 세다. 이들 반항형 지연가는 우선 그 과제를 하는 목적을 파악해야 한다. 앞 장에서 논의한 활동들로 과제의 목적을 파악할 수 있다. 최우선순위로 놓는 세 가지 가치관과 관련해 과제를 수행할 때의 혜택 50개를 적고, 과제를 수행하지 않을 때의 부정적 결과 50개를 적는 것이다. 이 활동은 반항자가 문제에서 벗어나도록 도움을 준다. 하지만 이런 패턴이 유아기에 양육자와의 역학에서 비롯된 경우라면 심리 상담 같은 보다 깊이 있는 내면 작업이 필요하다.

일이 닥쳐야 움직이는 위기 생성형 지연가

위기 생성형 지연가들은 지루함을 잘 견디지 못하고 급박한 상황이 이어져야 살아 있다는 느낌을 받는다. 다양성에 대한 욕구가 강하고 도파민 수치가 낮다. 따라서 급박하다는 압력이 있어야 무슨 느낌이든 받을 수 있다. 이들에게는 암벽 등반이나 산악자전거와 같은 자극이 강한 스포츠 등 다른 도파민 유도 활동을 일상생활에 추가하는 것이 도움이 될 수 있다. 특히 책임이 큰 역할에서는 지나치게 부담이 되지 않는 마 감 스케줄을 만든다거나 팀과 함께 일을 진행하는 것도 도움이 된다. 명 상, 요가와 같은 다른 활동도 도파민 레벨을 완만하게 높이고 두뇌가 느 린 속도를 유지할 수 있게 한다. 또한 이런 활동은 흥분을 좇는 행동이 마음을 어지럽히는 감정에서 도망치려는 욕구에서 비롯되는 경우에도 유용하다. 심각한 과거의 트라우마가 정서적 현실도피를 유발하는 경우 라면 관련 자격이 있는 치료사와 보다 깊이 있는 내면 작업을 시도해봐 야 한다.

거절을 모르는 혹사형 지연가

혹사형 지연가들은 다른 사람을 돕는 일에 대단히 높은 가치를 둔다. 유대, 안전, 인정의 욕구를 충족시키기 위해 결코 '아니오'라고 말하지 않고 무조건 과제를 떠안는다. 이 습관은 대단히 많은 욕구를 충족시켜 주기 때문에 변화시키기가 무척 어렵다. 그렇기 때문에 시작하기 전에 유대감을 채워줄 수 있는 대안적 방법, 즉 그런 특성을 악용하지 않을 사람을 찾거나 가족이나 친구와의 시간을 가지거나 지지해줄 사람을 옆 에 두는 방안을 생각해봐야 한다.

그리고 나서는 우선순위를 정하고 위임하는 방법을 배워야 한다. 세 계적인 작가 스티븐 코비Stephen Covey는 《성공하는 사람들의 7가지 습관》 에서 사분면 기법에 대해 이야기한다. 이 방법은 혹사형 지연가에게 대 단히 유용하다. 종이 한 장을 꺼내 두 개의 선을 십자로 그려 사분면을 만든다. x축과 y축을 중요성과 긴급성, 두 척도로 설정하고 1~10점 사이의 점수를 매긴다. 중요하고 긴급한 모든 과제를 제1사분면에, 중요하지만 긴급하지 않은 과제를 제2사분면에 적는다. 이 두 사분면에 있는 과제가 노력과 시간을 집중해야 하는 일들이다. 하단 왼쪽 제3사분면에는 긴급하지도, 중요하지도 않아서 내려놓는 연습을 해야 하는 과제를 적는다. 하단 오른쪽 제4사분면에는 긴급하게 느껴지지만 중요하지 않은, 즉 주의를 끌지만 하기 전에 반드시 상단의 과제를 먼저 돌봐야 하는 과제를 적는다. 이 방식을 통해 혹사형 지연가는 일의 우선순위를 구분하여 위임하는 법과 거절하는 법을 배워야 한다.

이 장을 마치며: 굿바이, 비효율의 날들

생산성의 향상 측면에서 오래 지속되는 변화를 일으키고 싶은가? 그렇다면 다음의 사실들을 기억해야 한다.

1. 전전두피질에 재충전할 시간을 주자. 자주 휴식을 취하고 좋은 수면 습관을 유지하자. 영양가 있는 음식을 먹고 좋아하는 신체 활동을 한다면 전전두피질 뉴런에 회복할 시간을 줄 수 있다. 그러면 뇌 가소성이 높아지면서 명료한 사고를 할 수 있고 집중력과 기억력이 개선된다.

2. 기억력을 높이고 싶다면 과제에 몰두한 후에 반드시 충분한 휴식

시간을 가져야 한다.

3. 두뇌는 두 가지 주의력 네트워크를 가지고 있다. 목표 지향적인 배측 네트워크와 자극 지향적인 복측 네트워크다. 지속가능한 생산성을 위해서는 이 두 가지 네트워크 사이에서 균형을 맞춰야 한다.

4. 멀티태스킹은 함정이다! 두뇌의 에너지를 고갈시키고 시간을 낭비하게 해 성과를 저하시킨다. 두뇌를 한 번에 한 가지 일에만 집중하도록 훈련시키자. 포모도로 기법을 규칙적으로 활용하는 방법이 있다.

5. 미루기는 확신이 없거나 주변 지원이 없을 때, 그리고 두려울 때 두뇌가 보이는 자연스러운 반응이다. 당신의 뇌는 미루면서 다양한 욕구를 충족시킨다. 이 욕구가 무엇인지 확인하고 이 욕구를 충족시킬 더 나은 방식을 찾아야 한다.

· 제5장 ·

120퍼센트
가동하는
뇌 컨디션 만들기

Change Your Brain,
Change Your Life

대부분의 독자들은 자신의 신체를 어떻게 돌봐야 하는지 최소한 이론만

큼은 알고 있을 것이다. 하지만 삶의 모든 경험이 시작되고 끝나는 부위

인 뇌는 어떻게 돌봐야 하는 걸까? 이 장에서는 두뇌가 최적의 기능을

하는 데 무엇이 도움이 되는지 그리고 무엇이 해로운지를 다룰 것이다.

　뇌 안의 뉴런들은 두 가지 언어로 서로 '대화'를 한다. 신경 자극이라

고 불리는 전기 신호와 신경전달물질이라고 불리는 작은 화학 분자가 그

것이다. 이들은 뉴런들 사이의 간극을 메운다. 인간의 두뇌에는 약 60개

의 신경전달물질이 있고 이들은 약간씩 다른 기능을 한다. 또한 이들 신

경전달물질의 균형은 대단히 섬세하며 습관, 음식, 스트레스, 수면의 양, 감정 상태 등을 기반으로 계속 변화한다. 이 장에는 이 신경전달물질에 대해 알아보고, 어떻게 이들의 균형을 찾아서 차분하면서도 예민한 정신을 유지하고 우울, 불안, 번아웃을 낮출 수 있는지 살펴볼 것이다.

긍정 모드를 켜는 머릿속 스위치

뉴런들은 직접 연결되어 있지 않다. 그들 사이에는 시냅스 간극synaptic cleft이라고 불리는 좁은 간극이 항상 존재한다. 따라서 뉴런들이 보통 정보를 부호로 처리할 때 사용하는 전기 자극은 전달되지 않는다. 플러그를 꽂지 않고 휴대전화를 충전할 수 없듯이 말이다. 메시지는 오직 신경전달물질이라고 불리는 화학 분자를 통해서 그 간극을 넘어 전해진다. 이들 신경전달물질은 서로 다른 기능을 갖고 있지만 결국 그들 사이의 균형이 우리의 기분, 주의지속 시간, 기억력, 심지어는 신체 에너지까지 결정한다. 지금부터 여섯 가지 주요 신경전달물질의 역할부터 탐구하고 그들의 상호작용이 일상에서 우리가 어떤 기분을 느끼게 하고 어떤 역할을 하는지 살펴보도록 할 것이다. 먼저 우리의 감정 상태를 긍정적이고 활기차게 만들어주는 세 가지 신경전달물질인 세로토닌, 도파민, 옥시토신에 대해 알아보자.

긍정의 힘, 세로토닌

세로토닌serotonin은 좋은 기분을 느끼고, 숙면을 취하고, 통증을 처리하고, 삶을 긍정적으로 느끼게 하는 필수적인 신경전달물질이다. 세로토닌 수치는 하루 동안 올라갔다 떨어졌다 하는데 보통 아침에 가장 높으며 오후가 되면 감소한다. 밤에 잠을 자면서는 다시 높아지고 그렇게 순환이 이어진다. 다시 말해 충분히 잠을 자지 않으면 그 과정이 방해를 받을 수 있다는 얘기다. 또한 잠을 자기 위해서는 상당한 수준의 세로토닌이 필요하다. 즉 낮은 세로토닌으로 불면증이 유발되며 다시 수면 부족으로 세로토닌을 보충할 수 없는 악순환의 상황에 쉽게 빠지는 것이다. 산 사람의 머리를 열어 신경전달물질의 수치를 직접 측정할 수는 없기 때문에 '대사 물질'metabolite이라는 잔여 신경전달물질에 의존해 간접적으로 그 수치를 측정한다. 이 방법을 통해 우울증과 세로토닌 수치 사이의 연관 관계가 확인되었다. 우울증이 있는 사람은 세로토닌 대사 물질이 낮은데, 이는 곧 세로토닌 수치가 낮을 가능성을 의미하기 때문이다. 그래서 현대의 우울증 약은 세로토닌 재흡수 억제제Serotonin Reuptake Inhibitor, SRI라고 불린다. 기존의 세로토닌이 시냅스 안에 훨씬 오래 머물게 만든다는 의미다.

세로토닌 수치는 신체 활동을 하거나 자연에서 시간을 보내거나 신체적인 접촉을 하거나 명상이나 감사를 실천하거나 대화 치료 등으로 높일 수 있다. 이 모든 것이 우울증이 있는 사람들에게 권하는 활동이다. 그렇지만 여기에도 진퇴양난의 상황이 펼쳐진다. 어떤 일이든 의욕을 가지려면 적정한 수준의 세로토닌이 필요하기 때문이다. 따라서 우울증이 심각한 상황에서는 이런 활동을 시작한다는 것 자체가 불가능하지는 않을지라도 대단히 어렵다. 그러므로 정신 상태가 괜찮을 때 이런 활동을 정기적으로 하며 제2의 천성처럼 습관으로 만들어놓는 것이 좋다. 그래야 기분이 저조해졌을 때 이러한 행동들을 훨씬 쉽게 실천할 수 있다.

열정의 원천, 도파민

동기부여와 열의에 필수적인 또 다른 신경전달물질은 도파민이다. 우리가 맛있는 점심을 먹거나 재미있는 영화를 보거나 친한 친구와 통화를 하기 위해 전화를 들었을 때, 뇌의 보상 중추 시냅스에서는 도파민이 분비된다. 도파민은 이전에 도파민을 분비시킨 활동을 반복할 욕구와 동기를 불러일으킨다. 도파민 수치는 우리가 보상을 기대할 때, 특히 그 보상이 확실하지 않을 때 높아진다. 이 때문에 우리는 인간관계, 신나는 취미, 일을 할 때 느끼는 불확실한 흥분 상황에 끌리게 되는 것이다.

안타깝게도 도파민 시스템을 '납치'할 수 있는 것들이 너무나 많이 존재한다. 약물, 당, 카페인, 소셜미디어, 미루기 등은 그런 강렬한 즐거움을 유도하여 다른 일을 하기 대단히 힘들게 만든다. 설치류를 이용한 도파민 실험이 이 같은 점을 잘 보여준다. 실험 쥐들이 레버를 누를 때마다 작은 전기 충격으로 뇌의 보상 중추인 중격핵을 자극시켜 도파민을 분비하게 유도했다. 그러자 쥐들은 레버를 누르는 데 중독되어 다른 모든 일을 무시하기 시작했다. 도파민 분비의 즐거움이 쥐들이 경험했던 그 어떤 즐거움보다 훨씬 강렬했기 때문이다. 장치를 쥐들에게 맡기자 그들은 계속해 레버를 눌러 즐거움을 주는 도파민이 분비되도록 했고 물 마시기, 음식 먹기, 짝짓기 등 일체의 행위를 거부하다가 결국 굶어 죽었다. 같은 효과가 발작을 막기 위한 뇌수술 과정에서 중격핵에 전극을 심는 데 동의한 간질 환자들에게서도 관찰됐다. 외과의사가 중격핵을 자극하면 환자들은 압도적으로 즐거운 감정을 느꼈다고 말하며 자극이 계속 반복되기를 원했다. 그 즐거움에 완전히 사로잡혀서 다른 것에 대한 관심을 모두 잃을 정도까지 말이다. 그 시점에 의사들이 전극을 제거하자 얼마 후 그들은 정상 생활로 돌아갔다. 이는 도파민을 유도하는 활동 및 물질이 대단히 강력하며 또 건강에 치명적인 정도까지 그 행동을 반복하려는 충동을 만든다는 것을 잘 보여준다. 그리고 이것은 의식적인 과정이 아니기 때문에 자발적으로 그 행동을 멈추기가 대단히 힘들다. 특히 해당 물질이나 활동으로 만들어지는 도파민 효과가 클수록 멈추기는 더 어렵다.

그렇다면 도파민 분출을 자극하는 보다 건설적인 방법으로는 무엇이 있을까? 할 일 목록에 있는 일들을 처리하는 것, 충족감을 주는 커리어를 가지는 것, 즐거운 취미 활동을 하는 것, 감사 목록을 적는 것, 명상을 실천하는 것, 자극을 주는 사람들과 함께하는 것 등이 있다.

안정감을 주는 옥시토신

기분을 좋게 만드는 세 번째 신경전달물질은 옥시토신이라고 불린다.

이 물질은 예측 가능성이 높은 환경, 안전이 보장된 인간관계에서 사랑과 신뢰, 애착의 감각을 만들어내 강력한 감정적 유대를 형성시킨다. 옥시토신은 성관계를 갖거나 자녀나 사랑하는 사람을 안거나 동물을 쓰다듬거나 사생활이나 직장 생활에서 신뢰를 기반으로 하는 견고한 관계를 발전시킬 때 분비된다.

이 세 가지 신경전달물질을 실제 상황에서 살펴보기로 하자. 그러기 위해서는 제1장에서 만난 앤드류를 다시 찾아가봐야 한다. 그는 일요일 아침 늦게까지 푹 자고 일어났다. 그는 침대에 누운 채 반쯤 열린 커튼 틈으로 들어오는 햇살을 몇 분간 바라본다. 그의 뇌 속에는 세로토닌 수치가 상당히 높아서 그에게 지금 자신이 기분이 좋다는 것을 느끼게 해준다. 엄청나게 행복한 것은 아니지만 만족스럽고 긍정적이다. 그는 천천히 일어나서 가족들과 개방형 주방에서 아침 식사를 한다. 진한 커피한 잔과 신선한 딸기를 곁들인 그래놀라가 뇌의 도파민 수치를 높여 즐거운 감각을 만든다. 그는 무릎에 두 살 난 아들을 앉히고 테이블 너머로 아내의 손을 잡는다. 아끼는 사람들과의 신체 접촉이 그의 옥시토신 수치를 높여 사랑의 감정을 느끼게 하고 그들을 향한 배려심 있는 행동을 하도록 한다. 앤드류에게는 완벽한 아침이다. 그렇지만 습관을 이렇게 극적으로 바꿨어도 매일 아침 이런 기분을 느끼는 것은 아니다. 좋은 기분을 만드는 이런 신경전달물질의 효과를 더 자세히 이해하기 위해 이전 주로 돌아가 보자. 지난주 앤드류의 모습은 지금과 딴판이다.

앤드류는 일요일 아침 7시 반에 일어난다. 그는 아직 피곤하고 잠을 좀 더 잘 수 있다면 뭐라도 할 수 있을 것 같다. 하지만 마음은 좀처럼 차분해지지 않는다. 내일 마감인 중요한 업무가 있는데 준비가 전혀 되어 있지 않은 느낌이 들기 때문이다. 세로토닌 수치가 낮음을 알 수 있게 시장기가 느껴지고 아드레날린이 분비되어 침대에서 빠져나오는 그의 심장은 빠르게 뛰고 있다. 그는 주방으로 몸을 이끈다. 진한 커피를 만들어 마시지만 음식은 생각만 해도 구역질이 난다. 그는 바로 서재로 가서 멍하니 노트북을 바라본다. 몇 시간 동안 프레젠테이션 준비를 한 후에도 짜증은 수그러들지 않는다. 도파민이 부족하여 좋은 아이디어가 나오지 않는 것 같고 부진하고 의욕이 없는 느낌이다. 옆방에서 들리는 가족들의 목소리에 스트레스를 받으며 일하고 있는 자신은 소외된 외로운 존재란 느낌이 든다. 옥시토신이 부족하기 때문에 보통 가족들에게 느끼는 사랑의 감정에는 접근할 수가 없다. 정말 다른 아침이 아닌가!

잠깐이라도 슈퍼맨이 될 수 없을까

좋은 기분과 동기 외에도 우리에게는 명료하게 생각하고, 사건들을 기억하고, 과제에 집중하고, 원치 않는 생각을 억제하는 능력이 있어야 한다. 바로 이 영역들이 글루타민산염glutamate, 아세틸콜린acetylcholine, 감마 아미노뷰티르산Gamma Aminobutyric Acid, GABA과 같은 여러 가지 신경전달물질이 활약하는 지점이다.

전방위 미드필더, 글루타민산염

글루타민산염은 신경계에서 가장 흔한 흥분전달물질로 매우 다양한 기능을 한다. 일단 단기 기억, 장기 기억뿐만 아니라 말하기, 듣기, 그리고 기획 같은 우리가 하는 대부분의 정신적인 일과 같은 모든 집행 기능에 지극히 중요한 역할을 맡고 있다. 글루타민산염은 뇌 안에서 가장 보편적인 '언어'로, 뉴런들 사이에 있는 모든 시냅스의 약 90퍼센트가 이 물질을 사용한다. 흥미롭게도 시냅스에서 글루타민산염이 분비되면 인근 혈관의 혈류가 변화하면서 산소와 포도당을 필요로 하는 영역에 혈액이 더 많이 전달된다. 다시 말해 글루타민산염은 열심히 일하고 있는 뉴런들이 충분한 영양과 산소를 공급받아 제 역할을 할 수 있도록 해준다.

그렇지만 이상하게도 어떤 상황에서는 글루타민산염의 분비가 뉴런을 죽일 수도 있다. 이를 전문적인 용어로 '글루타민산염 흥분성독성'glutamate excitotoxicity이라고 부른다. 안타깝게도 물리적인 뇌 손상이나 허혈성 뇌졸중ischemic stroke이 생길 때 이런 일이 일어난다. 만성적인 글루타민산염 흥분성독성은 알츠하이머병이나 헌팅턴병과 같은 신경퇴행성 장애에서 신경 손실을 일으키는 인자 중 하나로 알려져 있다. 그렇지만 장시간 일을 하거나 지나치게 오래 몰두하는 것과 같은 고도의 정신적 활동이 건강한 사람에게 글루타민산염 흥분성독성을 일으킬 수 있느냐는 아직 명확치 않다. 앞서 언급했듯이 직접 뇌 안의 신경전달물질을 측정할 수 없기 때문에 대답하기가 대단히 어려운 문제다. 그렇지만 글루타민산염으로 많은 양의 자극이 생겼을 경우, 쉼 없이 하나의 생각에서 다른 생각으로 옮겨가면서 하나의 과제에 집중하지 못하고 좀처럼 신경을 끌 수 없는 상태가 야기될 수는 있다.

집중의 마법, 아세틸콜린

또 다른 신경전달물질 아세틸콜린은 근육을 통제하게 해주기 때문에 모든 종류의 신체 동작에 필수적이다. 더구나 아세틸콜린은 자율신경계의 가장 대표적인 신경물질로 몸이 쉬고 재충전을 해야 할 때와 위험을 처리해야 할 때를 결정한다. 특히 각성과 집중 상태를 만들기 때문에 기억과 학습, 성과를 내는 데 매우 중요한 역할을 한다. 그래서 이 물질의 수치를 높여야 하는 것이다. 흥미롭게도 아세틸콜린은 감정적 반응, 특히 분노와 공격에 관여한다. 뇌의 에너지 자원을 재분배하고, 경계심을 높이고, 그 상황과 관련된 것에 집중하는 데 도움을 주기 때문이다. 마지막으로 아세틸콜린은 성적 흥분에서도 중요하다. 실로 다양한 기능 목록을 보유한 신경전달물질이라고 할 수 있다.

불안감을 날리는 감마아미노뷰티르산

또 다른 필수 신경전달물질, 감마아미노뷰티르산은 억제성 신경전달물질이다. 이 물질은 뉴런의 활동을 약화시킨다. 인간은 정신적 과부하를 피해야만 하는데 그런 측면에서 감마아미노뷰티르산은 불안의 수준을 조절하고, 상황을 명확하게 보도록 도와주고, 배경 소음을 차단하고, 움직임을 통제함으로써 중요한 역할을 한다. 감마아미노뷰티르산 부족의 가장 극명한 사례는 간질 발작이다. 압도적인 양의 전기 활동이 뇌로 밀려들기 때문에 몸 전체가 발작을 일으킨다. 건강한 상태에서는 감마아미노뷰티르산이 이를 줄여 선택적으로 주의를 집중하고 명료한 사고를 하고, 주의와 행동을 통제할 수 있게 한다. 감마아미노뷰티르산의 부족은 만성적인 불안, 스트레스, 불면증, 나아가 우울증을 유발할 수 있다. 실제로 우울증이 있는 사람들 일부는 소변의 감마아미노뷰티르산 대사 물질의 수치가 낮다.

프레젠테이션을 준비해야 했던 앤드류가 기분 나쁜 아침을 보내는 동안 이들 신경전달물질의 균형은 그에게 유리한 상태가 아니었다. 하루를 시작할 때 글루타민산염 수치가 적당해야 어떤 과제를 수행해야 하는지 기억하고, 다음 단계들을 비판적으로 평가하고 그에 따라 하루의 계획을 세울 수 있다. 그렇지만 잠이 부족하고 근본적인 걱정이 있었기 때문에 그의 글루타민산염 수치는 높아지기 시작했고, 이는 초초함과 조급함을 유발해 아이디어를 생각해낼 수 없게 만들었다. 아침이 시작될 때만 해도 그의 감마아미노뷰티르산 수치는 그가 관련 작업에 집중하는 데 도움을 줄 만큼 충분히 높았다. 그러나 과도한 걱정으로 자극의 수준이 높아지자 수치가 감소했다. 불안이 커지기 시작하면서 상황이 악화되었고 합리적으로 생각하는 앤드류의 능력이 손상되어 그의 반응성을 키웠다. 아세틸콜린은 처음에는 각성도를 높였지만 곧 과민성이 커지고 분노를 쉽게 느끼도록 만들었다. 이제 앤드류는 포유류 뇌 지배 사고의 악순환에 갇힌다. 일을 완수할 수 없고 가족들과 어울려 긴장을 푸는 시간을 가질 수 없게 된 것이다. 이런 신경전달물질의 균형을 되찾기 위해서는 어떻게 해야 할까?

먼저 감마아미노뷰티르산 수치를 높여 앤드류에게 원치 않는 마음속 소음을 약화시킬 기회를 주어야 한다. 가장 좋은 방법은 걷기, 조깅, 특히 요가와 같은 가벼운 신체 활동을 하는 것이다. 명상, 호흡에 집중하는 것도 대단히 유용하다. 그렇지만 이미 흥분의 수준이 지나치게 높을 때는 이런 활동이 불가능하다. 따라서 앤드류는 우선 10분 동안의 호흡 운동과 명상으로 하루를 시작할 필요가 있다. 45분간 일을 한 뒤에는 15분간 휴식을 가지면서 정원을 걷거나 최소한 집 안이라도 돌아다니면서 몸을 움직이고 지나친 사고 과정을 막는다. 이런 상태에 쉽게 빠지는 경향이 있다면 당분이 많은 간식과 음료를 줄이고 카페인을 제한하고 견과류 같은 글루탐산이 많은 식품을 먹고 마그네슘 보조제를 섭취하는 것이 도움이 된다.

흥분성 신경전달물질의 수준을 통제할 수도 있다. 자주 휴식을 취하고 호흡 훈련이나 신체 활동으로 머리를 비움으로써 글루타민산염을 가지고 있는 뉴런이 과부하되는 것을 막을 수 있다. 잠을 푹 자는 것도 중요하다. 시냅스 내의 많은 '보수' 작업이 수면 중에 일어나기 때문이다.

마지막으로 운동이나 자연에서 시간을 보내는 방식으로 아세틸콜린 수치를 관리할 수 있다.

편도체 사고의 구성 요소를 줄이기 위해서는 세 가지 일을 해야 한다. 첫째, 편도체를 달래서 불안감을 낮춰야 한다. 이는 호흡 훈련, 짧은 명상, 부모님과의 포옹, 친구나 친밀한 사람과의 전화 통화 등 안정감에 도움을 주는 행동들로 가능하다.

둘째, 인지 질문 기법을 이용해 편도체에 큰 그림을 그리도록 교육시킬 수도 있다. 다음과 같은 질문을 던져보자.

- 일어날 수 있는 최악의 일은 무엇인가?
- 길게 봤을 때 그 과제는 얼마나 중요한가?
- 이 과제에서 최근 잘 해낸 것은 무엇인가?
- 이 과제에서 뒤처지게 된 원인은 무엇인가?
- 현실적인 마감 스케줄을 정했는가?
- 더 나은 미래를 위해서 이 경험에서 얻을 수 있는 교훈은 무엇인가?
- 현재의 상황이 가진 장점은 무엇인가?

하지만 이미 대단히 부정적인 마음의 소리에 갇혀 있는 사람들은 이런 질문에 더 짜증이 날 뿐이다. 따라서 우선 편도체를 달래는 일이 시급하다. 그래서 필요한 세 번째 일은 '과정'에 집중해서 전전두피질을 다시 활성 상태로 만드는 것이다.

- 완수해야 할 일은 정확히 무엇인가?

- 이 과제에서 가장 중요한 것은 무엇인가?

- 이 과제를 달성하기 위해 할 수 있는 작은 단계의 일로는 어떤 것이 있는가?

- 첫 번째 단계를 달성하는 가장 효율적인 방법은 무엇인가?

생산성에 대해 지금까지 배웠던 것들을 이용해 사고를 바꾸어보자. 정해진 시간 내에 당신에게 남아 있는 에너지를 활용해서 가능한 최선의 결과를 얻을 수 있을 것이다.

뇌를 바꾸는 Q&A

생산성 UP! 과제의 큰 그림을 그리자

지금 당장 해결해야 하는 과제가 있는데 생각만큼 속도가 나지 않고 집중하기 힘든가? 그렇다면 스스로에게 이런 질문을 던져보자.

- 일어날 수 있는 최악의 일은 무엇인가?

- 길게 봤을 때 그 과제는 얼마나 중요한가?

- 이 과제에서 최근 잘 해낸 것은 무엇인가?

- 이 과제에서 뒤처지게 된 원인은 무엇인가?

- 현실적인 마감 스케줄을 정했는가?

- 더 나은 미래를 위해서 이 경험에서 얻을 수 있는 교훈은 무엇인가?

- 현재의 상황이 가진 장점은 무엇인가?

질문에 답을 해보았는데도 명확한 그림이 그려지지 않고 부정적인 감정만 생긴다면 다음 질문에 답해보자. 당장 해야 할 일에 집중해 과제를 마무리하는 데 도움을 줄 것이다.

- 완수해야 할 일은 정확히 무엇인가?
- 이 과제에서 가장 중요한 것은 무엇인가?
- 이 과제를 달성하기 위해 할 수 있는 작은 단계의 일로는 어떤 것이 있는가?
- 첫 번째 단계를 달성하는 가장 효율적인 방법은 무엇인가?

일상에 스릴이 필요한 이유

앤드류가 직장에서의 프레젠테이션을 그럴듯하게 만들지 못한 데 짜증이 난 그 아침에, 그의 뇌는 노르아드레날린noradrenaline이라는 신경전달물질을 생성하고 부신은 아드레날린과 코르티솔을 만들었다. 이 모든 화학물질은 신체와 뇌에 에너지를 재분배함으로써 제2장에서 이야기했던 투쟁–도주 반응을 위한 준비를 갖춘다. 아드레날린은 심박을 높이고 호흡을 빠르고 얕게 만들어서 팔과 다리의 투쟁–도주 반응에 필요한 산소가 풍부한 혈액이 흐르게 만든다. 하지만 불행히도 전전두피질과 같이 합리적이고 창의적 태도를 유지하는 데 필요한 가장 똑똑한 뇌 영역을 위해서는 많은 에너지를 남겨두지 않는다. 이런 에너지 분배는 당연히 스트레스받을 수 있는 일들을 제대로 하지 못하게 만든다. 잘 알고 익숙한 과제만 겨우 수행할 수 있고, 익숙하지 않은 문제에 대한 창의적 해법을 생각해내거나 다른 사람을 진심으로 이해하는 일은 잘 해낼 수 없는 것이다.

코르티솔은 간에 저장된 글리코겐을 포도당으로 분해하고 근육이 바로 쓸 수 있는 많은 에너지를 만들라는 신호를 보낸다. 더구나 코르티솔은 소화, 뇌 가소성, 면역 체계와 같이 위기에 필수적이지 않은 기능들이 소모하는 에너지를 줄인다. 쉽게 짐작할 수 있듯이 만성적인 스트레스에는 득보다 실이 많다. 면역체계의 기능 저하로 우리는 감염에 취약해지고 소화기관에 문제가 생긴다. 뇌 가소성의 저하로 학습과 인지 기능이 손상된다. 실제로 지속적인 스트레스는 기존 뇌 세포의 형태까지 변화시킨다. 만성적인 스트레스는 전전두피질 뉴런을 '가지치기'하면서 연결망 형성 능력을 떨어뜨리고 인지 기능을 손상시킨다. 한편 편도체 뉴런의 가지는 더 무성해져서 위험에 빠르게 반응하고 부정적인 마음의 소리를 만들며 위협이 지속되는 동안 더 강하게 전전두피질을 납치한다.

일상 속 스트레스를 날리는 법

그렇다면 스트레스를 어떻게 관리하면 좋을까? 스트레스 관리가 뇌를 돌보고 과제를 수행하는 데 대단히 중요한 부분이라는 것은 분명하다. 현실적인 계획을 세우고, 과제는 아침 일찍 혹은 휴식 직후에 처리하고, 충분히 쉬는 등 제1장에서 했던 모든 조언들이 여기에도 적용된다. 하지만 우리가 할 수 있는 일이 하나 더 있다. 설치류를 대상으로 한 실험들은 주변 환경에 '재미있는 도전'이 충분한가 아닌가에 따라 우리 뇌 화학물질과 스트레스 수준이 극적으로 변한다는 것을 보여준다.

세계적인 생명과학 연구소인 소크연구소의 프레드 게이지Fred Gage 박사가 진행한 연구에서 연구팀은 설치류를 두 개의 큰 박스에 나누어 넣었다. 하나는 물과 음식만이 있는 박스였고 다른 하나는 터널, 공, 바퀴 등 뛰고 가지고 놀 수 있는 것들이 많은 박스였다. 후자의 '강화 환경'이라 불리는 재미있는 박스에서 지내는 행운을 누린 쥐들은 끊임없이 움직이고, 뛰고, 다른 쥐들과 놀이를 했다. 전자의 '표준 환경'이라 불리는 지루한 박스에서 지낸 쥐들은 활동이 점점 줄고 둔해지기 시작했고 극히 적은 상호작용만을 가졌으며 주변의 스트레스 인자에 대단히 민감했다. 쥐들은 대단히 다른 경험을 한 것에 그치지 않고 그 성과까지 갈리기 시작했다. 강화 환경에 있는 설치류들은 뇌 가소성이 높아지면서 더 높은 인지 능력을 가지게 되고 스트레스 수치가 감소되었다. 표준 환경에 있는 쥐들은 뇌 가소성이 떨어지기 시작했고 그 결과 인지 평가에서 보다 낮은 점수를 받았으며 스트레스 수치가 높았다. 이런 차이는 개별 뉴런의 수준에서도 확연히 드러났다. 강화 환경에서 지낸 쥐의 전전두피질 뉴런은 가지가 무성하고 다른 세포와 많은 시냅스가 형성되어 있는 반면, 표준 환경에서 지낸 쥐의 전전두피질 뉴런은 가지가 거의 없어 최소 수준의 결합만을 보여줬다.

이 실험으로부터 알 수 있는 것은 무엇일까? 첫째는 지루함을 경계하라는 것이다. 일이나 생활이 전반적으로 단조롭고 지루하다는 생각이 든다면 당신을 흥분하게 하는 도전을 찾아라. 새로운 사업을 시작하거나 외국어를 배우거나 커리어를 바꾸거나 신경 과학을 공부하거나 승진을 위해 노력하는 등 어떤 것이든 좋다. 당신의 가치 목록 상위에 있는 것을 실행하라. 어쩌면 당신은 분명 많은 변명 거리를 생각해내고 있을 것이다. 하지만 흥분되고 의미 있는 일을 많이 할수록 스트레스 수치는 떨어지고 인지 능력은 개선되고 그만큼 같은 시간에 더 많은 일을 할 수 있게 된다는 점을 기억하라. 강화 환경을 만드는 또 다른 방법은 여행이다. 물론 여행을 좋아하지 않는다면 할 필요는 없다. 다른 의미 있는 취미로 시간을 채우면 족하다. 스트레스 수치는 운동, 자연 속에서 보내는 시간, 특히 밤에 이루어지는 숙면으로도 관리할 수 있다.

내 수면 점수는 10점 만점에 몇 점일까

건강한 뇌의 또 다른 구성 요소는 충분한 잠이다. 잠을 자는 동안 우리의 뇌에는 많은 일이 일어난다. 전전두피질과 신피질의 많은 다른 영역들이 휴식을 취하는 동안 편도체와 해마와 같은 포유류 뇌 중추는 그날의 사건들을 처리한다. 우리가 낮 동안에 주로 사용하는 두뇌 영역은 쉬면서 재충전을 해야 하는데 일과 시간 동안 가장 많이 사용하는 전전두피질은 특히 더 그렇다. 뉴런에 다음 날 사용할 신경전달물질을 채우고,

손상된 세포는 제거하거나 고친다.

그래서 잠을 잘 때는 평소 명민한 인지 능력을 유지하기 위한 많은 일이 일어난다. 첫째, 해마가 그날 동안 접했던 정보를 훑어보면서 장기 저장소에 보관할 가치가 있는 것을 선정한다. 이 절차를 '기억 공고화'memory consolidation라고 부른다. 해마가 기억을 공고화시키지 못하면 우리는 그날 배운 모든 것에 대한 기록을 잃게 된다. 해마가 손상된 환자를 지켜보면 이 같은 현상이 명백하게 드러난다(영화 〈메멘토〉에 잘 묘사되어 있다). 신경과학자인 매튜 워커Matthew Walker 교수는 여덟 시간의 숙면으로 뇌가 다음 날의 효율적인 학습에 대한 준비를 갖추게 된다는 것을 입증했다. 그의 실험으로 제대로 수면을 취하지 못한 사람들의 학습 능력은 충분히 쉰 사람들의 40퍼센트에 불과한 것으로 나타났다. 바로 이런 이유 때문에 미국에서 등교 시간을 한 시간 늦추자 학생들의 평균 시험 점수가 눈에 띄게 향상된 것이다.

문제에 대한 창의적인 해법을 생각해내려면 수면은 필수다. 우리의 두뇌는 정신이 마음껏 방황하거나 잠을 잘 수 있을 때 훨씬 더 창의적인 방식으로 정보를 처리하기 때문이다(따라서 자고 일어난 뒤로 문제를 미루는 것은 대단히 좋은 방법이다!). 숙면을 취하는 것은 감정 조절에도 중요하다. 전전두피질이 편도체를 저지시킬 수 있으려면 회복이 필요하기 때문이다. 만성적으로 수면이 부족하면 근본적인 불안감과 우울한 생각이 쉽게 나타난다.

더구나 치아이랑dentate gyrus이라고 불리는 해마 근처 치아 모양의 작은 영역에서는 새로운 뉴런이 생성되어, 즉 신경이 생성되어 평생에 걸친 학습을 가능하게 해준다. 우리가 잠을 잘 때 발달하고 성숙하는 이들 뉴런은 새로운 기술을 습득해야 하거나 기억력이 필요한 과제를 맡았을 때 그 능력을 발휘한다. 이러한 역할을 하기 때문에 잠이 부족할 때 기억력이 떨어지고, 의사결정에 장애가 생기고, 의지가 약화되고, 감정 조절이 어렵고, 스트레스가 심해지는 것이다. 만성적인 수면 부족은 면역 체계를 지치게 만들어서 감염과 싸울 수 있는 능력을 떨어뜨린다. 수면 부족은 호르몬계, 생식력, 심혈관계에도 위협이 된다(예를 들어 밤에 여섯 시간을 자는 남성의 테스토스테론 수치는 여덟 시간을 자는 남성에 비해 10년 더 노화된 수준이다). 이는 신체의 모든 시스템이 자는 동안 기능을 보수하고 재충전한다는 것을 말해준다.

수면이 주는 혜택에 대해서 이야기할 때는 양뿐만 아니라 질도 매우 중요하다. 잠을 잘 때 우리는 끊임없이 두 단계의 수면 상태를 오간다. 꿈을 꾸지 않고 눈동자가 움직이지 않는 비非렘수면non-REM 단계와 꿈을 꾸며 눈동자가 움직이는 렘수면REM 단계다. 렘은 꿈의 형태로 정보를 처리하는 수면 단계이며 따라서 학습과 창의적인 문제 해결에 필수적이다. 비렘수면은 의식 수준에 따라 다시 네 개의 단계로 나뉜다. 1~2단계 비렘수면의 경우 소음이나 빛에 의해 쉽게 깨어나는 데 반해 3~4단계 비렘수면은 숙면을 취하는 단계로 생리 시스템이 재충전을 하는 데 가장 필수적이다. 극단적인 시나리오를 보여주자면 수면 중에 계속 잠을 깨워 숙면에 이르지 못하게 한 실험 쥐들은 필수 장기의 마모로 죽음에 이르렀다.

잠을 잘 자기 위해서는 바람직한 '수면 위생'(밤에 숙면을 취하기 위한 행동 및 원칙 — 옮긴이)을 갖고 있어야 한다. 여기 몇 가지 조언이 있다.

- 오후에 마시는 차와 커피는 카페인이 없는 허브티로 바꾸고 카페인과 당이 많은 청량음료를 피한다.
- 저녁에는 피로도가 높은 활동을 피한다. 책을 읽거나 자연을 보며 걷거나 가벼운 운동을 하거나 요리를 하거나 취미 활동을 한다.
- 잠들기 두 시간 전에는 TV, 노트북, 스마트폰 등 청색광 노출을 줄인다. 잠을 잘 자지 못하는 사람이라면 이들을 대체할 오락거리를 찾아야 한다.
- 알코올 섭취를 피한다. 알코올은 잠드는 데 도움이 되지만 안타깝게도 숙면을 돕지는 않는다.
- 일과 중에 자주 휴식을 취한다. 잠잘 준비는 침대로 갈 때 시작되지 않는다. 그날의 모든 활동이 수면에 영향을 주기 때문이다. 생각하기, 발표하기, 계획하기, 멀티태스킹과 같은 글루타민산염 유발 활동을 많이 하면 두뇌는 과잉 활성 상태로 변화된다. 뇌를 진정시키는 감마아미노뷰티르산이 그만큼 많지 않으면 신경을 끄고 머리를 비워내기가 어렵다. 따라서 잦은 휴식으로 뇌의 민감성을 낮추어야 한다.
- 가벼운 운동과 가이드 명상 등 뇌가 신경을 끄는 데 도움이 되는 감마아미노뷰티르산 유도 활동을 한다.
- 낮 동안 당분이 많은 식품, 패스트푸드, 흰 빵 등 자극적인 음식과 음료를 피한

다. 당분이 든 음료 및 음식에 든 인공감미료를 피한다. 저녁에는 단백질을 충분히 섭취해서 늦은 시간에 야식을 하지 않는 것이 좋다.

- 자연적인 생체 시계에 귀를 기울인다.

이 중 마지막 '자연적인 생체 시계에 귀를 기울이는 일'은 특히 시작하기가 쉽지 않다. 뇌의 화학물질을 자극하는 활동과 음식이 너무 많다 보니 어떤 시간대가 맞는 것인지 알아내는 일조차 쉽지 않기 때문이다. 평소 늦게 잠자리에 들고 늦게 일어나는 사람들도 업무나 다른 책임져야 하는 일 때문에 그렇게 할 수 없는 경우가 많다. 일찍 잠자리에 드는 것을 선호하는 사람들도 저녁에 할 일이 많아서 그렇게 할 수 없기도 하다. 어린아이가 있거나 정규적인 일 이외에 다른 할 일이 있을 때는 특히 더 그렇다. 결국 늦게 잠자리에 들고 일찍 일어나게 된다. 이는 뇌에 꼭 필요한 휴식을 빼앗고 수면 중의 정보 처리를 불가능하게 한다.

일반적인 사람이라면 여덟 시간 정도의 수면은 꼭 지켜야 한다. 책임 진 일을 바꿀 수 없다면 거기에 맞춰 루틴을 조정함으로써 생체 시계를 훈련시키도록 해보자. 생체 시계에 맞추어 일하는 시간을 조정할 수 있다면 더 좋다. 수면 일기를 쓰고 잠들기 전의 어떤 루틴, 어떤 취침 시간과 기상 시간이 당신이 밤에 충분한 휴식을 취하는 데 가장 좋은지 확인한다. 그리고 그 루틴을 따른다. 가능하다면 주말에도 그 루틴을 지키는 것이 좋다. 많은 사람들이 주말에 부족한 잠을 보충하려 하는데, 수면 부족으로 손상된 부분을 복구하는 데 이는 별로 효과가 없다. 규칙적인 취침 시간과 기상 시간을 지키는 것은 수면의 질을 보장하는 데 가장 좋은 방법이다. 스위트 스폿sweet spot(가장 좋은 방법, 최고의 상황 등을 이르는 말. 본래는 배트로 공을 치기에 가장 효율적인 지점을 의미한다 ―옮긴이)을 찾으려면 얼마간의 시간이 필요할 것이다. 그리고 이 일은 오직 당신만이 할 수 있다. 당신 뇌가 다음 날을 위해 재충전하고 화학물질의 균형을 찾는 데 더 좋은 방법이 무엇인지는 당신만이 찾아낼 수 있다.

화장실에 잘 가면 뇌도 건강해진다

지금까지 이야기해온 뇌 화학물질의 대부분은 우리가 먹은 음식을 통해 장에서 만들어지기 시작한다. 그런 까닭에 영양과 장 건강은 신경전달물질의 균형에 영향을 미치며 기분과 에너지 수준, 집중력과 인지 능력을 바꾸는 데 중요한 역할을 한다. 바로 이 음식 분해에서 신경전달물질로 넘어가는 중간 단계를 '신경전달물질 전구체'neurotransmitter precursors라고 부른다. 감마아미노뷰티르산과 세로토닌 전구체는 장에서 생성되어 혈액을 타고 뇌로 이동한다. 하지만 신경전달물질이 뇌로 바로 들어가는 것은 아니다. 뇌 혈관은 뇌를 독소로부터 보호하고 뇌 화학물질의 복잡한 균형을 유지하기 위해 대단히 두꺼운 벽인 혈뇌장벽blood-brain barrier, BBB을 가지고 있기 때문이다. 신경전달물질을 단순히 섭취해서 뇌 화학물질을 변화시킬 수 없는 이유가 여기에 있다. 장은 '선택적'이어서 우리가 소화시킨 모든 것을 혈류로 받아들이지 않는다. 그 덕분에 안정적인 혈액 화학 조성을 유지하고 염증을 통제할 수 있는 것이다.

셀리악병이나 유당 불내증, 장염과 같은 음식 과민증은 먹는 음식에서 영양소와 미네랄을 흡수하는 장의 능력을 변화시킨다. 그리고 이는 인체 내 미생물계의 균형(장 내 다양한 박테리아의 균형)을 완전히 혼란에 빠뜨려서 생성되는 신경전달물질 전구체 그리고 비타민 B와 마그네슘 같이 신경전달물질 생성에 필요한 다른 분자들의 수준을 심각하게 변형시킨다. 이는 체력 저하, 불면증, 집중력 저하, 성과 저하, 불안, 우울, 스트레스에 대한 민감성으로 나타난다. 어떤 경우에는 내장 벽에 염증이 생겨 선택성이 떨어지면서 '장 누수 증후군'을 일으키기도 한다. 이로써 '사이토카인'cytokines이라고 불리는 작은 면역조절제가 혈액을 타고 이동해서 몸의 다른 부분에 염증을 일으킨다. 때로는 이것이 혈뇌장벽을 손상시켜 뇌혈관에 염증을 일으킨다. 염증이 생긴 뇌혈관은 뇌의 가장 발달된 부분인 인간 뇌에 충분한 혈액 공급을 할 수 없다. 이는 멍한 느낌, 자극에 대한 과민성, 포유류 뇌 지배적 사고, 우울증과 같은 증상, 심각한 경우에는 정신분열증 유형의 증상들로 이어진다. 흥미롭게도 어린이 신경정신과 의사인 로레타 벤더Lauretta Bender를 비롯한 많은 연구자들은 이러한 증상을 보이는 셀리악병 환자들이 글루텐 프리 다이어트를 시작한 후 상태가 많이 나아진다는 것을 발견했다. 물론 모든 정신분열증과 우울증이 장의 염증으로 일어나지는 않는다. 하지만 이런 연구 결과들은 장 건강이 뇌 건강에 영향을 미칠 수 있다는 것을 나타낸다.

장 건강이 뇌 기능을 좌우한다

당신의 장 건강은 어떠한가? 아래의 질문을 통해 점검해보고 개선 방법을 고민해보자.

- 장에 손상을 주는 음식이 식단에 있는가? 오늘 하루 동안의 음식 일기를 쓰고 당신이 먹은 것과 이후 느낀 기분 사이의 연관성을 찾아보자.
- 무엇을 먹거나 마실 때 생각이 흐려지는 경험을 하는가?
- 유제품을 먹으면 배가 가스가 차는가?
- 밀(빵, 페이스트리, 시리얼, 파스타)을 많이 먹었을 때 장의 반응은 어떠한가?
- 하루에 먹는 채소의 양은 평균 얼마인가?
- 주된 단백질 공급원은 무엇인가?
- 술을 마신 다음 날 몸과 뇌의 반응은 어떠한가?

장 건강과 정신 건강의 놀라운 연결 고리

누군가에게 영양학에 관한 조언을 줄 자격은 내게 없다. 다만 당신의 몸과 뇌가 음식들에 어떻게 반응하는지 관찰해보라고 권하고 싶을 뿐이다. 지금부터 들려줄 나의 이야기가 무엇이 당신에게 효과가 있고 없는지 이해하는 데 도움이 될 것이다. 나는 자주 편두통을 경험한다. 여덟 살 때부터 편두통이 있었고 근본 원인을 찾기 위해 온갖 종류의 검사를 받았지만 소용이 없었다. 박사 과정을 밟는 동안 한 달에 평균 14번 정도 편두통을 경험하는 정말 힘든 시기를 겪었다. 나는 성공하기가 아주 까다로운 실험을 하고 있었는데 그 일이 영혼을 갉아먹는 것 같았다. 이런 스트레스가 내게 큰 영향을 미친 것이다. 또 어떤 사람을 몹시 아끼고 사랑했지만 그와는 결국 가정을 이루지 못했다. 이것이 내 내면에서 계속해서 혼란을 야기했다. 그뿐이 아니었다. 막내 여동생이 오랫동안 중병을 앓으면서 우리 가족은 무척 힘든 시기를 겪고 있었다. 당신도 짐작하겠지만 결코 좋다고 말할 수 없는 시기였다.

그때부터 배에 가스가 차기 시작했다. 정도는 심하지 않았지만 늘 속이 더부룩했다. 머리가 근질거리고 정신이 멍했다. 연구실에서 회의를 하는 동안 발표에 집중할 수 없었다. 실험 데이터를 분석할 때는 화면을 멍하니 쳐다보느라 긴 시간을 허비했다. 거의 모든 일의 성과가 낮아졌다. 실험을 하는 동안에는 반응이 느렸고 문제를 해결할 창의성과 회복력이 부족했으며 데이터 분석이 어려웠다. 모든 것이 대단히 힘들게 느껴졌다. 영양가 있는 식사를 하려고 노력했지만 소화를 제대로 시키지 못했다. 유제품, 밀가루, 설탕을 먹을 때마다 한 시간 안에 몸이 둔해지고, 뇌가 가렵고 흐려지는 느낌이 들었다. 커피(하루 에스프레소 4~5잔)로 머릿속 안개를 걷어보려 했으나 그것이 나를 불안하고 예민하게 만들었다. 친구들과 외출해서 와인이라도 한 잔 마시면 당연하게 편두통이 따라왔다. 조금이나마 도움이 되는 것처럼 보이는 일은 자전거 타기, 등산하기, 새우나 연어를 곁들인 샐러드 먹기, 레몬즙을 넣은 물을 많이 마시는 것이었다.

박사 과정이 끝나갈 무렵, 리투아니아에 있는 가족으로부터 연락이 왔다. 아버지가 갑자기 돌아가셨다는 소식이었다. 어찌해야 할지 알 수가 없었다. 그런 상태에서 아버지의 죽음을 어떻게 애도해야 할지조차 알 수 없었다. 나는 우울증에 빠졌다. 처음 한 달은 끔찍했다. 침대에서 일어날 수가 없었고 어떤 생산적인 일도 할 수 없었다. 극심한 고통은 시간이 지나자 공허함, 우울증, 무관심으로 바뀌었다. 일어날 이유가 전혀 없다는 생각이 들었지만 어쨌든 침대에서 일어나기로 결심했다.

당시 나는 친구와 런던의 스토크뉴잉턴에 살았다. 몇 분만 걸으면 아담한 클리솔드 공원이 있는 매력적인 곳이었다. 나는 매일 아침 달리기에 도전하기로 했다(달리기라기보다는 빠른 걸음에 가까웠지만 어쨌든 그것을 일과로 삼았다). 달리기가 끝나면 찬물로 샤워를 하고 아보카도를 곁들인 스크램블에그를 만들어 에스프레소 한 잔과 함께 먹었다. 그 조합은 내 뇌의 화학작용을 변화시켰고, 연구실까지 자전거를 타고 가서 실험을 시작할 수 있는 힘을 주었다. 나는 가능한 한 최선을 다해 실험을 하고 간단한 점심식사를 했는데, 가장 좋아한 메뉴는 연어 살코기를 곁들인 퀴노아, 참치와 껍질째 삶은 감자, 구운 감자와 브로콜리를 곁들인 닭고기였다. 그 뒤에는 에스프레소를 한 잔 더 마셨다. 실험이 끝나면 나는 자전거를 타고 암장으로 곧장 가서 내 친구 마리아와 함께 암벽 등반을 했다. 등반을 한 후에는 보통 함께 저녁을 먹었다. 이런 활동이 모두 내가 원하는 것이었을까? 처음에는 당연히 아니었다. 내가 하고 싶었던 유일한 일은 침대에 누워 휴대 전화로 퍼즐 게임을 하는 것뿐이었다. 솔직히 처음 2주 동안은 내내 그 상태였다. 하지만 에너지가 사라지고 있다는 느낌이 들 때면 억지로라도 일어나서 밖으로 나갔다. 그런 활동으로 기분이 좋아질 것을 알았기 때문이다. 달리기를 할 수 없는 날에는 자전거로 출근을 했다.

운동으로 아세틸콜린 수치가 높아지자 정신이 맑아졌다. 자전거로 런던의 교통체증을 지나치면서 급성 스트레스 반응('좋은 스트레스'라고 부른다)이 증가하고 아드레날린과 노르아드레날린이 내 심장을 더 빨리 뛰게 했으며 몸의 혈관을 확장시키고, 간이 저장해둔 포도당을 방출하고, 에너지를 선사했다. 사이클링에 대한 내 애정이 도파민 수치를 증가시켜 우울증의 악순환을 깨뜨렸다. 운동을 많이 하는 것이 세로토닌 수치에도 긍정적인 영향을 주면서 밤에 충분히 숙면을 취할 수 있게 해주었다. 이로써 잠을 자는 동안 장에 세로토닌 전구체가 생성될 수 있었다. 그 결과, 다음날 세로토닌 수치가 높아졌고 우울한 기분이 줄어들었다. 뇌 화학작용의 균형이 이렇게 변화되면서 다음 날의 활동이 좀 더 쉬워졌고 나는 그렇게 우울증의 그늘에서 점차 벗어날 수 있었다.

우울증에 대해 내가 발견한 가장 짜증 나는 점은 이 증상이 가져오는 악순환이다. 세로토닌과 도파민이 부족하기 때문에 우리는 몸을 움직이지 않게 된다. 그리고 부족한 활동성이 화학물질의 수치를 더욱 낮추고 그 어떤 일을 해야 할 이유와 에너지를 찾지 못하게 만든다. 감마아미노뷰티르산의 부족은 우리의 마음을 초조하고 불안하게 만들고 부정적인 생각에 빠지게 만들고 포유류 뇌가 지배하는 마음속 소리에 귀중한 에너지를 낭비하게 한다. 그리고 이러한 과도한 생각은 글루탐산염 흥분독성을 유발한다. 이는 뉴런을 손상시키고 뇌 혈관의 염증 반응을 일으켜 전전두피질로 혈류가 공급되는 것을 막는다. 전전두피질의 활동 감소로 편도체를 억제하지 못하면서 불안, 두려움, 분노에 민감해지고 포유류 뇌 지배 상태에 갇히게 된다. 만성 스트레스는 코르티솔의 수치를 높이고 소화기관을 손상시켜 장 건강을 위험에 빠뜨린다. 또한 코르티솔은 면역체계를 망가뜨려 우리를 감염에 더 취약하게 만든다. 마지막으로 코르티솔은 뇌 가소성을 차단하고, 학습, 적응, 변화 능력을 손상시키고, 적절한 활동으로 우울증을 극복하는 것을 훨씬 더 어렵게 만든다. 그렇게 진이 빠지고 소외된 듯한 느낌을 받으며 편도체는 세상의 모든 어두운 면을 지적한다. 세상은 암울한 곳이라고 말이다.

그 상태에서 우리에게는 세 가지 옵션이 주어진다. 첫째, 그 상태를 지속한다. 뇌 화학작용이 스스로 변화할 가능성은 낮다. 둘째, 항우울제를 복용해서 신경전달물질이 보다 잘 작용하게 돕는다(세로토닌 재흡수 억제제는 동일한 세로토닌이 뉴런들 사이의 시냅스 간극에서 더 오랜 시간 머무르게 함으로써 더 큰 효과를 내도록 한다). 셋째, 뇌 화학작용을 바꾸는 일을 시도한다. 물론 두 번째 방법과 세 번째 방법을 조합할 수도 있다. 가장 중요한 것은 첫 번째 옵션에서 변화가 필요하다는 점을 인식해야 한다는 점이다. 그 단계에 얼마나 머무르는가는 우울증의 원인, 상황, 유전적 소인, 그 상태에서 각자의 뇌 화학작용, 몸에서 일어나고 있는 일, 기타 많은 요소에 따라 달라지기 때문에 각 경우(동일한 사람의 각기 다른 우울증 발현)를 다른 사람과 비교할 수는 없다. 핵심은 당신이 어떤 여정을 거치든 위에서 언급한 모든 요소가 포함되어야 한다는 점이다.

어두운 시기에 갇혀 있을 때 당신 뇌의 화학조성을 변화시키는 데 도움이 되는 간단한 활동들을 소개하면 다음과 같다.

- 침대에서 일어나기
- 아침 먹기
- 커피 마시기(아침)
- 허브차 마시기(오후나 저녁)
- 물 마시기
- 책 읽기
- 감동적인 세미나 참석 혹은 영화 보기
- 반려동물 쓰다듬기
- 가까운 사람들과 전화하기
- 밖으로 나가기
- 산책 등 자연에서 시간을 보내기(이 단계에 이르는 데 걸리는 시간이 지나치게 길면 안 된다)
- 평소 당신이 좋아하거나 힘이 많이 들지 않는 운동하기
- 함께하면 편안한 사람과 시간 보내기, 아늑하고 조용한 장소에서의 커피, 간단한 식사 등 스트레스를 적게 받는 활동하기
- 어린아이나 동물과 시간 보내기(내 경우에는 공원에서 조카 율리아를 쫓아다니고 그녀를 돌보는 데 정신을 쏟는 것이 효과가 있었다. 옥시토신을 기억하는가? 옥시토신은 스트레스가 뇌 가소성에 미치는 부정적 효과를 상쇄시킨다).

- 매일 밤 같은 시간에 잠자리에 들기

- 매일 같은 시간에 일어나기

- 좋아하는 만들기 활동이나 그림 그리기

- 몸에 효과가 있는 영양제를 섭취하기(나는 강황, 비타민 B 복합체, 비타민 C, 오메가3를 종종 복용한다)

물론 목록은 훨씬 더 길어질 수 있다. 목록에는 당신에게 효과가 있는 활동들을 추가로 포함시켜야 한다. 따라서 자신만의 목록을 만들어서 가까운 곳에 붙여두는 것이 좋다. 심각한 상황에 처하기 전에 미리 이 목록을 만들어두는 것이 중요하다. 슬픔에 빠진 상태에서는 해법을 만들어낼 만한 능력이 없기 때문이다. 또한 당신의 목록에 있는 몇 가지 활동(매일 아침 산책을 하거나 바람직한 수면 습관을 키우는 등)을 규칙적인 습관으로 만들면 좋다. 그래야 기분이 좋지 않을 때에도 그 습관으로 되돌아가는 것이 한층 쉬워지고 뇌의 화학조성을 균형 있게 유지하는 데 도움이 된다.

이번에는 이때 '하지 말아야 할 일'의 목록 또한 만들어보자. 쉽게 선택하지만 결국 도움이 안 되는 일들을 적는다.

- SNS 둘러보기

- 시끄럽고 사람이 많은 장소에 가기

- 대중교통 이용하기

- 격렬한 운동하기

- 좋은 의도에서 내 상황을 '고쳐'보려는 친구들과 만나기

- 여러 친구들과 어울리기

- 술 마시기

- 늦은 오후나 저녁에 커피 마시기

- 식사 거르기

- 하루 종일 침대에 누워 있기

- 뉴스 읽기

- 급하지 않은 과제 처리하기

- 스트레스를 주는 활동 하기

- 몸이 견뎌내지 못하는 식품 섭취하기

아까와 마찬가지로 기분이 저조할 때 상태를 더 악화시키는 일들을 담은 자신만의 목록을 만들어보자. 스트레스를 일으키거나 화를 돋우는 일을 해서 뇌 화학조성의 균형을 더 악화시키지 않는 것이 중요하다. 상태가 좋은 날에는 이런 일들이 큰 영향을 주지 않겠지만 뇌 화학조성이 제대로 돌아가지 않을 때는 완충장치가 그리 많지 않다. 따라서 해야 할 일과 하지 말아야 할 일을 신중하게 선택하는 것이 좋다. 이제 다음 '뇌를 바꾸는 Q&A'에 목록을 작성해보자.

뇌를 위해 해야 할 일, 하지 말아야 할 일

감정적으로 힘든 상황이라면 다음 목록을 작성해서 곁에 두고 자주 들여다보도
록 하자. 뇌의 화학 반응을 조절하는 데 도움이 된다.

해야 할 일	하지 말아야 할 일

이 장을 마치며: 당신의 뇌도 웰빙을 원한다

당신의 두뇌 건강을 돌보기 위해서는 다음의 사항들을 염두에 두어야
한다.

1. 운동 같은 건설적인 활동으로 도파민, 세로토닌, 옥시토신처럼 기

분을 형성하는 신경전달물질의 균형을 유지할 수 있다.

2. 흥분과 억제 사이의 균형을 맞춰야 뇌가 안정된다. 흥분은 초조함, 산만함, 긴장감을 불러오고 결국 좋지 않은 성과를 낳는다. 자주 휴식을 취하고 명상하고 운동하라. 공원을 산책하고 영양가 있는 음식을 섭취하라. 감마아미노뷰티르산 수치가 높아져 흥분이 완화될 것이다.

3. 스트레스를 유발하는 신경전달물질들은 뇌와 신체가 '위험'에서 벗어나도록 애쓴다. 창의성, 합리적 판단, 공감, 뇌 가소성, 건강한 면역 시스템과 같은 다른 기능에서 에너지를 빼앗아오는 것이다. 그렇기 때문에 스트레스 반응 관리는 필수적이다.

4. 뇌의 회복과 재충전을 위해서는 밤에 여덟 시간을 자야 한다. 대여섯 시간이 아니다. 꼭 여덟 시간이다! 숙면을 위해 할 수 있는 모든 일을 하라. 수면은 뇌를 위해 할 수 있는 가장 좋은 일이기 때문이다.

5. 장 건강은 음식으로부터 영양소를 흡수해 뇌 건강을 지키는 데 필수적이다. 장 내에 염증을 유발하는 물질이 있다면 신경전달물질 균형과 뇌 건강에 분명히 문제가 생길 것이다.

제6장

우물쭈물하지 않고 현명하게 결정하는 법

Change Your Brain,
Change Your Life

점심으로 뭘 먹을까와 같은 소소한 일에서부터 어떤 차를 살까, 어떤 직업을 선택할까, 배우자가 나와 잘 맞는가와 같은 중대사에 이르기까지 우리는 항상 결정을 해야 한다. 이때 건전한 의사결정을 위해서는 각 옵션의 장단점을 '이성적'으로 분석해야 한다는 오해가 오랫동안 사람들의 생각을 지배해왔다. 그런 이유로 많은 사람이 결정을 주저하는 '분석 마비'analysis paralysis 상태에 빠졌으며 선택해야 하는 대상이 많은 경우에는 특히 더 그러했다.

하지만 최근의 신경과학 연구들은 정서 지능이 더 나은 결정을 내리는 데 도움을 줄 뿐 아니라 심지어 정서 지능이 꼭 필요한 결정도 있다고 말한다. 감정적으로 결정하고 이성을 이용해 그 결정을 스스로에게 정당화하는 것이다. 새로운 패러다임이다! 이 장에서는 대니얼 카너먼이 그의 책《생각에 관한 생각》에서 다룬 두 가지 의사결정 시스템, 즉 감정적이고 빠르며 '마음을 통한 의사결정' 혹은 '직감 따르기'라고도 부르는 의사결정 시스템 1과 훨씬 느리고 이성적인 의사결정 시스템 2에 대해 논의할 것이다. 카너먼의 연구에 최신의 신경과학 연구를 결합해 다른 의사결정 시스템들의 장단점을 살피고, 이러한 이론과 개념의 지혜를 빌려 최선의 결정을 내리고, 우유부단을 극복하고, 우리의 편향을 인지하는 최선의 방법을 찾아보려 한다.

머리와 가슴, 누구 편을 들지 모르겠을 때

어떤 결정이든 당신에게는 몇 가지 선택지가 있다. 먼저 옳다고 느껴지는 것을 선택할 수 있다. 직감을 따르거나 마음을 따르는 것이다. 이 결정에서는 각 선택지가 어떤 느낌인지 인식하고 그야말로 '끌리는 것'을 선택한다. 가장 합리적인 선택이 아닐 수도 있지만 직감은 그 방향으로 당신을 끌어당긴다. 누군가에게 매력을 느끼는 상황을 예로 들 수 있다. 당신은 정확한 이유도 없이 '그냥' 그 사람과 더 많은 시간을 보내고 싶어 한다.

다음은 각 선택지의 장단점을 이성적으로 비교해서 가장 점수가 높은 선택지를 고르는 것이다. 배우자나 친구를 사귈 때 그 관계에서 당신이 원하는 모든 사안들을 깊이 생각한다고 가정해보자. 이런 기준을 근거로 가까운 사람들을 평가한다고 말이다. 그렇다면 이 방식은 시스템 2의 결정이다. 각각의 두 시스템은 특유의 장점과 단점을 가지고 있다. 그래서 이 둘을 조합해야 편견과 우유부단함을 극복할 수 있다. 각 시스템이 어떤 결정에 유용한지 보다 상세하게 알아보자. 뇌의 메커니즘을 살펴보면 된다.

의사결정 시스템 1: 직감을 따른다

의사결정 시스템 1은 포유류 뇌가 제공하는 무의식적인 정보를 따른다. 이제 우리는 포유류 뇌가 그다지 많은 에너지를 요구하지 않으며 정보를 힘들이지 않고 대단히 빠르게 처리한다는 사실을 안다. 하지만 포유류 뇌는 과거에 했던 기억에 크게 의존한다. 포유류 뇌가 만들어내는 감정은 과거에 했던 비슷한 경험의 결과다. 당신이 매력적인 누군가를 만나는 상황으로 돌아가보자. 이 상황은 '무작위적인' 사건이 아니다. 포유류 뇌는 그 사람의 외모, 버릇, 심지어는 냄새까지 과거에 만났던 다른 사람들의 것과 비교한다. 그가 무의식적으로 과거에 상처를 주었던 누군가를 떠올리게 한다면 포유류 뇌는 불안감을 느껴 그 사람과 멀어지게 만든다. 반대로 무의식적으로 과거에 당신에게 정말 중요했던 사람을 떠올리게 한다면 포유류 뇌는 보상 중추에서 도파민 분비를 자극한다. 그래서 당신은 그 '친숙함'을 인식하지 못한 상태에서도 그에게 끌리게 되는 것이다. 말하자면 시스템 1은 과거의 경험에 영향을 받는 편파적이고 주관적인 결정 시스템이다.

개인적인 기호에만 시스템 1이 사용되는 것은 아니다. 직장 생활에서 내리는 결정에서도 이와 같은 사례를 볼 수 있다. 말콤 글래드웰Malcolm Gladwell은《블링크》에서 인지과학자 게리 클라인Gary Klein의 소방관 사례 연구에 실린 이야기를 소개한다. 소방관들이 불타는 건물에 진입해서 주방의 화재 발생원을 진압하려 했다. 그런데 이상하게 물을 몇십 리터나 들이부었는데도 불길이 잡힐 기미가 보이지 않았다. 그 순간 소방대장이 모든 사람에게 건물 밖으로 나가라고 명령했다. 그리고 소방대원들이 대피한 직후 집이 무너졌다. 소방대장은 자신의 결정에 대해 뭐라고 말했을까? "왜 그랬는지 모르겠지만 뭔가 잘못되었다는 직감이 들었습니다." 그는 어깨를 으쓱하며 대답했다. 그 직감이 어디서 비롯되었는지는 이후에 확인되었다. 화재 발생원은 주방이 아니라 그 바로 아래 지하실에 있었다. 소방대장은 이 화재의 특이했던 점을 기억했다. 작은 불에 비해 주방 안의 열기가 너무 심했다. 이상한 소리도 났다. 아마 지하실의 불에서 난 소리였을 것이다. 소방대장의 포유류 뇌는 이 불이 과거에 그의 팀이 성공적으로 진화했던 주방 화재와는 열기의 분포, 소리, 물에 대한 반응이 다르다는 것을 알아차렸다. 편도체는 위험을 경고하는 신호를 보냈고 그는 그 신호에 따라 빠르게 조치를 취했다. 만약 그가 이성적 뇌를 사용하고 그 순간에 무슨 일이 일어나고 있는지 이해하려고 노력했다면 그와 그의 팀은 거기에서 목숨을 잃었을 것이다.

만약 나나 당신이라면 그 상황에서 그런 판단을 할 수 있을까? 아마도 그렇지 못할 것이다. 우리에게는 일반적인 부엌의 불이 어떤지에 대한 경험이 없고 따라서 그 상황을 비교할 가치 있는 정보가 포유류의 뇌에 없을 것이기 때문이다(그러므로 우리 같은 사람은 불이 나면 바로 건물에서 빠져나가라는 규칙을 따르는 것이 현명하다). 이렇게 시스템 1의 의사결정은 빠르고 손쉬우며 과거의 경험에 의존하고 우리의 감정을 따른다. 이 시스템의 가장 큰 문제는 잠재의식에서 주로 일어나기 때문에 사고의 과정을 소통시킬 수 없다는 점, 인지 편향 그리고 도움이 되지 않는 과거의 패턴으로부터 벗어날 수 없다는 점이다. 이에 대해서는 이후 더 자세히 논의할 것이다.

의사결정 시스템 2: 이성적으로 사고한다

의사결정 시스템 2는 상황에 대한 이성적 판단을 기반으로 한 결정이다. 주로 전전두피질에 의존하여 각 선택지의 장단점을 살피고 경중을 비교한다. 배우자를 선택하는 사례로 돌아가보자. 당신의 전전두피질은 배우자 관계에서 중요한 모든 사안을 꼼꼼하게 살핀다. 그리고 당신이 고려하고 있는 각 사람이 그에 적합한지 가늠한다. 그러는 동안 전전두피질은 많은 에너지를 소모하며 주의를 집중하게 된다. 즉 '많은 수고와 시간을 요하는 일'인 것이다. 감정적 의사결정과 다르게 당신은 그 생각을 이성적인 말로 표현할 수 있다. 전전두피질은 이성적 의사결정의 근거로 삼는 사실에 쉽게 접근할 수 있기 때문이다.

그런데 감정적 요소가 필요할 때 시스템 2를 활용한다면 어떨까? 예를 들면 이런 것이다. 당신은 배우자가 될 상대가 충족해야 하는 기준을 목록으로 작성해둔 상태다. 그리고 어느 날 친구가 "네 목록에 딱 맞는 사람을 발견했어."라고 말하면서 한 사람을 소개시켜준다. 당신은 그 사람을 만나 즐거운 시간을 보낸다. 그런데 그 이상 관계를 진전시키는 것은 이상하게 내키지 않는다. 현명한 사람이라면 목록에 '끌림'이나 '딱 이 사람이라는 느낌' 같은 기준을 적어 감정적·이성적 의사결정을 통합시켰을 것이다. 만약 당신이 추구하는 것이 행복이라는 '감정'이라면 이성적 의사결정만으로는 절대로 바람직한 결과를 낼 수 없다.

직업 선택도 마찬가지다. 내 클라이언트들은 대부분 분별 있게 직업을 선택했고 열심히 일하면서 높은 자리에 올랐다. 하지만 우울하고 불행하며 일에서 의미를 찾지 못한다. 행복한 인간관계나 의미 있는 커리어를 선택하기 위해서는 감정적 의사결정의 인풋이 필요하다.

물론 이성적 의사결정을 하는 것은 과거의 실수나 성격적인 결함을 극복하게 해준다. 예를 들어 충동적인 천성을 가진 나는 성급한 결정을 피해 더 나은 운전자, 보다 일관성 있는 양육자, 불필요한 구매를 하지 않는 소비자가 되기 위해 이성적 의사결정 시스템을 이용해야 한다. 하지만 이 접근 방식에는 '분석 마비'라는 또 다른 문제가 있다. 선택의 대상이 지나치게 많을 때 일어나는 현상이다. 나는 신발을 구매할 때 종종 이런 경험을 한다. 다른 신발이 가진 장점을 모두 누를 정도로 눈에 띄는 신발이 없을 때 말이다. 이럴 때는 의사결정 시스템 1이 필요하다.

이제 미래의 건전한 의사결정을 목표로 두 시스템을 융합시키는 최선의 방법을 찾아보자. 두 시스템의 문제점을 살펴보는 것이 먼저다.

우리는 왜 편견의 늪에서 허우적댈까

'무의식적 편향'은 아주 빠른 무의식적 판단들을 의미하며, 이는 포유류 뇌 중추의 작용을 따른다. 그래서 인식하기가 좀처럼 쉽지 않다. 인지 심리학자인 아모스 트버스키Amos Tversky와 대니얼 카너먼은 무의식적 평가를 '어림법'heuristics이라고 불렀다. 어림법이란 과거의 경험을 바탕으로 하는 '정신적 지름길'이다. 빠른 의사결정을 가능하게 하지만 안타깝게도 편향에 이를 수 있다. 편향의 가장 흔한 유형들을 살피고 여기에 빠지지 않기 위한 실용적인 방법들에 대해서도 논의해보자.

친근성 편향, 익숙한 것만 받아들이는 심리

친근성 편향familiarity bias은 두뇌가 과거 비슷한 경험을 기반으로 가장 타당하게 보이는 결과를 예측하려 할 때 나타난다. 당신이 어떤 종의 개를 키웠다면 자연히 같은 종의 다른 개에게도 그 개의 특성이 있다고 생각할 것이다. 그래서 당신은 개로부터 아이를 보호해야 할지 혹은 아이가 개를 쓰다듬도록 허락할지 빠른 판단을 내릴 수 있다.

불행히도 우리는 사람을 판단할 때도 같은 경향을 보인다. 고정관념, 인종 차별, 성적 행동 기대치를 만드는 것이다. 이런 편향을 줄이는 유일한 방법은 새로운 상황 혹은 자신이 편견을 가진 사람에게 자신을 노출시켜 친숙해지는 것이다. 고정관념을 가지고 있는 사람들과 만나거나 그들에 대한 책을 읽고 영화를 보는 것은 이러한 믿음을 바꿔준다. 그러나 이 과정은 매우 느리게 진행된다. 포유류 뇌가 적응하는 데는 많은 시간이 걸리기 때문이다. 내가 가르치는 대학생들에게 하버드 임플리싯 협회Harvard Implicit Association에서 만든 친근성 편향 테스트를 시켜보면 대부분의 학생은 자신들이 성별, 나이, 문화, 성에 대한 암묵적인 편견을 가지고 있다는 것을 발견하고 충격을 받는다. 이 주제에 대해서 이성적으로 하는 생각과 일치하지 않는 편견을 가지고 있음을 알게 되는 것이다. 이 '불일치'를 아는 것은 대단히 중요하다. 우리의 이성적 정보가 잠재의식의 정보와 일치하지 않는 때가 있다. 안타깝지만 우리 모두는 성장 배경과 평소 자주 노출된 사람(혹은 상황)에 따라 무의식적인 편향을 가지고 있다. 이러한 편견을 아는 것은 그에 따라 의사결정을 적절히 조정해서, 즉 이성적 의사결정 시스템을 이용해서 결정을 하도록 돕는다.

확증 편향, 믿는 대로 보인다

설상가상으로 편향된 인식은 확증 편향confirmation bias을 만든다. 무의식적으로 자신의 믿음을 뒷받침할 증거만을 인식하는 것이다. 당신이 거리에 있는 어떤 사람을 지켜보고 있다고 가정해보자. 그 사람에게서는 특별한 점이 전혀 보이지 않는다. 그러다 갑자기 그가 막 출소했다는 말을 듣게 된다면 당신은 그의 행동에서 어떤 특징을 보게 될까? 혹은 다음 노벨상 수상자로 고려되고 있는 천재라는 말을 듣는다면 어떨까? 그의 행동에 대해 완전히 다른 점이 보이기 시작할까? 실제로 그 사람에 대한 어떤 것도 변하지 않았다. 변한 것은 당신의 가정과 인식이다. 정말 어이없는 일이지만 우리에게는 항상 이런 일이 벌어진다. 우리가 어떤 사람들에게 편견을 가지고 있고 그것이 어디서 비롯되었을지 아는 것만으로도 이러한 믿음에 이성적으로 반박을 할 수 있다.

그리고 이런 믿음에 반박할 때 전전두피질의 이성적 사고를 이용하면 좋다. 당신이 여성은 남성보다 공감력이 좋기 때문에 육아에 보다 적합하다는 믿음을 갖고 있다고 가정해보자. 이런 믿음은 당신이 일과 가정생활의 균형을 유지하기 위해 내리는 모든 결정에 영향을 줄 것이다. 직원을 구하고 있다면 고용 결정에도 영향을 줄 것이고 당신이 가까운 미래에 아기를 갖겠다는 꿈을 가진 젊은 여성일 경우 당신이 직장을 찾는 방식에도 영향을 미칠 것이다. 이런 믿음에 반박하기 위해서는 반대의 증거를 쌓아야 한다. 공감력이 뛰어난 남성들과 공감 능력이 매우 부족하고 양육에 재능이 없는 여성들에 대한 글을 읽으면서 말이다. 더 많이 할수록 더 잘하게 된다는, 활동의존 가소성과 공감력의 증거를 찾아서 공감력이 낮은 배우자가 이를 향상시키기 위해 양육에 좀 더 많이 참여해야 한다는 다른 방향의 논거를 만드는 방법도 있다. 자녀가 미운 세 살의 시기를 보낼 때나 10대일 때를 근거로 공감력이 높을수록 양육을 잘한다는 생각에 반박할 수도 있다. 이렇게 우리가 취할 수 있는 방법은 매우 다양하다.

이처럼 당신에게 반향을 일으키는 사실을 자유롭게 선택하고 이성적으로 반박해보라. 사람은 누구나 서로 전혀 다른 믿음을 갖고 있다. 따라서 지금 들려주는 나의 이야기를 불쾌하게 받아들이지 말길 바란다. 나는 매우 다정하고 헌신적인 어머니, 그리고 일과 체스 게임을 하는 데 집중했던 아버지 밑에서 성장했고 이런 내 경험 때문에 편견을 갖고 있다. 나는 부모님 중 어느 한쪽이 더 낫다고 말하려는 것이 아니다. 단지 내 편도체가 과거에 무엇이 나를 고통스럽게 했으며 무엇이 내게 안전과 인정의 느낌을 들게 했는지에 대한 기록을 갖고 있다는 이야기를 하는 것이다.

자기중심적 편향, 내 것을 과대평가하는 이유

또 다른 유형의 편향인 자기중심적 편향egocentric bias은 왜곡된 인식을 근거로 한다는 의미에서는 확증 편향과 비슷하지만 약간 다른 면이 있다. 자기중심적 편향은 자신이 가지고 있는 것을 과대평가하고 자신이 포기한 것을 과소평가하는 경향을 말한다. 예를 들어 새로 차를 산 사람은 고려했던 다른 차들보다 자신이 고른 차에 가치를 두는 경향이 있다. 이전에는 그 차들을 모두 비슷하게 평가했더라도 말이다. 이전에 만났던 사람에 대해서도 마찬가지다. 우리는 그들의 과거 객관적인 모습보다 그들을 훨씬 낮게 평가한다. 아기를 갖지 않기로 선택한 커플은 하나 이상의 아이를 낳는 선택을 한 사람들과 자신들을 비교할 때 그 선택에서 훨씬 많은 장점을 찾는다. 그런 편견을 꼭 깨야 할까? 내 생각을 말하자면 꼭 그럴 필요는 없을 것 같다. 자기중심적 편향은 계속 변화하는 환경에 적응할 수 있게 함으로써 사람들이 자신이 가진 것에서 행복을 느끼고, 놓친 선택지에 연연하지 않으면서 더 나은 정신 상태를 갖도록, 또 이에 기반해 더 나은 관계와 생산성을 달성하도록 해주기도 하기 때문이다. 그렇지만 다른 사람과 어떠한 선택에 대해 이야기를 나눌 때는 이런 편향에 대해서 반드시 인식하고 그들에게 당신의 조언을 강요하지 않도록 해야 한다.

낙관 편향, 내 불행을 외면한다

마찬가지로 낙관 편향optimism bias은 자신의 재능과 능력을 과대평가하도록 한다. 이러한 편향 때문에 인구의 90퍼센트가 자신이 평균 이상의 실력을 가진 운전자라고 생각한다. 이런 편향은 암암리에 좋은 결과를 낼 가능성을 과대평가하고 나쁜 결과가 일어날 가능성을 과소평가한다. 탄수화물이 많이 든 음식을 계속 섭취하거나 담배를 피우고, 피임 없이 성관계를 갖고, 마약에 중독되는 것은 바로 이 때문이다. 부부의 50퍼센트가 이혼하는데도 결혼을 하는 이유도 여기에 있다.

낙관 편향은 더 나은 상황이 당신을 기다리고 있다고 암시하면서 지난 실패를 극복하게 해주기 때문에 어떤 상황에서는 성공적인 대응 전략이 될 수 있다. 그렇지만 낙관 편향이 강한 사람은 과제를 마지막 순간까지 미루고, 난폭하게 운전을 하고, 불필요하게 위험한 행동을 하고, 좋지 못한 생활 습관으로 만성적인 질환을 얻기가 쉽다. 생산성의 문제에서 이런 편향에 빠지지 않으려면 이성적인 정신을 이용해서 자신의 판단이 건전한지, 비현실적인 낙관주의로 현실을 왜곡하지는 않았는지 점검해봐야 한다. 과거에 이 과제를 완성하는 데 시간이 얼마나 걸렸던가? 발전을 위한 피드백을 요청할 수 있는 사람은 누구인가? 지난주 하루 평균 몇 장의 글을 썼던가?

기준점 편향, 처음에 얻은 정보에 의존한다

마지막은 기준점 편향anchoring bias이다. 이 편향으로 인간은 아무 관련 없어 보이는 대상, 단어, 숫자 등을 근거로 하여 결정을 내리곤 한다. 카네기멜론 대학교의 연구가 이러한 편향성을 잘 증명해낸 바 있다. 연구에서 피실험자들은 입찰 경쟁에 들어가기 전에 사회보장번호의 마지막 네 자리 숫자를 적어달라는 요청을 받았다. 놀랍게도 그 숫자가 가장 큰 사람들이 가장 높은 액수에 입찰을 했고, 번호가 가장 작은 사람들이 가장 낮은 액수에 입찰을 했다. 더 놀라운 연구가 있다. 노출되는 온도가 사람의 성격을 판단하는 방식을 바꿀 수 있다는 것이다. 예일대학교의 로렌스 윌리엄스Lawrence Williams와 존 바그John Bargh 교수는 피실험자들에게 엘리베이터에 타고 있는 동안 커피 잔을 들어달라고 부탁했다. 어떤 사람들은 아이스 커피를 들고 있어야 했고, 또 어떤 사람들은 뜨거운 커피를 들고 있어야 했다. 놀랍게도 컵의 온도는 참가자가 생각하는 연구원의 성격 특성에 영향을 주었다. 아이스 커피를 들고 있던 사람들은 연구원을 차갑고 접근하기 어려운 사람이라고 평가했고 뜨거운 커피를 들고 있던 사람들은 같은 사람을 따뜻하고 친절한 사람이라고 평가했다. 이상하게 들리지만 뇌도라고 불리는 뇌 영역이 작동하는 방식을 이해한다면 이는 매우 이치에 맞는 일이다. 육체적 따뜻함과 은유적 표현으로의 따뜻함 모두 뇌도에서 처리되기 때문이다. 바그와 그의 동료들이 수행한 또 다른 유명한 연구가 있다. 이 연구는 어떤 단어에 노출되었느냐에 따라 행동까지도 바꿀 수 있다는 것을 보여준다. 늙음과 관련이 있는 단어들(느린, 병든, 주름, 흰머리)에 노출된 사람들은 젊음과 관련된 단어들(에너지, 활기, 속도 등)에 노출된 사람들보다 복도를 더 천천히 걸었다.

이처럼 우리 두뇌의 시스템 1은 의사결정 과정에서 지름길을 알려주어 빠르게 판단할 수 있도록 도와주지만 과거의 경험에 따라 편향되기가 쉽다. 이번에는 이런 문제를 극복할 대안인 시스템 2에 대해 자세히 살펴보자.

내 머리는 생각이 너무 많다

시스템 2는 이성적인 사고에 따라 의사결정 과정에서 '식견'을 가질 수 있게 해준다. 하지만 모든 관련 변수들을 고려하고 장단점을 가늠해보기 때문에 속도가 다소 느리다는 단점이 있다. 시스템 2를 이용한 결정을 내릴 때는 개인적으로 중요하게 생각하는 기준에 따라 각 시나리오를 평가해보는 작업이 필요하다.

내 클라이언트인 소피의 예를 들어보겠다. 그녀는 현재 자신이 살고 있는 아파트에 대단히 큰 불만을 갖고 있다. 동거하던 파트너와 예기치 못하게 헤어지면서 급히 살 곳을 구해야 했던 그녀는 그리 맘에 들지 않았지만 중개업자가 처음 소개한 아파트에 일단 들어가기로 했다. 3년 안에 더 나은 집을 찾겠다는 생각을 하면서 말이다. 시간이 흘러 어떻게 됐을지 짐작이 가는가? 3년 후에도 소피는 같은 아파트에 살고 있었다. 왜 이런 일이 벌어졌을까?

그녀는 자신이 살고 싶은 지역, 완벽한 모습의 인테리어, 건물의 스타일에 대한 대단히 다양한 기준을 만들었다. 게다가 방 하나짜리 아파트를 얻어 혼자 살아야 할지, 방 두 개짜리 아파트를 얻어 친구와 함께 지내야 할지에 대해서도 결정하지 못하고 있었다. 각 옵션에는 너무 명확한 장단점이 있었고 그래서 더 결정하기가 힘들었다. 더구나 소피는 친구와 같이 사는 것 자체에 대해서도 제대로 생각해본 적이 없었다. 친구와 단둘이 살아본 적이 없었기 때문이다. 또한 지난번 이사 때의 귀찮은 일들을 떠올리자 한동안은 다시 이사를 할 필요가 없는 최선의 선택을 해야 한다는 부담감으로 어떠한 결정도 내리지 못했다. 이런 선택에 대한 집착으로 소피는 점차 도피적 활동에 빠지게 되었다. 저녁에는 와인을 한잔하고 영화를 보면서 결정을 내리지 못하고 있다는 죄책감과 수치심에서 도망쳤다. 설상가상으로 소피의 우유부단함은 저녁에 뭘 먹을까, 어떤 영화를 볼까, 주말에 어디를 갈까 등 생활의 다른 영역으로 확장되었다.

소피는 어떻게 해야 이러한 난관에서 벗어날 수 있을까? 신경과학 연구들에서 그 해답을 찾아보자.

우유부단하다는 평가에서 벗어나기

신경과학자 안토니오 다마지오는 대단히 흥미로운 환자 한 명을 만났다. 잘나가는 변호사 한 명이 간단한 뇌수술을 받은 후 매우 사소한 문제도 결정하지 못하는 상태에 처하게 된 것이다. 환자의 아내는 그가 식당에서 메뉴를 고르지 못할 뿐만 아니라 영화관에 몇 시에 갈지도 결정하지 못하고 쩔쩔매자 몹시 짜증이 나서 그를 다마지오에게로 데리고 왔다.

다마지오는 인지 과제를 실시하며 그 남자를 철저히 검사했지만 어떠한 장애도 발견할 수 없었다. 문제가 있기는커녕 그는 모든 시험에서 매우 높은 점수를 받았다. 곧 다른 환자가 오기로 되어 있었던 다마지오는 그에게 진단을 계속해보자며 다음 주에 두 번째 약속을 잡자고 제안했다. 그때 다마지오는 이상한 점을 발견했다. 환자는 다른 날짜와 시간을 살피고 교통 상황, 다른 일정, 피로도 등 갖가지 사안들을 고려했지만, 결국 그 어떤 옵션으로도 자신의 의사를 결정하지 못했던 것이다. 이후 뇌 스캔을 하고 나서야 다마지오는 이전의 뇌수술에서의 실수로 이 환자의 편도체와 전전두피질 사이의 연결이 끊어지면서 이 두 부위 사이의 의사소통이 불가능해졌다는 것을 발견했다.

이 발견으로 다마지오는 복내측 전전두피질에 유사한 손상을 입은 다른 환자에 대한 의사결정 연구를 시작하게 되었다. 복내측 전전두피질은 전전두피질의 일부로, 편도체로부터 들어온 감정적 인풋을 전전두피질의 나머지 부분과 연결시킨다. 복내측 전전두피질이 손상된 환자들은 도박에 빠지거나 위험을 감수하는 경향이 크며 충동적이고 다른 사람들을 신경 쓰지 않고 간단한 결정을 내려야 할 때 어려움을 겪는 이상 행동을 보였다.

실험 결과 이들 환자가 개인적 기호에 따른 선택에만 어려움을 겪은 것이 아니라 위험에 대한 평가(돈이 걸린 도박 과제를 이용한 실험 결과) 능력 또한 심각하게 손상된 상태라는 것이 드러났다. 해당 과제에서 전전두피질이 최선의 해법을 찾기 위해 노력하는 동안 포유류 뇌는 금전적 손실(편도체)이나 이익(보상 중추)에 대해 경고한다. 따라서 좋은 성과를 위해서는 이성 중추와 감정 중추 사이의 적절한 통합이 필요한데, 안타깝게도 이들 환자에게서는 그런 통합이 이루어지고 있지 않았다.

이 사례로 알 수 있는 것은 삶에서 중요한 선택을 해야 할 때 포유류 뇌 중추가 제공하는 의사결정 시스템 1이 전전두피질이 제공하는 의사결정 시스템 2와 통합되어야 한다는 사실이다. 우리의 일상생활에는 월급을 어떻게 사용해야 할지, 어떤 직업을 선택하고 누구와 데이트를 해야 할지, 심지어 어떤 음식을 먹고 어떤 운동을 해야 할지에 대한 결정들이 필요하다. 이성적 의사결정은 축적해둔 자료를 기반으로 좋은 아이디어를 제안하지만 감정적 의사결정이 존재하지 않는다면 선택하기가 매우 곤란해질 것이다.

우리는 불안하거나 우울하거나 지쳐 있거나 뇌의 염증을 경험할 때 우유부단 상태에 빠지곤 한다. 이런 원인들은 편도체와 전전두피질 사이의 커뮤니케이션에 영향을 미친다. 그리고 이는 우유부단함과 무의식적 통찰의 결여라는 결과를 가져온다. 그러므로 불안, 우울, 피로를 경험하고 있을 때는 중요한 결정을 다른 날로 미루는 것이 좋다.

하지만 때로 우유부단은 곤란한 결정을 해야 하거나 우리가 어떤 결정을 하든 불리한 상황에서의 '학습된 반응'일 수도 있다. 의사결정을 하는 데 어려움이 있다면 일단 작은 것부터 시작해보자. 마트에 가서 어떤 요구르트를 사야 할지 선택이 어렵다면 동전을 던진다. 요구르트가 열 종류이고 선택지를 줄일 수 없을 때는 왼쪽에서 세 번째를 고른다는 식으로 나만의 규칙을 정해둔다. 그런 식으로 포유류 뇌에게 많은 일상적인 결정이 삶과 죽음을 가르는 문제가 아님을 교육시키는 것이다. 무엇을 선택해야 할지 고려하는 데 많은 시간을 보낸다면 그것은 뇌에 '이 결정이 대단히 중요하다'고 각인시키는 행동이다. 식당에서 무엇을 먹을지 선택하는 것이 어렵다면 그럴 때 먹을 메뉴 하나를 정해두어라. 내 경우에는 연어 구이다. 식당에 그 메뉴가 없다면 어떤 종류든 생선을 가져다 달라고 청한다. 기분이 좋을 때는 새로운 메뉴를 시도하는 것을 좋아하기 때문에 양고기 스튜나 초밥처럼 집에서 자주 먹지 않는 음식을 주문할 수도 있을 것이다. 무엇이 됐든 건전한 결정을 내리는 데, 아니 결정 자체를 내리는 데 있어서 중요한 부분은 당신의 감정 상태를 관찰하고 의사결정 과정을 그에 따라 조절하는 것이다.

이제 소피의 문제로 돌아가보자. 초기 그녀의 우유부단함은 각각에 대한 지식이 거의 없는 너무 많은 옵션과 변수 사이에서 순전히 이성적인 사고를 사용해 어려운 선택을 해야 하는 과정에서 발생했다. 얼마 후 그 우유부단함은 소피에게 죄책감, 수치심, 슬픔이라는 감정적인 부담을 주기 시작했다. 소피는 우유부단함에 갇힌 자신이 바보처럼 느껴졌다. 그녀가 이런 감정을 강하게 느낄수록 우유부단함은 정도가 더해졌고, 결국은 식사나 저녁 활동 같은 사소한 선택에까지 스며들었다. 이를 해결하기 위해서는 우선 난관에 빠졌다는 것을 인정하고 편도체를 달래야 한다. 그녀는 자신이 처리해야 할 엄청난 양의 정보를 고려할 때 지금 어려움을 겪는 것 자체가 완전히 정상이라는 점에 대해서 배웠다. 또한 감정적인 편도체의 인풋이 난관에서 빠져나오는 데 중요하다는 것도 배웠다. 이로써 그녀는 '각성'의 순간을 맞았다. 지난 몇 년의 시간이 그녀에게 스트레스였고, 그녀의 입장에서는 편도체가 차분한 상태에 있기가 매우 힘들다는 것을 알게 된 것이다.

이제 다음 단계로 가보자. 난관을 돌파하기 위해 소피는 제2장에서 소개했던 '편도체 달래기' 활동을 매일 습관처럼 했다. 그 활동이 건전한 습관으로 자리 잡은 후, 소피는 새로운 목록을 작성했다. 그녀가 생각하는 좋은 아파트의 기준 여덟 가지를 적은 목록이었다. 이후 현재 사는 곳이 이들 기준에서 몇 점에 해당하는지 헤아렸다. 대부분의 항목에서 10점 만점에 5점 이하의 점수가 나왔다. 평균은 4점을 조금 넘었다. 다음으로 각각의 기준에 대해 9~10점을 기록할 꿈의 선택지가 어떤 것일지 브레인스토밍을 했다. 아파트는 어떤 모습일까? 어디에 위치할까? 매일 그곳에 있는 것은 어떤 느낌일까? 소피는 미소를 지었다. 그녀는 답이 무엇인지 정확히 알게 되었다. 그녀는 앤젤 지역에 있는 친구의 아파트에 가본 적이 있었다. 그곳은 그녀에게 완벽한 곳이었다. 이후 소피는 자신에게 숙제를 냈다. 부동산 사이트에서 비슷한 옵션을 찾는 것이었다. 그녀가 실제로 느낀 아파트에 대한 기억은 이성적 사고에 감정적 요소를 더하는 데 도움이 되었고, 그녀가 우유부단함에서 벗어나게 해주었을 뿐 아니라 에너지와 의욕을 가져다주었다. 그 시점에서 소피는 여전히 편도체 달래기 활동을 계속해야 했다. 죄책감과 스트레스는 종종 우리를 과거의 패턴으로 되돌려놓을 수 있기 때문이다. 얼마간의 검색 후에 그녀는 탐색 범위를 네 개의 아파트로 좁혔다. 그녀는 집을 둘러볼 수 있게 부동산 중개인과 약속을 잡았고 그중 한 아파트가 마음에 꼭 들었다. 이전에 살고 있던 아파트를 전혀 좋아하지 않았다는 것을 생각하면 소피가 이 결정에서 잃을 것은 없지 않을까? 하지만 편도체는 친숙함을 좋아한다. 때문에 편도체가 활동을 시작하면 우리는 좋아하지 않는 이전의 낡은 장소에 갇히게 된다. 그러므로 기분을 관리하고 편도체를 차분하게 유지하는 것이야말로 건전한 의사결정에서 결정적인 부분이다.

감정은 개인적으로 당신에게 영향을 주는 것과 주지 않는 것들을 정리해놓은 요약본과도 같다. 따라서 감정은 건전한 의사결정에 대단히 중요하다. 그렇지만 '기분'은 때로 결정을 왜곡할 수 있다. 기분은 수면 부족, 호르몬 변화, 허기, 피로, 영양 상태, 운동량에 따른 뇌 화학조성의 변동을 그대로 반영하기 때문이다. 각 신경전달물질의 양은 이러한 모든 변수에 따라 날마다 변화한다. 그 결과 우리를 기분 나쁘게, 불안하게, 공격적으로, 무미건조하게 그리고 극도로 긴장하게 만들 수 있다. 그러나 우리는 종종 이러한 기분을 '감정'으로 착각하며 그런 기분을 느끼게 된 원인을 직업이나 관계 같은 현재 상황에서 찾는다. 그리고 잘못된 가정을 바탕으로 상황을 탓하거나 그 관계를 중단시켜버리는 실수를 저지른다. 직업과 인간관계도 감정을 유발한다. 이런 감정은 보통 그 상황에서 벗어나 있으면 빠르게 변한다. 반면 기분은 보통 더 오래 지속되며 시작이 분명하지 않고 확산되는 것처럼 느껴진다. 행복한 기분조차 의사결정을 왜곡할 수 있다. 행복한 상태에서는 더 큰 위험을 감수하는 경향이 있고 낙관 편향이 더 뚜렷해지기 때문이다. 그 결과 행복감으로 일을 망치게 될 수도 있다. 좋은 직장을 그만두고, 비현실적인 사업을 시작하고, 관계를 망치는 것이다. 따라서 결정을 내리기 가장 좋은 시기는 충분히 휴식을 취해서 전전두피질이 최고의 능력을 발휘할 수 있고 편도체로부터 명확한 감정적 인풋이 있는 균형 잡힌 기분일 때다.

때로는 우연에 몸을 내맡겨라

직업 선택과 같이 복잡하고 장기적인 결정을 작은 결정들로 쪼개야 하는 경우들이 있다. 나 역시 지금의 자리에 오기까지 많은 결정들을 해야 했는데, 내가 어떤 과정을 거쳐 여기까지 오게 되었는지 들려주도록 하겠다. 박사 과정을 밟는 동안 나는 인간 행동에 관련된 두뇌 메커니즘에 대해서 공부하는 것을 좋아하기는 해도, 연구자가 되는 길은 내 개인적 기호와 잘 맞지 않는다는 느낌을 받았다. 나는 사람들과 함께 일하기를 원했고 특히 신경과학에 대한 지식을 공유하는 방식으로 사람들을 돕고 싶었다. 당시에는 이것이 어떤 형태를 갖추게 될지 확실히 알지 못했다. 때문에 나는 몇 가지 옵션을 탐색했다. 첫째, 나는 '하루 동안의 내 두뇌'My Brain During the Day라는 강의명으로 10대들을 위한 응용 신경과학 수업을 만들고 취약 계층의 재능 있는 아이들에게 방과 후 수업을 했다. 나는 청소년들과 함께 일하는 것이 정말 좋았고, 학생들이 이 수업으로 자신들의 감정 패턴과 행동을 더 잘 이해할 수 있게 되었다는 이야기를 전해줄 때마다 전율을 느꼈다.

하지만 학생들과 함께하는 수업은 여섯 번에 그쳤다. 학교 환경에 제약이 많았기 때문이다. 그 후 박사 과정을 밟고 있던 대학에서 비즈니스·성과 코치 자격증을 취득했고 대학 내부 직원들의 코치로 일했다. 그때부터 나는 신경과학에 대한 나의 지식을 코칭 기법과 결합하는 실험을 시작했다. 박사 과정을 마친 후 나는 직접 사업을 시작해 커리어를 계속 이어갔다. 학교에서 진행한 내 세미나에 대해 아는 몇몇 클라이언트는 그들이 일하는 회사나 대학 내의 교사 연수 프로그램에서 비슷한 세미나를 열어줄 수 있는지 문의를 해왔다. 재계약과 추천이 이어지면서 내 사업은 대단히 빠르게 성장했다. 비즈니스와 교육 부문에서 신경과학에 대한 관심이 커지고 있던 터라 시기가 아주 잘 맞아떨어졌다. 나는 곧 런던에서 강연 요청을 받았고 습관, 감정, 두뇌 건강, 인간관계 변화와 같은 주제로 일주일에 두세 차례 자리가 꽉 차는 강연을 하게 되었다. 이런 주제를 공유하는 플랫폼을 가지게 되면서 참석자들에게 가장 큰 변화를 만들어주는 지식이 무엇인지도 알아낼 수 있었다. 이를 바탕으로 나는 나만의 코칭 기법들도 만들기 시작했다. 이 책은 내가 지난 5년간 개발해온 두 경로의 조합이다. 나는 지금 대단히 행복하며 대학에서 학생들에게도 가치 있는 주제들을 공유하고 있다.

박사 과정을 마친 2015년에 이런 경력을 생각할 수 있었을까? 절대 아니다! 나는 의미 있는 방식으로 사람들을 돕고자 했지만 그 시점에서는 그것이 어떤 형태를 취하게 될지 알지 못했다. 지금 나의 커리어는 여러 개의 작은 결정으로 나누어 설명할 수 있다.

첫 번째 결정은 학교에서 세미나를 열기로 선택한 것이다. 나는 내가 일반 대중들과 신경과학적 지식을 공유하고 싶어 한다는 것을 알았다.

세미나는 당시에 내가 이용할 수 있었던 가장 효과적인 형태였다. 두 번째는 코칭 자격증을 따기로 선택한 것이다. 우연히 코칭을 시작했지만 그 일은 내게 큰 반향을 불러일으켰다. 세 번째는 코칭을 전업으로 하기로 선택한 것이다. 대학 직원을 코칭할 때 긍정적인 피드백을 받은 덕분에 박사학위를 마쳤을 때 내겐 이미 몇 명의 유료 고객들이 있었다. 이들의 수업료로 생활비를 감당할 수 있을 정도였다. 나는 한번 시도해보고 일이 잘 풀리지 않으면 연구 쪽으로 되돌아오자고 생각했다.

네 번째는 기업 대상의 세미나 프로그램을 론칭한 것이다. 기업을 위한 세미나 프로그램을 시작한 것은 다시 말하지만, 순전히 주변의 상황에 따라 이루어진 일이었다. 내가 10대들을 위한 응용 신경과학 과정을 개발하지 않았다면, 그리고 기업 임원들이 내 코칭 클라이언트가 아니었다면 그런 요청을 받지 않았을 것이다. 다섯 번째는 응용 신경과학에 대한 공개 강연을 연 것이다. 이 과정은 다소 복잡했다. 강연 제안을 받았지만 무료 강연이 전제였다. 나는 그것을 기반으로 몇 건의 세미나를 개최하고 나만의 워크숍을 조직하기 시작했다. 이후 무료 세미나에서 내가 만든 워크숍 티켓을 판매했는데 효과가 꽤 좋았다. 그 직후 일반 대중을 위한 유료 세미나를 여는 한 기업이 내 워크숍에 관심을 보였다. 그들과 주최한 세미나는 인기가 높았고 그 강연으로 나는 내 사업에서 가장 많은 수익을 올릴 수 있었다.

여섯 번째는 대학 강의를 시작한 것이다. 나는 내가 대중 강연을 하듯이 응용 신경과학 지식을 대학생들에게도 공유할 수는 없을까 생각하기 시작했다. 나는 학구적인 환경에 있는 것을 좋아했고 지속적으로 학생들과 작업을 하면서 그들의 뇌과학 지식을 넓혀가는 데 도움을 주기를 원했다. 나는 그런 일을 할 수 있는 곳을 찾기 시작했고 '조직 내 응용 신경과학'Applied Neuroscience in Organizations 분야의 석사 커리큘럼을 개발해 막 출범시키려는 교수 한 분을 소개받았다. 그 교수님은 나에게 이 프로그램의 조교수 역할을 제안했고, 온라인 강의를 진행하면서 나는 내가 이런 지식을 보다 광범위한 사람들과 공유하고 싶어 한다는 점을 깨달았다. 그 후 대학의 강사 자리에 지원하기 시작했고 현재 셰필드햄럼 대학에서 강의를 하면서 응용 신경과학 분야에 대한 내 학문적 지식을 사람들에게 전하는 데 큰 만족감을 느끼고 있다.

이처럼 우리는 결정 자체를 한 번 내리면 끝나는 것이 아니다. 그러므로 하나의 결정을 많은 작은 결정의 연속으로 보고 그 과정에서 '세렌디피티'serendipity, 즉 뜻밖의 우연들이 새로운 옵션을 제시하게 할 필요가 있다. 런던 정경대 교수인 크리스티안 부슈Christian Busch는 그의 책《세렌디피티 코드》에서 이런 접근법이 사생활뿐 아니라 비즈니스에도 중요하다고 이야기한다. 각 결정의 결과를 정확하게 예측하는 것은 불가능하다는 점을 인정하자. 이를 인정하고 모든 결정이 진행되는 과정에서 조정을 통해 전전두피질의 이성적 사고를 우리 포유류 뇌 주도의 직감과 결합시켜야 한다. 그렇게 다양한 다른 옵션들을 탐색하는 동안 이 이성과 직감 또한 변화하면서 무엇이 당신에게 가장 적합할지 더 많은 정보를 줄 것이다. 이런 방식으로 우리는 직업적인 삶에서나 사생활에서 의사결정에 많은 예측 불가한 일이 있다는 것을 인식하고 조정할 준비를 갖추어야 한다.

이 장을 마치며: 빠르고 합리적으로 결정하기

요약하면 의사결정은 대단히 사적인 과정이다. 우리는 종종 아끼는 사람들에게 충고를 하려 든다. 하지만 그들을 정말 행복하게 만드는 것이 무엇인지는 알지 못한다. 사실을 말하자면 우리 자신을 행복하게 만드는 것이 무엇인지도 논리적으로 인식하지 못한다. 감정은 무의식 중추에서 생성되기 때문이다. 따라서 의사결정을 계속 해나가고 그 과정에서 실수도 저지르면서 무엇이 자신에게 맞고 맞지 않는지를 스스로 확인해야 한다.

자신이 무엇을 선호하고 원하는지 등 자신에 대해 배우면서 당신은 더 나은 선택을 하게 된다. 거기에는 지름길이 존재하지 않는다. 때로는 실수나 우유부단함, 익숙한 과거 패턴을 반복하는 스스로에게 좀 더 너그러워질 필요가 있다. 이 모든 것이 정상적인 두뇌 기능의 일부이기 때문이다. 당신은 현재의 혈액 공급 및 장 건강 상태, 혈류 내의 기존 영양소, 뇌 안의 신경전달물질 균형, 기존의 뇌 신경망 등 지금 이 순간에 주어진 환경 조건에서 움직일 수밖에 없다. 두뇌 안의 이런 모든 물리적인 요소가 우리의 정신적, 정서적 상태와 이성적 사고를 결정짓는 데 중요하다. 그래서 건전한 의사결정을 하고 싶다면 뇌를 잘 돌봐야 한다. 하지만 우리는 이 부분을 종종 소홀히 한다. 피로할 때 운전을 하거나 감정 상태가 좋지 못할 때 새로운 관계를 시작하거나 극도로 스트레스를 받고 있을 때 프레젠테이션을 해본 적이 있는가? 삶의 상황들은 완벽하지 않은 경우가 많다. 따라서 최고의 판단력을 발휘하기가 힘들다. 그러니 스스로를 너무 다그치지 말자. 상황이 나아지면 우리는 보다 분별 있는 선택을 할 테니까.

최선의 결정을 하기 위해서는 다음의 사항에 주의를 기울여야 한다.

1. 빠르고 손쉬운 의사결정 시스템 1과 방법론적이고 장단점을 기반으로 하는 의사결정 시스템 2 중 상황에 맞는 적절한 결정 시스템을 사용해야 한다.

2. 감정적 의사결정을 내릴 때는 '무의식적 편향'을 인식해야 한다. 이를 완벽하게 극복할 수는 없지만 이성적으로 반박함으로써 인식에 균형을 맞출 수는 있다.

3. 전적으로 이성적 의사결정에 의존할 경우 지나치게 선택지가 많아 분석 마비 상태에 빠지거나 고려해야 할 변수가 너무 많아 선택을 아예 내리지 못하는 곤란에 빠질 수 있다.

4. 우유부단함에서 벗어나서 이성적인 결정을 빠르게 내리고, 다른 사람들의 니즈를 고려하려면 감정적인 편도체와 이성적인 전전두피질, 양쪽 모두의 도움을 받아야 한다.

5. 어떤 결정들은 알고 있는 정보가 거의 없어서 더 복잡하게 느껴질 수 있다. 이전에 겪어보지 않은 상황을 상상해야 한다면 특히 더 그럴 것이다. 당신은 당신이 가진 정보와 과거의 경험을 기반으로만 결정을 내릴 수 있다. 그래서 친숙하지 않은 시나리오에서는 건전한 판단이 불가능하다. 이를 해결하려면 결정을 보다 짧은 시한을 두고 쪼개야 한다. 그리고 단기적인 결정을 내린 뒤 진행 과정을 보며 이후 결정을 조정해야 한다. 이렇게 불확실성을 받아들인다면 보다 민첩하게 매 상황에서 최선의 결정들을 할 수 있을 것이다.

제3부

뇌를 바꾸자
좋은 관계가 찾아왔다

· 제7장 ·

뇌가 알려주는
사람을
이끄는 지혜

우리 모두는 매일 다른 사람에게 영향을 주며 살아간다. 일터에서는 동료들과 이야기를 나누고, 가정에서는 부모님을 비롯한 가족들과 상호작용을 한다. 이런 각각의 상호작용에서 우리는 두 가지 태도로 임할 수 있다. 하나는 과제 달성을 위해서 필요한 일에 집중하고 다른 사람들을 어떻게 그 과제에 맞춰야 할지 파악하는 데 중점을 두는 '불협'dissonant의 태도다. 다른 하나는 타인의 니즈와 관점을 진정으로 이해하려고 노력하는 데 중점을 두는 '공감'의 태도다.

불협의 방식이나 공감의 방식으로 행동하려 할 때 인간의 두뇌는 서로 다른 네트워크를 활성화시킨다. 공감의 방식은 소위 '디폴트 모드 네트워크'default mode network, DMN(이하 DMN)를 활성화시킬 때 만들어진다. 이 네트워크는 다른 사람을 이해하는 일을 맡아 우리의 감정과 다른 사람의 감정을 인식한다. 특히 이 네트워크는 다른 사람의 사고방식을 이해하는 정신화mentalising에 필수적이다. 그래서 진정성 있고 신뢰 가는 인간관계를 구축하려면 무조건 DMN이 활성화되어야 한다. 반면 불협의 방식은 뇌 안의 소위 '태스크 포지티브 네트워크'task-positive network, TPN(이하 TPN)를 활성화시킬 때 만들어진다. 이 네트워크는 분석적 사고, 과제 우선, 혼란 요소 제거, 수학적 추론을 맡고 있기 때문에 일을 완수해야 할 때는 꼭 필요하지만 다른 사람과 진정한 관계맺어야 할 때는 방해가 된다.

두 네트워크의 차이점을 보여주는 몇 가지 예를 들어보기로 하겠다. 당신이 집에 왔는데 배우자가 대단히 화가 나 있다고 해보자. 당신은 배우자 가까이에 앉아서 뭐가 문제인지 묻는다. 배우자가 이야기하는 동안 끈기 있게 귀를 기울이며 상황에 공감하고 분노라는 감정의 뒤에 있는 원인과 배우자에게 지금 가장 필요한 것이 무엇인지 이해하는 데 집중한다. 이 상황에서 당신은 공감의 방식을 보여주면서 두뇌의 DMN을 활성화시켰다.

이번에는 배우자가 화가 난 근본 원인을 이해해보려는 노력 없이 당신의 생각대로 배우자에게 조언을 주기 시작했다고 상상해보자. 귀를 기울이는 척하면서 실제로는 휴대전화로 출장에 가장 적합한 비행 편을 찾고 있다고 말이다. 이런 사례에서 당신은 불협의 방식을 보여주면서 TPN을 활성화시키고 있다.

더구나 여기에는 전염성이 있다. 불협 방식으로 행동하든 공감 방식으로 행동하든 우리는 다른 사람에게서 같은 방식을 끌어낸다. 공감 상태일 때는 상대방의 DMN을 활성화시켜 그들의 공감력을 더 높이고, 그들이 자신의 감정을 이해하고 달랠 수 있게 만들며, 사람을 더 믿고 진정으로 행복감을 느끼게 만든다. 불협 상태일 때는 상대방의 TPN을 활성화시켜 그들이 더욱 고립되고, 자신의 생각에 집중하느라 다른 사람을 진심으로 이해하고 공감하지 못하게 만든다. 또한 불협 방식은 스트레스 반응을 일으키고 부정적인 감정을 만든다. 결과적으로 대부분의 사람은 불협 스타일의 사람을 피하려 한다.

삶을 살아가는 데 있어서 두 방식 모두 다른 이유에서 필요하다. 불협 방식은 과제를 마치기 위해, 공감 방식은 다른 사람들과 사회적, 정서적 유대를 형성하고 관계를 지속시키기 위해 필요하다. 이 장에서는 각 모드에 있을 때의 상태에 대한 신경과학적 연구 결과와 각 모드에서 행동에 대해 논의할 것이다. 또한 어떤 상황에서 어떤 방식을 선택할지에 대한 실질적인 조언을 들려줄 것이다. 나아가 스트레스가 리더십 방식에 어떤 영향을 미치는지 살피고 스트레스를 관리하는 방법에 대해서도 알아볼 것이다.

사람이 먼저다 vs. 과제가 먼저다

정말로 당신을 고무시키는 리더가 있는가? 직장 내에서 만난 사람일 수도 있고 직장 밖의 누군가일 수도 있을 것이다. 이제 그 사람이 가지고 있는 특성에 대해 생각해보자. 무엇이 그들을 당신 인생에서 유난히 힘을 실어주는 존재로 만들었을까? 이런 특성들을 적어보자. 아마도 당신이 생각해낸 특성들은 공감 리더십의 특성일 것이다. 다음은 각 특성과 그것을 가진 유형의 리더를 설명한 것이다.

- 사람 중심: 곁에 있으면 정말 즐거운 사람이다. 공감 리더는 사람과 어떻게 유대를 맺는지, 사람들을 어떻게 이해해야 하는지 알고 있다.
- 깊은 배려: 당신을 진정으로 배려한다.
- 이해: 당신의 생각과 감정을 이해하려는 마음을 보여주기 때문에 이 사람 앞에서는 인정받는 느낌이다.
- 타인에 대한 관심: 다른 사람들의 욕구와 감정 상태에 항상 관심이 있으며 필요할 때 곁에 있어준다.
- 자기 인식: 이런 리더는 자신을 우월한 존재라고 생각하지 않는다. 공감 리더는 자신의 재능, 성과, 실수, 단점을 알며 당신이 힘든 일을 겪을 때 진정으로 공감해준다.
- 주의집중: 주변에서 일어나는 일에 주의를 기울이고 대화에 적극적으로 참여한다.

- 온정과 공감: 이런 특성을 가진 리더는 다른 사람들의 과제를 실행하기 위한 수단 그 이상으로 받아들인다. 공감 리더는 당신이 느끼는 감정을 이해하고 그 감정을 자신의 개인적 경험과 연결시킬 수 있다. 더구나 이 사람은 당신의 감정과 욕구를 채워주는 일에 마음을 쓴다. 당신이 겁을 먹었을 때는 당신을 안심시키고 당신이 스스로 충분히 믿지 못할 때는 격려한다.신뢰: 당신의 능력, 재능, 감각을 믿는다. 공감 리더는 당신에게 문제의 답을 일일이 말해주지 않고 당신이 자신만의 해법을 찾도록 격려한다.

- 진실성과 공정성: 행동이 한결같다. 공감 리더들은 정직하고 진실하며 사람들이 자신이 원하는 일을 하도록 유도하기 위해 조작을 가하지 않는다. 그들은 상황에 맞게 사람을 대하며 팀 내에서 공정함을 추구한다.

이번에는 사생활이나 직장생활에서 당신의 가장 나쁜 부분을 이끌어내는 사람을 생각해보자. 당신이 무능력하고 소외되었다고 느끼게 만드는 누군가를 말이다. 그런 사람의 특성을 적은 목록에는 다음과 같은 불협 리더의 특성들이 포함될 것이다.

- 과제 중심: 이 사람은 당장의 과제에 가장 큰 관심을 둔다. 불협 리더들은 이 과제에 너무 집중한 나머지 당신의 욕구 같은 다른 문제들은 부차적인 것으로 생각한다. 담소를 나누는 일이 없고 당신이 어떤 사람인지 알려고도 하지 않는다. 그런 것은 그들에게 귀중한 시간을 낭비하는 일일 뿐이다. 사생활에서도 불협 스타일의 부모나 배우자는 목표 달성에만 몰두해 자녀와 정서적인 교감

을 갖지 못한다.

- 성취 중심: 불협 리더는 주로 성취와 당신이 내놓는 결과에만 주의를 기울인다. 그들은 과제에 대해 당신이 어떤 생각을 가지고 있는지, 당신이 어떤 일을 잘할 수 있는지에는 관심이 없다. 그들은 자신의 판단에 따라 얼마나 과제를 잘 수행하는지를 근거로 당신을 대한다. 불협 성향의 부모는 좋은 점수를 받으면 아이들에게 보상과 칭찬을 주고 점수가 그들의 기대치에 미치지 못하면 유난을 떤다.

- 자기중심적: 이런 사람은 자신만의 세상에 살면서 자신이 문제에 대한 최선의 해법을 알고 있다고 믿는다. 따라서 불협 리더는 당신의 접근법에 관심을 두지 않으며 그에 대한 논의의 기회도 주지 않는다. 불협 리더는 자만하고 있다거나 거만하다는 느낌을 주는 경우가 많다.

- 권위적이고 세부적인 사항까지 통제한다: 자기중심적인 성향 때문에 자신의 관점과 아이디어를 타인에게 강요한다. 다른 사람들에겐 일을 잘 해낼 만한 능력이 없다고 믿기 때문에 위임이 어렵다. 과제를 맡겼을 경우에는 진전 상황을 일일이 확인해야 하고 자신의 지시에서 어긋나는 부분이 있다면 비판적인 태도를 취한다.

- 스트레스를 받고 다른 사람에게 스트레스를 준다: 모든 것을 자기가 해결하고 모든 사람을 통제하려 하기 때문에 엄청난 스트레스를 받는 경우가 많다. 더구나 불협 리더는 그들의 접근 방식 때문에 다른 사람들에게 스트레스를 주어서 팀의 불안과 동요를 유발하기도 한다. 양육, 교우 관계, 연인 관계에서 상대방에게 항상 살얼음판을 걷는 듯하고 늘 긴장을 풀 수 없다는 느낌을 준다.

- 정신적 피로와 번아웃을 경험한다: 스트레스 수준이 높은 불협 리더들은 정신이 맑지 않고, 정서적 반응성이 떨어지고, 성급해지는 경향이 있으며 이는 전면적인 번아웃으로 이어질 수 있다. 그들 주변에 있는 사람 또한 정신적 피로, 수면과 휴식 불능, 탈진을 종종 경험한다.

이번에는 이렇게 다른 성향의 리더의 뇌에서 어떤 일이 벌어지는지 알아보자. 이후에는 이런 사람들 곁에 있을 때 우리 뇌에서 어떤 일이 일어나는지도 다룰 것이다.

이성적이면서 감성적인 리더일 수 없을까

두뇌는 수백만 개의 뇌 네트워크로 이루어져 있고 그 각각의 네트워크는 서로 다른 기능을 한다. 불협 리더와 공감 리더는 뇌에서 활성되고 있는 네트워크도 다르다. 불협 리더는 주로 TPN을 활성화시키는 반면 공감 리더십은 DMN에 의존한다. 이 두 네트워크는 정상적인 뇌 기능에 중요하며 우리가 여러 가지 일을 할 수 있게 해준다.

먼저 TPN을 살펴보면 이들은 다음 기능에 결정적인 역할을 한다.

- 분석적 과제: 이 네트워크는 우리가 가지고 있는 모든 정보를 분석적으로 평가해 이성적으로 건전한 판단을 내릴 수 있게 한다.

- 잘 규정된 과제의 수행: 컴퓨터 코드를 만들거나 회계 장부를 작성해야 한다고 상상해보라. 이러한 과제들은 규칙이 대단히 명확하고 잘 규정되어 있다. 따라서 이 네트워크는 우리가 그 과제를 능숙하게 제시간에 처리할 수 있게 해준다.

- 주의 집중: TPN은 집중을 방해하는 요소들을 차단하고 반드시 완수해야 하는 일에 집중하게 해준다. 따라서 이 네트워크는 소란한 사무실에서 생산성을 유지해야 할 때 매우 중요하다. 이는 일시적으로 개인적인 문제를 잊고 일에 집중할 수 있게 해주어 기분이 좋지 않을 때에도 급박한 마감 시한을 맞추게 도와준다.

- 작업 기억: 생산성을 위한 또 다른 중요한 요소가 바로 작업 기억이다. TPN은 당장의 과제와 관련된 모든 정보를 유지함으로써 재빨리 작업을 수행할 수 있게 해준다.

- 언어: TPN은 다른 사람과 소통할 때 집중할 수 있게 해주며 주의가 흐트러지려고 할 때도 대화의 주제에서 벗어나지 않도록 도와준다.

- 논리적·인과적 추론: 이 네트워크는 우리가 어떤 일의 뒤에 숨은 질서를 보고, 패턴을 이해하고, 그 뒤에 있는 이유를 파악할 수 있게 해준다.

- 문제 해결: 문제의 원인을 이성적으로 이해하여 적합한 해법에 따라 문제를 해결할 수 있게 해준다.

- 기획과 전략적 사고: TPN은 하루의 계획을 세우고, 프로젝트의 스케줄을 조정하고, 가능한 해법에 대해서 숙고하고, 해법들을 비판적으로 비교 분석할 수 있게 해준다.

- 재무 평가와 기타 수치와 관련된 과제: TPN으로 숫자들 사이의 근거를 이해하고 예산과 투자에 대한 분별 있는 선택을 할 수 있다. 이 네트워크는 다른 사람의 욕구를 고려하지 않으며 오로지 이성적으로 자신에게 가장 이득이 되는 것만을 고려한다.

여기에서 알 수 있듯이 TPN을 활성화시킬 때는 일을 능숙하게 완수할 수 있지만 다른 사람들과의 관계 측면에서는 다소 로봇처럼 움직인다. 이 네트워크는 공감, 연민 능력이 없으며 자기 자신은 물론 타인의 감정을 이해하지 못한다. 그 때문에 공감 리더들이 주로 활성화시키는 DMN이 존재하는 것이다. DMN은 다음과 같은 기능에 중요하다.

- 사회적 상황의 이해: 사회적 상황을 파악하고 사람들의 감정과 욕구를 읽는 데 꼭 필요하다.
- 감정의 이해와 관리: 이 네트워크는 우리가 그 상황에서 '어떤 느낌을 받고 있는지'를 인식하고 그런 감정들을 진정시킬 수 있게 해준다.
- 마음 이론: DMN을 이용해 우리는 다른 사람들의 감정과 정신 상태를 이해할 수 있다. 그런 식으로 다른 사람의 입장에서 상황에 대한 그들의 시각과 경험을 파악할 수 있다. 이는 효과적인 커뮤니케이션과 갈등 해소에 중요하다.
- 도덕적 판단: 이 네트워크는 이성적으로 찬반을 나누는 사고에서 한 발 물러나 다른 사람의 욕구와 감정을 고려하게 해준다.
- 과거의 회상: 이 네트워크를 활성화함으로써 과거 비슷한 상황에서 자신이 어

떤 느낌이었는지를 보다 잘 인식할 수 있고 따라서 다른 사람이 겪고 있는 상황에 공감할 수 있다. 이는 연민을 느끼고 다른 사람 역시 자신과 비슷한 사람이라고 보는 데 중요한 특성이다.

- 미래 사건의 상상: 이 네트워크는 브레인스토밍을 하고 창의성을 발휘하고 매력적인 미래를 계획하고 어려운 상황에서 희망을 찾는 일에 꼭 필요하다.

DMN의 특성은 TPN의 특성을 보완해 우리가 필요할 때는 일을 완수하면서도 다른 사람과 공감하고 그들과 깊이 있는 관계를 맺는 균형 잡힌 인간이 될 수 있게 해준다. 다행히도 우리 모두는 TPN와 DMN을 가지고 있다! 더구나 이 두 네트워크를 항상 오가며 살고 있다.

유일한 문제는 DMN과 TPN이 완전히 반대되는 네트워크라는 점이다. 이 둘은 서로를 억누른다. 따라서 이성적으로 계산을 하면서 동시에 관계에서 감정적으로 진실해지는 것이 물리적으로 불가능하다. 따라서 이들 네트워크를 이용하는 때에 혼란이 오면 문제가 발생한다. 당신이 사회생활을 할 때 지나치게 TPN에 갇혀 있다면 상대방은 당신을 진정한 유대가 불가능한 사람이라고 생각할 것이다. 또한 불협 상태의 사람들은 상대를 극도로 지루하게 만든다. 자기 할 말만 하고 다른 사람들이 무엇에 관심이 있는지 잘 가늠하지 못하기 때문이다.

반대의 경우도 마찬가지다. 팀 회의를 하는데 오직 공감만이 회의실을 지배한다면 건설적인 목표를 달성하지 못하는 결과로 이어질 수 있다. 공감 모드에서는 원래의 의제에서 벗어나 산만해질 가능성이 훨씬 높기 때문이다.

당신이 이들 네트워크 중 어느 하나를 많이 사용할수록 그 네트워크는 더욱 강화된다. 그럴수록 그것은 제2의 천성, 심지어는 당신 성격의 큰 부분을 형성하게 된다. 여기서의 해법은 두 네트워크를 충분히 훈련시키고 각 네트워크가 어떤 상황에서 발휘되는 것이 가장 적절한지 이해하는 것이다. 그렇다면 어떻게 그런 일을 할 수 있을까?

언제나 균형이 중요하다

두 네트워크의 적절한 활용을 위한 훈련의 첫 단계는 당신이 공감 상태일 때(즉 DMN을 활성화시키고 있을 때)와 불협 상태일 때(즉 TPN을 활성화시키고 있을 때)의 사례를 적는 것이다. 다음으로 각 상태의 옆에, 그 상태가 바람직한 결과를 만들었다면 플러스(+)를, 잘 받아들여지지 않았다면 마이너스(−)를 적는다. 한쪽의 목록이 다른 한쪽의 목록보다 훨씬 긴 사람도 있을 것이다. 이는 그 사람이 평소 어떤 리더십을 선호하는지 보여준다.

다 적었다면 이제 각 방식에 플러스가 얼마나 많은지 헤아린다. 이것이 각 상황에서 어떤 리더십 스타일을 사용하는 것이 적합한지 말해줄 것이다. 불협 상태가 대부분을 차지한다면 더 많은 대화를 하고 다른 사람이 하는 말을 이해하기 위해 노력함으로써 공감 스타일을 실천하도록 한다. 지나치게 사회적이고 제시간에 일을 완수하지 못한다면 필요할 때 불협 모드를 고수하는 시도를 해본다. 나의 목록은 다음과 같은 모습이다.

DMN이 활성화되었을 때

- 전화로 엄마와 이야기를 나눴을 때. 유대감을 형성하고 서로 마음을 함께 나눌 수 있도록 도와주기 때문에 DMN은 이때 이용하기 적합한 네트워크다. (+)
- 동료들과 줌Zoom으로 동영상 회의를 했을 때. 동료들과 유대감을 쌓을 수는 있었지만 답을 얻어야 하는 질문을 할 수는 없었다. 따라서 DMN으로 시작해 유대를 쌓은 뒤에는 TPN으로 전환해서 일을 마치는 과정이 필요할 것이다. (−)

TPN이 활성화되었을 때

- 이 챕터를 쓸 때. 정원에서 이웃들이 대화하는 소리가 들리고 도중에 커피 한 잔이 간절했지만 TPN은 나를 계속 과제에 집중하고, 내가 전달하고자 하는 정보를 기억하고, 논리적이고 건전한 방식으로 그것을 설명하는 언어를 사용하게 해주었다. (+)
- 딸 에밀리아가 계속해서 내 주의를 끌려고 하는데도 세금 처리 업무에 집중했을 때. 돌이켜보면 에밀리아를 돌보고 있지 않을 때 그 일을 했어야 했다. 나를 방해하는 에밀리아 때문에 짜증이 났기 때문이다. 이런 유형의 과제는 에밀리아가 낮잠을 자거나 다른 사람이 그녀를 돌보고 있을 때 처리하는 것이 더 효과적이다. (−)

내 리더십은 어떤 유형일까

위의 사례를 참고하여 목록을 작성해보자. DMN이 활성화되었을 때와 TPN이 활성화되었을 때의 사례를 적어보자. 그리고 그 사례가 긍정적인 결과를 냈다면 플러스(+)에, 부정적인 결과를 냈다면 마이너스(−)에 체크해보자. 이를 통해 자신의 리더십 유형을 알게 될 것이다.

- DMN이 활성화되었을 때

_____ (+ , −)

_____ (+ , −)

_____ (+ , −)

- TPN이 활성화되었을 때

_____ (+ , −)

_____ (+ , −)

_____ (+ , −)

공감하지 않으면 무조건 나쁘다는 착각

공감 리더들은 같이 있으면 재미있을 뿐 아니라 사람들로부터 최고의 능력을 끌어낸다. 심리학 교수인 토니 잭Tony Jack과 리처드 보이애치스Richard Boyatzis는 연구를 통해 공감 리더와의 경험을 떠올리는 사람들의 뇌는 더 높은 DMN 활성화를 보여준다는 것을 입증했다. 공감 리더들은 다른 사람들의 공감 능력도 끌어올린다는 것이다. 더욱이 공감 스타일의 사람들은 긍정적인 감정과 관련된 뇌 중추를 활성화시켜서 그들 곁에 있거나 그들에 대해서 생각하는 것만으로도 행복한 감정을 느끼게 만든다. 다른 연구들에서도 보이애치스와 잭은 코칭과 멘토링의 공감 스타일이 '접근 행동'approach behaviours을 책임지는 뇌 네트워크를 자극해 필요할 때 그들 곁에 있기를 원하고 그들에게 연락하고자 하는 욕구를 만들어낸다는 것을 보여주었다. 그 결과 우리는 공감 스타일 멘토의 말에 동의하고 기꺼이 그들이 요청하는 일들을 수행할 가능성이 높다.

반대로 불협 리더들은 다른 사람들도 불협 상태가 되게 만든다. 불협 리더와의 경험을 회상하는 사람들의 뇌를 스캔해보면 TPN이 활성화되어서 당장의 과제에는 집중할 수 있는 반면 사회적 상호작용에 대한 참여 능력은 떨어져 있다. 불협 행동은 두려움, 불안, 걱정과 같은 불쾌한 감정을 맡고 있는 상대의 뇌 중추를 활성화시키며 회피 행동을 불러온다. 그래서 우리는 불협 유형의 사람과 가까이 하고 싶어 하지 않으며 그들에게 자주 연락하지 않는 경향이 있다. 그 결과 우리는 불협 리더의 멘토링에 동의하지 않고 그들의 지시를 따르는 데 저항하게 된다.

두 가지 모드를 적절히 조화시켜라

그렇다면 이런 리더십 스타일들 중에 더 이로운 것은 무엇일까? 경우에 따라 다르다. 분석적 사고를 요하고, 마감이 얼마 남지 않았고, 과제에 대한 고도의 집중이 필요한 상황이라면, 불협 리더가 팀원들이 TPN 모드를 유지하도록 하는 데 도움이 될 것이다. 그런 경우 공감 리더는 주의를 너무 산만하게 만들 수 있다. TPN을 억제하는 리더의 영향으로 팀원들이 쉽게 집중력을 잃고 실수를 많이 할 수 있기 때문이다. 그 대신 공감 리더십은 관리자, 교사, 영업 사원 등 사람을 대하는 직업을 가진 사람들에게 도움이 된다. 사람들이 한 팀으로 일을 하도록 격려하고, 팀이 공동의 결정을 내리고 창의력을 발휘하고 보다 밝은 미래를 상상하는 데 도움을 주기 때문이다. 전반적으로 공감 리더십은 직업 만족도와 팀의 참여도가 높으며 스트레스 수준이 낮고 성과가 높은 편이다. 긍정적인 감정과 낮은 스트레스 수준이 전전두피질의 기능을 높이기 때문이다. 그러나 이제 막 회사를 차렸거나 성과가 떨어지는 직원과 일을 하거나 위기 상황이나 장시간 과제에 집중하는 것이 성과 달성에 꼭 필요한 때에는 불협 리더십이 유용할 수 있다.

우리의 사생활에서도 두 가지 모드가 필요하다. 공감 스타일은 친구와 사랑하는 사람들을 정서적으로 지지하고, 그들의 욕구를 진정으로 이해하고, 공동의 결정을 내리고, 함께 좋은 시간을 가질 수 있게 한다. 불협 모드는 비행기를 예약하거나 운전을 하거나 온라인 뱅킹을 하거나 복잡한 요리를 하는 등 주의를 흐트러뜨리지 않고 과제에 집중해야 할 때 필요하다. 양육의 측면에서 아이들을 진심으로 이해하고, 의욕을 끌어올리고 아이의 감정을 이해하고, 사회적 환경에 적응하도록 돕는 데에는 공감 스타일을 사용해야 한다. 하지만 때때로 불협 리더십도 필요하다. 아이들이 숙제를 해야 하거나 자전거 타는 법을 배우거나 서둘러 차에 타도록 해야 할 때와 같이 시간이 부족할 때에는 불협 리더십이 필요하다.

15분의 '전환 시간'이 필요한 이유

이제 당신의 생활을 한번 들여다보자. 직장에서 아주 힘겨웠던 하루를 떠올려보라. 마감이 얼마 남지 않았거나 손발이 잘 맞지 않는 사람들과 일을 해야 했거나 팀원들과 언쟁을 벌였던 날을 말이다. 집에는 배우자, 자녀, 다른 가족 구성원, 룸메이트, 친구가 당신을 기다리고 있다. 그들은 당신의 관심에 목말라 있고 오늘 하루가 어땠는지 당신에게 이야기할 시간만을 고대하고 있다. 당신은 어떻게 반응할까?

보통의 사람이라면 불협 모드로 들어가기 때문에 다른 사람에게 공감해주기가 힘들 것이다. 불협 모드는 스트레스를 받거나 부담을 느낄 때, 해결해야 할 중요한 일이 머릿속을 차지하고 있을 때 발동되는 두뇌의 자연스러운 상태다. 이렇게 가까운 사람들의 욕구를 충족시킬 수 없을 때 우리는 쉽게 갈등 상황에 빠진다. 이는 상황을 더 악화시킬 뿐이다.

걱정해야 할 또 다른 일이 생길 테니까 말이다.

이때 취할 수 있는 더 나은 방법은 사랑하는 사람들에게 당신의 현재의 상황을 있는 그대로 알리는 것이다. "당신의 하루에 대해서 정말 듣고 싶지만 우선 15분만 쉬고 싶어. 오늘 회사에서 정말 스트레스가 많았거든."이라고 말해보자. 그보다 더 좋은 방법은 '전환 시간'transition time을 갖도록 규칙을 만드는 것이다. 우리 집에도 이런 규칙이 있다. 내가 긴 워크숍을 끝내고 왔거나 남편이 직장에서 힘겨운 하루를 보낸 날이면 우리는 우선 각자 알아서 저녁 먹는 시간을 갖는다. 잠시 긴장을 풀고 TPN 활동을 줄일 시간을 가지고 나면 그 후에는 사람들과 어울리기가 쉬워진다. DMN이 쉽게 활성화되기 때문이다. 과도한 생각을 줄이고 두뇌 활동의 균형을 찾기 위해서는 신체적인 재충전, 즉 소파에 앉거나 누워서 잠깐 긴장을 풀거나 몸에 음식이나 물을 공급하거나 자연 속을 산책하거나 운동을 하거나 사랑하는 사람과 시간을 보내는 일이 필요하다.

일의 측면에서는 급박한 마감 시한, 성과가 낮은 팀원, 클라이언트의 불평이 우리를 쉽게 불협 모드로 들어가게 만든다. 불협 리더십이 그토록 흔한 것은 이 때문이다. 급박한 마감 시한 내에 결과를 내는 것이 당연시되는 업계에서는 특히 더 그렇다. 기업들이 아무리 많은 리더십 교육 프로그램을 운영해도 조직 문화 자체가 스트레스를 덜 유발하고 안정감을 조성하는 쪽으로 바뀌지 않는 한 리더십에 변화가 생기지는 않을 것이다.

점심 시간의 요가 수업이나 체육관 무료 회원권 등으로 스트레스를 해결하는 방법이 인기를 끌고 있지만 이런 것들은 스트레스의 영향만 조금 줄일 뿐이다. 스트레스 유발 요인의 핵심을 다루려면 사람들이 '안정감'을 느끼게 해야 한다. 우리의 뇌는 끝나지 않고 계속되는 마감을 포식자에게 끊임없이 쫓기는 상황과 동일하게 느낀다. 그러한 배경에서 공감 리더십은 존재할 수 없다. 앞에서 논의했듯이 만성 스트레스는 뉴런의 형태에 영향을 미치고 새로운 뉴런의 생성을 감소시켜 우리 사고의 적응력을 떨어뜨린다. 흥미롭게도 안전하고 일관된 인간관계의 유지는 스트레스 처리에 큰 도움을 줄 수 있다. 안전은 스트레스 호르몬의 부정적 영향으로부터 뉴런을 보호해주는 뇌 내 옥시토신 분비를 유도해 회복력, 유연성, 일을 잘하는 능력을 만들어내기 때문이다. 따라서 팀의 욕구에 관심을 갖고, 팀원들이 안정감을 느끼게 하고, 팀원들이 스트레스를 받는 당장의 시간을 극복하도록 돕고, 필요할 때 공감 어린 방법으로 지지와 격려를 해주는 공감 리더들이 더 중요해지고 있는 것이다.

스트레스 수준을 낮추고, 전반적으로 자신의 성과와 커리어 발전에 대한 통제감을 가질 수 있는 장소를 만드는 것도 중요하다. 반면 제로 아워 계약zero-hour contract(정해진 노동시간 없이 임시직 계약을 한 뒤 일한 만큼만 시급을 받는 노동 계약)과 단기 계약, 언제든 대체될 수 있는 문화, 투명인간이 된 듯한 느낌, 직속 관리자로부터 의미 있는 피드백을 받지 못하는 것은 그 반대의 상황을 만든다.

GROW, 사람을 이끌고 성장시키는 법

아주 작은 일이 큰 차이를 만들 수 있다. 팀원들을 이해하기 위한 회의를 정기적으로 열고, 생산성을 높일 수 있도록 코칭을 지원해주고, 팀이 의미 있는 사회적 활동을 하도록 격려하고, 무엇보다 팀원들에게 진심으로 관심을 가지고 그들을 공정하게 대할 때 커다란 변화가 생긴다.

코칭은 이런 유형의 리더십에 대단히 좋은 방법이다. 나는 8년 전 세계적인 코칭 리더 존 휘트모어John Whitmore의 저서 《성과 향상을 위한 코칭 리더십》에서 리더십 스타일로서의 코칭에 대해 다룬 글을 읽고 깊은 인상을 받았다. 휘트모어는 팀원들이 해법을 찾는 데 도움을 주기 위해 개방형 질문을 사용할 것을 제안했다. 그런 방법으로 팀원들이 조직에 참여한 자신을 가치 있게 여기고 신뢰받는 존재라는 느낌을 강화하며 결과를 위해 훨씬 더 헌신하게 만들 수 있다고 말이다. 리더는 자신의 DMN을 훈련시켜서 팀원들을 진정으로 이해할 수 있다. 이는 팀 전체에 공감하는 분위기를 형성해 그들이 더 나은 공동의 결정을 내리고 안정감, 유대, 신뢰의 느낌을 들게 하는 옥시토신 분비로 스트레스 환경에서 보다 회복력을 가지도록 돕는다. 휘트모어는 대단히 실용적이고 유용한 'GROW 모델'을 만들었는데 이 모델은 팀, 가족 구성원, 심지어는 자기 코칭에도 사용할 수 있다. GROW는 목표Goal, 현실Reality, 옵션Option, 자발성Willingness의 첫 글자를 딴 것으로 각각의 의미는 다음과 같다.

- 목표: 무엇을 만들고자 하는가? 어디로 향하고 있는가? 현실의 문제에 휩쓸리기 전에 우선 목적지를 확인해야 한다. 7일 안에 고객을 위한 프레젠테이션을 만들거나 한 달에 살을 5킬로그램 빼거나 한 달에 4,000달러를 벌거나 특정 날짜까지 책의 초고를 완성하는 등 목표는 무엇이든 될 수 있다.

- 현실: 현재 상황은 어떤가? 당신은 프로젝트를 얼마나 완료했는가? 전에 이 일을 해본 적이 있는가? 최근에 몸무게를 얼마나 감량했는가? 현재 돈을 얼마나 벌고 있는가? 써야 할 챕터가 몇 개가 남아 있는가?

- 옵션: 이를 달성하는 방법으로는 무엇이 있는가? 한 달에 4,000달러 버는 것을 예로 들어보자. 이를 달성할 수 있는 현실적인 방법들로는 어떤 것이 있는가? 나의 경우 상담 시간을 두 배로 늘릴 수도 있고, 새로운 회사와 접촉할 수도 있고, 차를 팔 수도 있고, 갖고 있는 돈을 다른 곳에 투자할 수도 있다. 만약 당신이 셀프 코칭을 하고 있다면 불가능하다고 생각되는 옵션까지 가능한 한 많이 생각해보는 것이 좋다. 당신이 다른 누군가를 코칭하고 있다면 그들의 상상력이 끝을 볼 때까지 '또 다른 것은?'이라는 질문을 계속 던지도록 하라.

- 자발성: 방금 브레인스토밍한 모든 옵션들의 경중을 비교해서 기꺼이 실행할 수 있는 옵션을 선택한다. 과제의 규모가 크다면 그날 혹은 다음 날까지 마칠 수 있는 그 과제에 필요한 첫 단계를 선택하는 것이 좋다. 위에서 언급한 목표를 예를 든다면 다음 날 아침 25분 간격으로 두 차례 프레젠테이션 작업 진행하기, 퇴근 후 30분 동안 산책하기, 이전에 함께 일했던 고객에게 이메일 보내기, 다음 날 아침에 다른 일보다 우선적으로 45분 동안 글쓰기 등을 첫 단계로 선택할 수 있다.

이런 식으로 동료, 친구, 가족 구성원, 그리고 당신 자신에게 좀 더 공감하는 기회를 가져보도록 하자. 다른 사람의 마음, 그들의 진짜 내적 상태에 대해서 알고 직접 해법을 찾도록 도와주는 일은 대단히 흥미로울 것이다. 다른 사람을 세세한 부분까지 관리하고 통제하면서 감정적인 교류가 전혀 없는 것보다 훨씬 나은 방법임에 틀림없다.

거울처럼 따라 하고 싶은 리더가 되어라

우리가 서로에게 어떻게 영향을 미치는지 이해하는 데 중요한 또 다른 주제는 정서적·사회적 '전이'contagion다. 우리 각자는 뇌 안에 소위 거울 뉴런 시스템Mirror Neuron System, MNS을 가지고 있다. 이 시스템에 따라 인간은 무의식적으로 다른 사람들의 행동을 모방하게 된다. 이 시스템은 자코모 리촐라티Giacomo Rizzolatti 박사가 원숭이들의 운동 피질을 연구하던 중 발견했다. 리촐라티의 연구팀이 땅콩 줍기 활동을 하는 원숭이의 신경 활동을 기록하고 있을 때였다. 연구팀은 놀랍게도 원숭이가 직접 땅콩을 줍지 않고 다른 원숭이가 땅콩 집는 것을 보는 것만으로도 뇌 속의 동일한 뉴런이 활성화된다는 사실을 발견했다. 이 뉴런 시스템은 원숭이들이 물리적인 작업을 수행할 수 있도록 해주기도 하고 다른 사람의 행동을 모방하게도 만들기 때문에 '거울 뉴런 시스템'이라는 이름이 붙여졌다.

인간의 경우에는 다른 사람들이 테니스를 치거나 수영을 하거나 걷는 것을 볼 때, 눈을 감고 우리 자신 혹은 다른 사람이 이런 행동을 하는 것을 상상할 때 거울 뉴런이 활성화된다. 그래서 스포츠 경기를 보거나 스스로 운동하는 것을 그려보는 것만으로도 성과를 향상시킬 수 있다. 이 네트워크 또한 사용할수록 강화되기 때문이다. 다른 사람이 어떤 일을 하는 것을 보고 모방하려고 노력하는 것은 어린 시절의 학습 방법이기도 하다. 성인의 경우에는 유대가 강하게 형성된 사람에 대해 무의식적인 모방 행동이 늘어난다. 앞서 언급한 토니 잭과 리처드 보이애치스의 연구가 이를 뒷받침한다. 공감 리더에 대해서 생각한 사람들의 뇌를 스캔해봤더니 거울 뉴런 시스템의 활동이 증가한다는 것이 드러났다. 그들의 존재 방식이나 행동 방식에 적응하기가 더 쉬워지는 것이다. 반대로 불협 리더와의 경험을 기억하는 것은 거울 뉴런 시스템의 활동을 감소시켜 무의식적인 행동 모방에 장벽을 세웠다.

감정에도 이와 비슷한 규칙이 적용된다. 공감 모드에 있을 때는 우리의 감정이 다른 사람에게 영향을 미치고 그들의 감정이 우리에게 영향을 미침으로써 감정적으로 다른 사람과 진정한 유대를 맺을 가능성이 더 높다. 여기에는 개인차가 있어 공감 부분에서 높은 점수를 받는 사람도 있고 낮은 점수를 받는 사람도 있다. 하지만 누구나 공감 모드에 있을 때(DMN을 활성화시킬 때)는 불협 모드에 있을 때(TPN을 활성화시킬 때)보다 공감력이 훨씬 높아진다. 이 부분은 아무리 강조해도 지나치지 않다. 의도가 아무리 좋더라도 과제에 집착하는 마음으로 TPN에 갇혀 있게 되면 우리는 다른 사람에게 진심 어린 주의를 기울일 수 없다. 물리적으로 불가능한 것이다. 그래서 상황에 따라 TPN과 DMN 사이의 '전환'을 연습해야 한다. 그래야 상대가 우리를 필요로 할 때 함께할 수 있고 책임진 과제를 완수할 수 있다. 이들 모드 사이를 많이 오갈수록 전환은 더 쉬워지고 빨라진다. TPN에서 보내는 시간이 길어지면 사회적 상황에서 DMN으로 전환하는 것이 점점 더 어려워진다. 반대도 마찬가지다. DMN에 있는 시간이 길어지면 집중력 있게 과제를 수행하는 것이 어려워지고 이에 따라 세부적인 부분에서 주의가 필요한 분석적 과제의 성과와 생산성이 떨어질 수 있다.

이 장을 마치며: 더 좋은 멘토가 되는 기술

우리의 행동과 감정이 다른 사람에게 영향을 준다는 의미에서 우리 모두는 리더가 될 수 있다. 우리는 의식적으로 또 무의식적으로 다른 사람에게 영향을 준다. 당신이 행복을 느끼는 생활 영역에서 리더십을 발휘했다면 이는 당신이 대단히 건전한 상호작용 습관을 개발해왔고 의미있는 인간관계를 맺고 있으며 임무를 완수하기 위해 불협 모드로 전환할 수 있다는 의미다.

당신이 사람들과 깊은 관계를 맺는 데 어려움을 느끼고 전반적으로 다른 사람의 행동 뒤에 있는 동기를 이해하지 못한다면 DMN을 개발해서 공감력을 키워야 할 것이다. 이런 방법은 연구자, 데이터 분석가, 프로그래머, 회계사 등 분석적인 일을 하며 TPN의 활동을 완벽하게 해온 사람들에게 특히 유용하다. 이런 직업 영역에서는 진급을 하면서 자연스레 사람들을 관리하는 일을 맡게 되는데, 많은 이들이 이런 상황에서 자신은 사람들을 이해하고 그룹을 이끌 자신이 없다고 내게 이메일을 보내곤 한다. 이런 전환에는 종종 시간이 걸린다. 사회적 상황을 이해하기 위해 DMN을 개발해야 하고, 알맞은 때에 공감 스타일을 선택하는 새로운 기술이 필요하기 때문이다. 내게 찾아온 많은 이들이 이 상황이 겁이 난다고 털어놓는다. 이전에 그들은 그 분야의 전문가로서 자신의 일을 거의 100퍼센트 통제할 수 있었기 때문이다. 따라서 계속 그런 식으로 다른 사람들의 행동을 지시하면서 불협 모드를 유지하는 것이 그들에겐 익숙하고 유혹적이다. 공감 리더십으로 발을 들이는 것이 이질적이고 힘겨운 일로 느껴지는 것이다.

이러한 문제를 해결하려면 먼저 사람들을 돕고자 하는 욕구와 솔직한 관심이 필요하다. 우리의 뇌는 누군가가 이익을 얻기 위해서 혹은 상황을 조작하기 위해서 하는 가짜 행동을 쉽게 알아차린다. 이런 행동으로는 공감 리더십을 만들 수 없다. 나는 클라이언트들에게 함께 일하는 동료들에 대해서 천천히 알아가 보라는 조언을 한다. 나는 종종 이렇게 청한다. "당신이 관리하는 사람들에 대해서 이야기해주세요." 이렇게 물어보면 당황하는 클라이언트들이 많다. 맡겨진 과제만 생각하느라 그리고 직원들에게 똑똑한 리더로 보이고자 노력하느라 바빴을 뿐, 그들을 알아가려 하지 않았기 때문이다.

애인, 가족, 친구, 자녀와의 사적인 관계에서도 마찬가지다. 우리 모두는 있는 그대로의 모습으로 사랑받고 인정받기를 원한다. 때문에 공감 스타일의 인간관계는 사람들에 대해서 더 깊이 있게 알 수 있도록 한다. 불협 스타일의 인간관계는 무시당하고 있는 듯한 느낌, 투명인간이 된 듯한 소외감을 준다. 리더십으로 관리하기 가장 까다로운 문제는 스트레스다. 마감에 쫓기고, 재정적 압박을 받고, 능력 밖의 일을 하고, 일과 가정생활에 문제가 있는 상황에서는 누구나 자연스럽게 불협 모드에 들어가기 때문이다. 이때는 좋은 수면 습관, 규칙적인 휴식, 적절한 영양 등 스트레스를 줄이는 활동들이 중요한 역할을 하지만 그보다는 스트레스의 원인을 처리하는 것이 더 중요하다. '월말인데 월세를 낼 돈이 없다'처럼 스트레스의 원인이 명확한 경우도 있지만 대부분의 스트레스는 다양한 영역에서의 미묘한 갈등들이 더해져서 생기기 때문에 밝혀내려면 더 심도 높은 작업이 필요하기도 하다.

직원들의 사기를 북돋는 좋은 리더가 되기 위해서는 다음의 사항들을 고려해야 한다.

1. 다양한 상황에서 당신이 어떤 리더십을 발휘하는지 인식하고 상황에 따라 어떤 리더십 유형이 적절한지 평가해야 한다.

2. DMN과 TPN은 서로를 억제한다. 그러므로 분석적 과제와 사회적 과제를 분리해야 두 과제 모두에서 좋은 성과를 얻을 수 있다.

3. 당신이 영향을 미치는 사람들이 어떤 스타일을 필요로 하는지 알아야 한다. 작업에 집중해야 하는가? 공감과 사회적 연결이 필요한 상황인가?

4. 스트레스와 피로는 자연스럽게 불협 모드가 되게 만든다. 따라서 공감 모드를 유지하기 위해서는 스트레스를 감소시키고 에너지를 재충전해야 한다.

5. 우리는 거울 뉴런 시스템으로 서로 연결되어 있어 감정과 행동에 전이가 일어난다. 따라서 당신의 리더십 스타일이 다른 사람들의 감정과 정신 상태에 영향을 끼칠 수 있다는 점을 기억하며 리더십을 발휘할 수 있어야 한다.

• 제8장 •

상처받은
내면 아이와
화해하는 법

이 장에서는 인간관계의 중요성과 그 관계가 우리 두뇌에 미치는 영향에 대해 알아볼 것이다. 대부분의 사람은 처음 사랑에 빠졌을 때 설렘이나 배려심 깊은 친구, 끈끈한 유대를 형성한 동료가 주는 만족감을 경험해보았을 것이다. 이러한 감정은 옥시토신이라고 불리는 화학물질로 만들어진다.

옥시토신은 우리의 기분을 좋게 할 뿐만 아니라 뇌 가소성을 증가시키고, 만성 스트레스의 부정적인 영향으로부터 뇌를 보호하고, 뇌가 잘 기능하도록 돕는다. 반대로 예측할 수 없고 사사건건 따지고 드는 등 스트레스를 주는, 소위 적대적 관계adversarial relationship라고 불리는 인간관계는 정반대의 작용을 한다. 그런 관계는 뇌 가소성을 감소시키고, 창의력을 발휘하지 못하게 하고, 공감 능력을 떨어뜨리고, 만성적인 스트레스로 우리의 삶을 오염시킨다.

그렇지만 건설적인 관계를 만드는 일은 쉽지가 않다. 각각의 사람은 전혀 다른 뇌를 가지고 있고 서로 다른 뇌로 사고와 커뮤니케이션을 하기 때문이다. 이는 우리가 같은 사건을 두고도 완전히 다른 반응을 보일 수 있다는 의미다. 그래서 자신의 뇌로 다른 사람의 행동을 이해하려고 할 때 종종 문제가 발생한다. 무의식적으로 상대방도 우리와 같은 방식으로 생각한다고 전제하기 때문이다. 그래서 오해가 발생하는 것이다.

다른 사람이 나와 다르다는 것을 이해한다고 모든 문제가 해결되느냐 하면 그렇지도 않다. 나와 타인의 다름을 이해해도 여전히 우리는 오해를 받고 있다고 느낀다. 그리고 이는 자신의 행복과 인간관계의 역학에 영향을 미치게 된다. 더욱이 관계는 진행됨에 따라 여러 단계를 거치는데 그때마다 우리 뇌 속에서도 많은 일이 생긴다. 이것이 문제를 한층 더 어렵게 만든다. 이 같은 여러 인간관계 문제들을 해결하기 위해 이 장에서 우리는 관계의 다양한 단계에서 어떤 일이 일어나는지, 진정한 동반자 관계와 지속적인 우정과 사랑을 만드는 데 결정적인 요소가 무엇인지 알아볼 것이다.

어린 시절의 내가 지금의 관계를 만들었다

우리는 태어난 순간부터 어쩔 수 없이 관계에 영향을 받는다. 우리가 형성하는 1차적 관계는 부모나 다른 양육자와의 관계다. 부모 및 양육자와의 관계 역학을 기반으로 다른 종류의 애착을 발전시키며 이것이 우리의 행동, 성격 특성, 장래의 관계에 영향을 미치게 된다. 그렇다면 애착에는 어떤 종류가 있을까? 하나씩 살펴보자.

1. 안정 애착secure attachment: 부모가 물리적으로 혹은 감정적으로 아이와 함께하면서 아이의 욕구를 알아차리고 효과적으로 충족시킬 수 있을 때 형성된다. 또한 부모는 명확한 기준을 설정하고 일관된 행동을 한다. 아이가 화가 났을 때는 이 상태를 인정하고 달래준다. "고양이 때문에 무서웠어? 겁이 나는 동물도 있지. 하지만 이 고양이에 대해 좀 알아보려고 노력해보면 어떨까? 사실 친근한 녀석일 수도 있지 않겠어?" 같은 말을 하면서 말이다. 이로써 아이의 편도체는 세상이 안전한 곳이며 자신이 있는 그대로 사랑받고 있고 인정받고 있다는 것을 인지한다. 또한 양육자가 아이의 노력을 알아차리고, 격려하고, 축하해준다. "계단을 혼자 올라가려고 했어? 정말 용감한 어린이네."라고 말하는 것이다. 또한 필요하다면 부모는 건설적인 지원을 한다. 달리 말해 아이가 부모와 자신에 대한 긍정적인 이미지를 형성하는 것이다. 이로써 독립심, 자신감, 다른 사람과의 건강한 선 긋기, 적절한 감정적 친밀감을 발전

시킬 수 있다.

2. 거부-회피 애착dimissing-avoidant attachment : 양육자가 아이와 정서적으로 교감하지 못하고, 아이가 매우 어린 나이에 '자기 진정'self-soothing과 '자기 의존'self-reliance을 배워야 할 때 생긴다. 이런 정서적 부재는 힘든 업무, 출장, 중독, 우울증, 대가족, 가족 구성원의 질병 등의 여러 이유로 일어날 수 있다. 아이는 도움이 필요한 순간에 진정으로 함께 해줄 사람이 아무도 없다는 인지를 발전시키게 된다. 이런 이유로 자립이 필요치 않을 때에도 자립해야 하며, 다른 사람들과 동떨어져 있고, 감정적 욕구를 충족시킬 수 없다는 감정이 오랫동안 지속된다.

3. 몰두-불안정 애착preoccupied-anxious attachment : 주로 유전적 성향, 즉 기질과 일관되지 않은 양육이나 무반응 양육의 결과로 발생한다. 일관되지 못한 메시지를 받으면 아이에게는 혼란과 안정감 부족, 양육자에 대한 집착이 생긴다. 이 아이들은 성인이 되어서도 인간관계에 과도한 투자를 하게 되며, 다른 사람들의 인정에 의존해 자존감을 형성한다. 이런 애착 성향을 가진 사람들은 많은 확신과 긍정적인 격려가 있어야 잘 성장할 수 있다. 즉 관계에 대해 진정으로 관심을 가진 상대와 감정적인 유대를 형성하는 인간관계에서 안정감을 얻을 수 있다.

4. 공포 애착fearful attachment : 예민한 기질에 덧붙여 아주 어린 시절에 경험한 거부와 비난에서 이런 애착 유형이 비롯된다. 이 경우 성인이 되면 인간관계를 형성하고 싶지만 동시에 상대의 거부에 대한 끊임없는 공포를 가진다. 결과적으로 관계에 과도하게 집착하는 자신감 없는 사

람이 된다. 지속적인 유대와 애착을 경험하면 안정감과 위로를 얻어 거부에 대한 공포를 줄일 수 있다. 하지만 이는 종속적 관계 패턴으로도 이어질 수 있다.

이렇게 한 번 형성된 애착 유형은 바꿀 수 없는 걸까? 그렇지 않다. 어린 시절의 트라우마로부터 치유되면 우리는 얼마든지 다른 애착 유형을 발전시킬 수 있다. 이 같은 점을 증명하기 위해 나의 실제 이야기를 들려줄까 한다.

나는 터울이 적은 다섯 명의 형제들과 성장했다. 어머니는 유치원에서 교사이자 책임자로 풀타임 근무를 했다. 아버지 역시 전기 엔지니어로 매일 직장에 나갔고 여가 시간에는 체스 대회에 참가했다. 오빠와 내가 어릴 때까지만 해도 아버지는 대단히 세심하고 재미있는 분이었다. 하지만 안타깝게도 알코올에 중독되면서 변했다. 가족으로부터 멀어졌고 대부분의 시간을 작업실에서 체스를 두고 술을 마시면서 보냈다. 우리에게는 소, 돼지, 닭, 채소를 키우는 작은 농장과 큰 과수원이 있었는데 어머니와 우리 다섯 형제가 전부 관리해야 했다. 어머니는 능력에서 한참 벗어나는 일을 해야 했다. 아침 8시부터 저녁 6시까지 요리를 하고, 청소를 하고, 남는 시간에는 농장의 동물들을 돌봤다. 어머니는 새벽 4시 30분에 일어나 매일 밤 11시에 잠자리에 들었다. 부모님은 아버지의 음주, 농장 일에 참여하지 않는 것, 아이들에게 좋은 본보기를 보이지 않는 것 때문에 자주 말다툼을 했고, 그럴수록 아버지는 술을 더 마셨다.

장녀인 나는 엄마가 농장에서 일을 하시는 동안 어린 여동생들을 돌봤다. 나는 엄마와 동생들을 보호하는 강한 사람이 되어야만 한다고 느꼈다. 10대도 되지 않은 어린아이에게는 너무 큰 책임처럼 느껴졌다. 나는 확연한 회피 애착을 갖게 되었고, 대단히 자립적인 사람으로 자랐다. 대학 시절에는 감정적 교감이 불가능한 남자들과 사귀었다. 나의 가장 큰 꿈은 진정한 동반자 관계를 맺을 수 있는 누군가와 행복한 가정을 꾸리는 것이었지만 치유할 방법을 찾지 않는 한 불가능한 꿈이었다.

불행히도 내 포유류 뇌는 내가 아버지와 맺었던 관계와 비슷한 느낌을 주는 사람들, 즉 감정적 유대를 형성할 수 없는 사람들에게 끌렸다. 박사 과정을 밟던 때처럼 힘든 시기를 지나고 있을 때, 나를 투명 인간 취급하는 정서적으로 교감할 수 없는 상대들을 만나면서 많은 고통을 느꼈다. 인간관계에 강한 애착을 발전시키자 애착 유형이 거부-회피형에서 몰두-불안정형으로 변화하면서 그 관계에 집착하기 시작했다. 나의 편도체는 애인과 함께 있을 때는 안정감을 얻었고 떨어져 있을 때면 불안해했다. 자연히 함께 있는 시간이 많아졌다. 처음에는 좋았지만 친구, 운동, 내가 좋아하는 하는 일에 많은 시간을 투자하지 못하는 등 생활의 다른 영역들에 피해가 갔다. 애인과 떨어져 있어야 하는 일이라면 모든 기회를 거절했다. 나는 상대에게 매달렸고 상대에게 많은 자유를 허락하지 않았으며 그 상황 때문에 내면에서는 고통을 받았다. 그런 이유로 나는 의존적인 관계를 건강한 선 긋기를 하는 보다 건설적인 동반자 관계로 변화시킬 방법을 찾기 시작했다.

상황을 있는 그대로 바라봐야 한다. 트라우마를 치유하려면 인간관계 패턴의 근본 원인을 이해해야 한다. 이를 위한 가장 유용한 방법은 정신과 의사인 에릭 번Eric Berne이 개발한 '내면 아이 치유'inner child healing 기법이다.

내 안의 어린아이가 울고 있다

번에 따르면 우리 각자는 내면의 어른inner adult, 내면의 아이inner child, 내면의 부모inner parent, 이렇게 세 가지 인격을 갖고 있다. 우리는 상황과 두뇌 활동에 따라 각각의 인격이 된다. 좀 더 자세히 설명하면 이렇다.

- '내면의 어른' 상태는 전전두피질이 적절히 작동하고 활발한 상태에서 만들어진다. 이 상태에서 우리는 이성적이고, 객관적이며 현재의 상황을 균형 잡힌 방식으로 평가하면서 나와 다른 사람의 욕구와 감정을 이해할 수 있다.
- '내면의 아이'는 포유류 뇌 지배 상태를 나타낸다. 편도체가 자극을 받기 전까지는 밝고 장난스럽다. 그러다 편도체가 자극을 받으면 질투, 분노, 공격 등 감정적 반응을 만들어낸다.
- '내면의 부모' 상태는 성장기에 각인된 행동과 커뮤니케이션 스타일을 나타낸다. 어린 시절에 많은 비난을 경험한 사람들은 대단히 비판적인 내면 부모의

목소리를 가지고 있다. 일관된 메시지를 받으며 성장한 사람들은 보통 세심하고 배려가 많은 내면의 부모를 발전시킨다.

이와 같은 내면 아이의 상처와 내면 부모의 스타일이 조합되어 개인의 트라우마 행동을 만들게 된다. 내면 아이의 상처는 어린 시절 그리고 이전의 연인 관계에서 경험한 것에 따라 유기, 죄책감, 신뢰, 방치의 범주로 나뉘는데 나는 이 중 유기 상처와 깊은 연관이 있다. 나는 연인과 함께할 때 가장 큰 행복감을 느끼며, 나의 편도체는 장시간 애인과 떨어져 있으면 불안해한다. 이성적으로는 말이 되지 않는다. 나는 애인에게 아무 문제가 없고 그가 곧 돌아올 것이라는 점을 알고 있다. 그가 나를 떠난다는 징후는 전혀 없다. 하지만 포유류 뇌는 이성적으로 생각할 수 없기에 설득할 수가 없다. 포유류 뇌는 상황을 객관적으로 평가하지 못하기 때문이다.

내면 아이 치유의 3단계

나는 편도체의 치유를 위해서 다음과 같은 단계를 거쳤다.

1. 내면 부모 재교육: 이성적 내면 어른(전전두피질)을 이용해서 내면 부모(전전두피질과 포유류 뇌 중추의 조합)를 교육시키면 유기를 두려워하는 내면 아이를 달랠 수 있다. 비판적인 내면 부모는 내면 아이에게 '넌 불합리한 짓을 하고 있어. 제발 그만해'라는 부정적인 마음의 소리를 만

들어내면서 아이에게 핀잔을 준다. 하지만 이것은 내면 아이의 기분을 더 상하게 만들어 결국 악순환을 낳는다.

2. 내면 아이의 감정 인정: 내면 부모의 배려심 있는 메시지는 내면 아이의 주관적인 경험을 인정하고 안정감을 주며 세상을 보는 새로운 시각을 제시한다. '네가 겁먹고 외롭게 느낀다는 것을 알아. 하지만 넌 혼자가 아니야. 내가 여기 있잖아. 너를 정말로 아끼는 다른 많은 사람들도 있고 말이야. 넌 예쁘고 재능 있는 아이고, 인간관계에서 상대에게 줄 수 있는 많은 것을 갖고 있어. 네 상대는 너를 진심으로 사랑하고 그 사랑을 매일 보여줄 거야.' 이는 균형감을 주고 내면 아이의 사고를 사려 깊고 부드러운 방식으로 확장시킨다.

3. 내면 아이의 욕구를 이해하고 충족시키기: 내면 부모는 내면 아이에게 이렇게 질문한다. '지금 네가 원하는 것은 뭐니? 내가 어떻게 도와주면 네 기분이 나아질까?' 이런 식으로 우리는 포유류 뇌 중추가 충분히 충족시키지 못한 욕구가 무엇인지 알 수 있다. 안정감인가? 인정인가? 애정과 유대인가? 이런 질문으로 어떤 욕구를 가지고 있는지 알아보고, 내면 아이가 그것을 충족시키는 데 어떤 도움을 줄 수 있을지 생각해본다. 예를 들어 안정감은 목욕이나 기타 자기 관리 행동과 같은 마음을 안정시키는 의식으로 쉽게 충족시킬 수 있다. 혹은 내면 부모가 지금 당신의 삶에서 잘 되어 가고 있는 것을 내면 아이에게 설명해주는 일, 예를 들어 '내가 겁을 먹었다는 것을 알아. 하지만 우리는 충분한 저축이 있고 재정적으로 매우 안정적인 상태에 있어. 또 건강하게 지낼 수 있는

안락한 집이 있지'와 같은 말을 통해서 충족시킬 수 있다. 내면 아이 치유를 이전에 해본 적이 없다면 이런 종류의 내면 대화를 하는 것이 이상하게 느껴지고 그래서 꺼려질 수 있다. 그런 경우라면 내면 아이 치유에 대해서 좀 더 많은 책들을 읽고 직접 평가를 해보는 것도 좋다. 이것은 내가 코칭하는 여러 클라이언트에게 권유하고 직접 사용해서 좋은 결과를 얻은 방법이다. 편도체를 달래 감정적 반응, 집착, 후회를 줄이는 내면의 방법을 찾는다면 전전두피질이 지배하는 균형 잡히고 객관적인 내면 어른의 관점에서 상황에 반응할 수 있게 될 것이다.

과거의 트라우마는 쉽게 변화시킬 수 없다. 변화가 일어나려면, 즉 새로운 네트워크를 구축하려면 트라우마와 반대되는 상황에 반복적이고 지속적으로 노출되어야 한다. 흥미롭게도 뇌 가소성은 우리가 애정 어린 일관된 인간관계를 맺고 있을 때 옥시토신이 분비되면서 더욱 강화된다. 옥시토신은 신뢰와 안정의 감정을 만들어 두뇌가 번영 모드thriving mode로 바뀌게 하는 즉각적인 효과를 낸다. 그런 상태에서라면 학습이나 변화와 같은 호사를 누리는 일이 가능하다. 몸과 뇌가 긴장을 풀고 부교감신경계로 전환해서 신피질에 충분한 산소와 영양을 공급하는 것이다. 이는 관점과 행동 패턴에 다양한 선택지를 제시해 상황을 훨씬 더 객관적인 방식으로 볼 수 있게 해준다. 번이 말한 내면 아이 치유 기법에 따라 과거의 트라우마 대신 내면 어른의 입장에서 현재 상황에 반응할 수 있게 되는 것이다. 어린 시절이나 과거에 상처가 되는, 심지어는 정신적 상처를 남긴 관계를 경험했더라도 우리는 새로운 네트워크를 구축하고 강화해, 포유류 뇌 중추에 안전하다는 신호를 보낼 수 있다. 이로써 애착 유형의 점진적인 변화도 가능해진다.

반면에 스트레스를 유발하는 예측 불가능한 관계는 뇌를 생존 모드survival mode로 몰아넣는다. 이때 우리는 편도체가 지시하는 것에 따라 움직인다. 적대적 관계는 만성적으로 코르티솔 수치를 높이고 이는 뇌 가소성을 억제해 낡은 패턴을 변화시키는 일을 믿을 수 없을 정도로 어렵게 만든다. 편도체 지배 사고는 현실을 왜곡해 행동의 선택지를 한층 더 줄인다. 그러면 과거의 상처가 표면으로 올라와 반응성을 증폭시킨다. 이런 관계를 더 많이 맺으면 맺을수록 이 낡은 두뇌 네트워크는 강해지면서 시간이 갈수록 더 완고한 패턴이 만들어진다. 그런 식으로 행동하면서 상대에게 거부당하고, 비난을 받고, 심지어는 버려지며 이는 편도체의 트라우마를 가중시킨다(이를 '편도체 과민감화'라고 부른다). 이런 악순환은 우리를 더 민감하게 만들어 해로운 애착 유형을 강화한다.

따라서 이런 영역에 갇히지 않기 위해서는 나와 적합한 사람들과 함께 있어야 한다. 하지만 우리는 때론 자석처럼 '나쁜 사람'이라고 부르는 상대에 끌리곤 한다. 매번 말이다. 왜 이런 것일까? 누군가를 만나서 '화학 반응'을 느끼거나 외모에 강하게 끌릴 경우, 거기에 저항하려면 엄청난 노력이 필요하다. 그들의 행동에서 강한 위험 신호를 보더라도 말이다. 왜 그런 것일까? 여기에 대해서 우리가 할 수 있는 일은 없을까?

나는 왜 그 사람에게 꽂혔을까

"왜 해로운 사람에게 끌리는 건가요?"

인간관계에 대한 코칭 수업이나 세미나를 하다 보면 이러한 질문을 정말 많이 받는다. 심리치료사이자 베스트셀러 저자인 하빌 헨드릭스Harville Hendrix는 그의 책《세계 최고의 커플테라피 이마고》에서 이런 모순의 근본 원인을 설명하는 자신의 '이마고 이론'Imago Theory에 대해 이야기한다.

우리는 어린 시절 부모나 양육자에게 애착을 형성한다. 양육자의 어떤 특성이나 특정 행동은 우리에게 고통을 주지만 또 어떤 특성이나 특정 행동은 기쁨을 준다. 그런 식으로 긍정적 연상과 부정적 연상에 이어진 '친숙함'이라는 특성의 형태가 만들어지는 것이다. 이성적으로라면 부정적이라고 이름 붙인 모든 특성은 피해야 하는 것이 맞다. 하지만 포유류 뇌 중추는 친숙함에 끌린다. 그것이 안정감을 주기 때문이다. 어른으로 성장하면 우리의 가치관을 지지하고 어린 시절 가졌던 부정적 경험을 없애줄 사람을 선택할 것이라고 생각하지만 그렇지 않다. 전전두피질의 평가 목록 속에 있는 모든 사항을 만족시키는 사람을 만나도 포유류 두뇌 중추는 조용하기만 하다. 그 관계에는 기존에 입력된 '친숙함의 감각'이 없기 때문이다. 기억하라. 포유류 뇌의 인풋은 감정을 만드는 데 필수적이다. 따라서 침묵을 지키는 포유류 뇌로는 사랑에 빠지거나 외모에 매력을 느끼거나 그 사람과 시간을 보내고 싶은 욕구를 가질 수 없다.

반대로 양육자와 비슷한 특성을 가진 사람을 만나면 포유류 뇌는 나방이 빛에 끌리듯 그 사람에게 끌린다. 이유는 알지 못하지만(전전두피질은 포유류 뇌의 동기를 알지 못한다) 그 사람에게 빠져버린다. 그리고 이렇게 말한다. '오랫동안 알아온 사람 같아.', '공통점이 너무나 많아. 믿을 수가 없을 정도야.' 사실 이 시점에서 포유류 뇌는 '아빠(혹은 엄마), 우리 다시 만났군요!'라고 말하고 있다.

하빌 핸드릭스에 따르면 당신은 '이마고 짝'Imago match, 즉 포유류 뇌가 부모나 기타 양육자의 특성을 섞어서 구축한 이미지와 일치하는 사람을 만난다. 복측피개영역은 도파민을 생성시키고 그것을 측좌핵으로 보낸다. 측좌핵은 그 사람과 시간을 보낼 때 즐거움을 느낀다. 도파민은 매우 중독성이 강해서 내 삶을 온통 그 사람으로 가득 차게 만든다. 함께 있을 때에도 만족하지 못하고 떨어져 있을 때에는 그 사람에 대한 생각을 멈추지 못한다. 더구나 복측피개영역에는 전전두피질과 연결된 감마아미노뷰티르산이 가득한 뉴런들이 있어 비판적인 사고를 막음으로써 그 사람이 나에게 어울리는 사람인지 적절한 평가를 할 수 없게 만든다. 나는 그 관계에 점점 빠져들고 점점 많은 투자를 하며, 장점에 심취하고 단점에 눈을 닫는다. 이것이 연인 관계의 첫 단계인 '로맨틱한 사랑의 단계'다.

재키와 토니의 이야기를 예로 들어보자. 두 사람은 토니의 회사에서 개최한 파티에서 만났다. 책임감이 강하고 진지한 토니의 모습에 재키는 무의식적으로 자신의 일과 가족 부양에 헌신했던 아버지를 떠올렸다. 재키는 잦은 출장 때문에 아버지와 많은 시간을 보내지 못했지만 사랑과 배려를 받고 있다고 느꼈다. 재키는 아버지와 시간을 보내는 매주 일요일을 대단히 귀중하게 여겼고 아버지의 관심을 받기 위해 은연중에 오빠 팀과 경쟁을 했다. 토니는 여행과 고급 레스토랑을 좋아하고 언제나 친구들과 어울리는 부모 밑에서 성장했다. 토니는 내성적인 아이였고, 잦은 여행, 새로운 사람들, 부모가 강요하는 다양한 취미 활동이 주는 끊임없는 변화를 싫어했다. 그럼에도 흠잡을 데 없는 옷차림에 관심 분야가 다양하고 여행 경험이 많은 재키를 만나는 것에서 흥분을 느꼈고, 그의 포유류 뇌에게는 재키가 묘하게 친숙했다. 그들은 바로 눈이 맞았고 많은 시간을 함께 하기 시작했다.

연인 관계의 이 로맨틱한 사랑 단계에서 재키와 토니는 서로에게 너무나 몰두한 나머지 일시적으로 서로의 생활, 욕구, 우선순위가 모두 뒤섞이는 상태에 이르렀다. 그들은 그 관계에서 너무나 많은 보상을 얻었기에 다른 것들은 우선순위에서 모두 밀려났다. 불행히도 이 단계는 오래 지속되도록 설계되어 있지가 않다. 뇌의 보상 중추가 둔감해지면서 분비되는 도파민의 양이 줄어들고 상대에게 덜 열중하게 된다. 이로써 전전두피질이 끼어들어 상대에 대한 보다 객관적인 시각을 제시한다. 일, 친구, 취미를 우선하기 시작하면서 관계의 역학이 변화하고 이는 갈등과 언쟁을 불러오게 된다. 하빌 헨드릭스는 이를 가르켜 이렇게 말한다. "권력 투쟁의 단계에 온 것을 환영한다."

사람의 매력이 단점으로 보이기 시작할 때

"왜 저는 제 관계에 만족하지 못하는 걸까요?"

클라이언트들은 종종 내게 이렇게 질문한다. 이 질문은 연인 관계의 역할에 대한 흔한 오해에서 비롯된다. 클라이언트들은 애인 혹은 배우자가 항상 든든한 힘이 되어주기를 바랄 뿐이라고 설명한다. 그러나 그들이 항상 힘이 되어주고 절대 비판적인 입장에 서지 않기를 기대하는 것은 현실적이지 않다. 우리는 각자의 가치 위계를 기준으로 세상을 보기 때문이다. 따라서 애인이나 배우자와 일부 공동된 가치관을 가질 순 있지만 그 이외에는 서로의 가치 체계에서 벗어나는 것이 보통이다.

재키와 토니의 이야기로 돌아가 보자. 재키는 도심에서 휴가를 보내는 것, 예쁜 옷, 재즈 콘서트, 친구들과의 외식을 좋아한다. 그는 시내에서 경영 컨설턴트로 일하며 자신이 번 돈의 대부분을 쓴다. 그래서 월말이면 종종 빚을 진다. 토니는 IT 사업에 전념하고 있다. 그는 아주 긴 시간 일을 하며 집에서는 배달 음식이나 간단한 요리로 식사를 하고 영화를 보면서 느긋한 시간을 가지기를 원한다. 그는 열심히 저축을 하며 돈을 현명하게 투자한다. 투자 포트폴리오를 고려하면 이미 은퇴가 가능하지만 그는 일을 사랑하고 돈을 더 많이 벌고 싶다. 재키가 유행을 타는 옷, 값비싼 콘서트, 고급 식당에 돈을 쓰는 것은 토니를 짜증 나게 한다. 그는 재키를 무책임하다고 묘사한다. 반대로 재키는 토니의 삶이 지루하게 느껴지기 시작한다. 다른 도시를 여행하고, 새로운 레스토랑을 탐색하고, 세계 최고 재즈 뮤지션의 음악을 즐기면서 함께 많은 시간을 보내지 못하는 것이 그녀에게는 처량하게 느껴진다. 둘 중 누가 옳을까? 정말 어리석은 질문이다. 당신의 가치관이 누구의 것과 가까운지에 따라 대답은 달라질 테니 말이다.

어린 시절의 경험은 우리의 가치관은 물론이고 다른 사람들의 행동에 대한 해석에도 영향을 미친다. 당신의 부모님이 대단히 검소했고 저축에 전념하는 사람이었는데 스키를 타러 가지 못하거나 다른 아이들이 유행하는 옷을 입을 때 값싼 옷을 입어야 했다거나 하는 식으로 그들의 태도가 당신에게 고통을 유발했다면 당신은 그러한 행동에 반항하는 경향을 갖게 된다. 권위 있는 인물이나 부모로부터 저축이 중요하다는 가르침을 받은 사람이라면 그는 토니를 책임 있는 사람으로, 재키를 철없는 사람으로 분류할 것이다. 돈에 부주의한 부모 밑에서 성장한 사람은 성인이 되어서 재정적인 안전을 추구할 가능성이 있다. 반대로 필요로 하는 모든 것에 돈을 펑펑 쓰고 사치스러운 삶을 사는 부모님에 대한 좋은 기억이 있다면 그 사람은 그런 삶에 매력을 느끼고 재키와 같은 생활 방식을 갖게 될 것이다.

이런 모든 경험이 쌓여서 보상 중추 혹은 고통 중추를 자극한다. 우리는 즐거움을 연상시키는 행동을 추구하고 고통의 기억을 부르는 행동을 회피하는 경향을 갖고 있다. 흥미롭게도 우리는 자신과 다른 가치관을 가진 사람을 만날 가능성이 높으며(토니와 재키처럼) 이는 확장과 성장의 욕구를 만든다. 로맨틱한 사랑의 단계에서 토니는 자신의 일에 크게 주의를 기울이지 않았고 기꺼이 일을 미뤄두고 재키와 시간을 보냈다. 그는 기꺼이 재즈 콘서트장을 찾았고, 고급 식당에서 식사를 했고, 재키의 여행 경험을 들으면서 전율을 느꼈다. 재키는 토니의 차분하고 친절한 성격에 깊은 인상을 받았다. 그녀는 그와 함께 있을 때 안정감을 느꼈고, 일에 집중하는 그를 감탄의 눈으로 바라봤다.

그러다 로맨틱한 애정의 단계가 끝나면 두 번째 단계인 권력 투쟁의 단계가 시작된다. 토니는 밀린 일을 하느라 바쁘고 이전만큼 재키에게 신경을 쓰지 못한다. 더구나 그들이 서로 감탄했던 특성들이 점점 거슬리기 시작한다. 처음 만났을 때는 행동의 차이가 흥분과 참신함으로 받아들여진다. 그러나 한동안 함께 지내다 보면 이런 차이가 충돌하고 자신의 가치관을 위태롭게 하기 시작한다. 재키의 화려하고 돈이 많이 드는 라이프스타일은 돈을 더 모으고 싶은 토니의 욕구와 상충된다. 일에 전념하는 토니의 생활 방식 때문에 재키는 여행을 할 수가 없다. 그녀는 두 사람이 떨어져서 긴 시간을 보내는 것을 원치 않기 때문이다. 그들은 서로 원망하기 시작하고 말다툼이 점점 늘어난다.

같은 곳을 바라보는 관계를 위하여

세 번째 단계인 '의식적인 파트너십' 단계에 이르려면 상대방을 있는 그대로 온전히 받아들이고 그들과 효과적으로 소통하고 협력하는 방법을 배워야 한다. 수용에 이르고 관점을 변화시키기 위해서 토니는 자신의 가치관을 재키의 가치관과, 재키는 자신의 가치관을 토니의 가치관과 결부시켜야 한다. 여기서는 존 디마티니 박사가 개발한 단계적인 가치관 질문 과정이 도움이 되는데, 다음과 같은 방식으로 이루어진다.

1단계: 토니는 제3장에서 다루었던 디마티니의 가치관 설문을 이용해서 자신의 상위 세 개 가치관을 확인해야 한다. 토니의 상위 세 개 가치관은 첫째는 일, 둘째는 재정, 셋째는 재키와의 관계로 나타났다.

2단계: 재키 역시 같은 설문으로 자신의 상위 세 개 가치관을 확인한다. 그녀의 상위 세 개 가치관에서 첫째는 연인 관계, 둘째는 여행이나 고급 식당에서의 식사, 재즈 콘서트와 같은 신나는 경험, 셋째는 심미적인 아름다움이었다.

3단계: 토니는 재키의 상위 세 개 가치관을 자신의 상위 세 개 가치관과 결부시켜 재키가 중요하게 생각하는 것이 그가 중요하게 여기는 것에 어떤 도움이 되는지 구체적으로 알아내야 했다. 목록은 다음과 같다 (여기서는 일곱 가지를 예로 들었지만 다른 가치 체계를 연결시켜 긍정적인 연계를 구축하기 위해서는 항목을 20가지 이상, 가능하다면 50가지 정도로 확장할 것을 권한다).

- 재키가 관계에 집중하는 덕분에 우리는 내 근무 일정에 맞추어 항상 함께 시간을 보낼 수 있다.

- 재키가 여행을 권유한 덕분에 해외에서의 사업 기회를 만들 수 있다.

- 재키는 훌륭한 외모를 가지고 있고 멋진 옷을 고르는 솜씨가 좋다. 그녀에게서 비즈니스 파트너들에게 회사를 대표하는 사람으로 더 좋은 인상을 줄 수 있는 방법을 많이 배울 수 있다.

- 새로운 활동에 늘 열려 있는 재키의 도움을 받아 새로운 사업 아이디어에 대한 내 시야를 넓힐 수 있다. 이는 장기적으로 재정적 융통성의 가능성 또한 높일 수 있다.

- 많은 시간을 함께 보내고 싶은 재키의 욕구는 내가 일에서 벗어나 시간을 더 많이 보내도록 해주며 따라서 내 전전두피질이 재충전을 하고 다음 날 보다 좋은 컨디션에서 일을 하도록 돕는다.

- 콘서트장에 가고 근사한 식사를 하고 재키와 함께 즐거운 시간을 보내는 것만으로도 뇌에서 도파민, 세로토닌, 옥시토신이 분비되어 신피질에 혈류가 더 많이 공급된다. 이는 나를 더 예리하고 창의적으로 만든다.

- 재키와 더 많은 시간을 보내면서 나의 DMN을 훈련시킨다. 그 덕분에 나는 직원들과 함께 일할 때 좀 더 공감적 리더가 되고 고객들과 더 깊은 유대를 맺을 수 있다.

4단계: 재키는 이전 단계에서 토니가 그랬듯이 토니의 중요한 가치를 자신의 가치와 연계시켜야 한다. 이 활동에는 가능한 창의적이고 개방적인 태도로 임해야 한다. 따라서 차분하고 충분히 휴식을 취한 상태에 있는 것이 좋다. 상대에 대해서 화가 난 상태이거나 상대의 행동에 상처를 받았을 경우, 우선 산책을 하거나 호흡 훈련을 해야 한다.

이런 활동은 가치 위계의 차이에서 생기는 충돌을 줄여준다. 상대보다 당신이 열등하다는 느낌을 갖고 있다면, 당신의 가치관을 다른 사람의 가치관과 연계시키는 수준까지 활동을 확장해보라. 당신이 중요하게 생각하는 것이 다른 사람에게 구체적으로 어떤 도움을 주고 있는가? 이러한 시도가 관계의 균형을 맞추는 데 유용할 것이다.

관계의 역학으로 자극받은 과거의 상처가 많을 때에는 앞서 논의했듯이 내면 아이 치유 기법을 이용해 편도체를 달래는 것이 중요하다. 다음 장에서는 토니와 재키가 보다 효과적인 소통을 시작하고, 상대가 자신의 말에 귀를 기울이고 자신을 존중하고 있다고 느끼고 타협에 이를 수 있도록 하는 데 무엇이 필요한지 논의할 것이다. 하지만 그전에 심리학 교수인 존 가트맨John Gottman이 20년간의 인간관계 연구를 통해 개발한 성공적인 인간관계의 일곱 가지 원칙을 살펴보자.

흔들림 없는 관계를 만드는 일곱 가지 원칙

존 가트맨 박사는 무엇이 성공적이고 오래 지속되는 관계를 만드는가에 호기심을 느꼈다. 결혼생활 상담이 큰 인기를 모으는 가운데에서도 지난 50년 동안 미국을 비롯한 전 세계의 이혼율이 치솟는 것을 지켜보면서 그는 성공적으로 결혼생활을 영위하는 부부가 있는 반면 실패하는 부부가 있는 이유를 파악해보기로 결심했다. 이를 위해 그는 아파트먼트 랩Apartment Lab 혹은 러브 랩Love Lab이라고도 부르는 연구실을 만들었다. 이 연구실 안에서 부부는 24시간 동안 평소에 하던 일을 한다. 다만 그 과정이 촬영되고 그들의 스트레스 수치가 모니터된다는 점이 다를 뿐이다. 부부가 그런 식으로 주말을 보내는 것이 이상하게 들리겠지만 대부분의 커플이 그 상황에 쉽게 적응하고 평소대로 여가 시간을 보내면서 끝나지 않는 의견 차이에 대해서 논의한다. 다음 장에서 나는 무엇이 긍정적이고 건설적인 커뮤니케이션을 만드는지, 관계를 파괴하는 커뮤니케이션 스타일은 어떤 것인지에 대한 이야기를 할 것이다. 우선은 견고하고 오래 지속되는 인간관계 구축을 위한 일곱 가지 핵심 원칙을 살펴보기로 하자.

가트맨이 '달인'master이라고 이름을 붙인 커플은 이 일곱 가지 단계에 대단히 능숙하며 자연스럽게 이 단계들을 실행하거나 혹은 이 단계들을 실행해야 한다는 점을 기억하는 데 의식적인 노력을 기울인다. '실패자'disaster라는 이름을 얻은 커플들은 각 단계에서 매우 낮은 점수를 받으며 그 목적을 이해하지 못하는 경우가 많다.

다음의 조언은 '달인'과 '실패자'의 중간에 있는 커플들, 아직은 함께하고자 하지만 점점 멀어지고 있다는 느낌을 받는 커플들에게 효과가 있을 것이다. 처음 세 개의 원칙은 우정의 강화를 다루며, 다음 세 개의 원칙은 갈등의 해결을, 마지막 원칙 하나는 가장 높은 수준의 유대, 즉 공동의 의미 창출을 다룬다.

원칙 1. 상대에 대해 계속 알아간다

투명 인간 취급을 받는다고 느껴지면 관계에서 안정감, 인정, 유대감을 느낄 수 없다. 따라서 유쾌하고 오래 지속되는 파트너십을 위해서는 서로를 진정으로 이해하고 정기적으로 상대의 내면 지도를 업데이트할 필요가 있다. 그렇게 하는 동안 상대가 당신과 다른 상황을 경험하고 사고한다는 생각을 강화하는 것이다. 또 중요한 사안에 대한 서로의 생각과 느낌을 공유하는 일은 지레짐작이나 추측을 줄이고 결과적으로 더 나은 이해와 정서적 유대, 친밀감으로 이어진다.

상대에게 개방형 질문을 던지는 것으로 시작하자. '당신이 가장 즐기는 활동은 뭐죠?', '직장에서 경험하는 스트레스는 뭐예요?', '당신이 가장 두려워하는 것은 뭐죠?', '아이를 키우는 일에서 당신이 가장 즐겁게 여기는 부분은 무엇인가요?', '다음 5년에 대해 어떤 꿈을 갖고 있나요?' 이런 질문은 너무 당연한 것처럼 보인다. 너무 당연해서 답을 알고 있다고 생각하기 때문에 혹은 상대가 내가 알고 있을 것이라고 기대할까 봐 이런 질문을 던지기가 꺼려질 수도 있다. 하지만 우리는 각자의 사고방식에 따라 그저 짐작을 할 수 있을 뿐이다. 짐작 말고 진짜 답을 앎으로써 상대의 내적 메커니즘에 대해 더 많은 지식을 얻을 수 있고 상대도 소외된 기분에서 벗어날 수 있을 것이다.

깊은 욕망, 두려움, 꿈, 과거의 경험, 현재의 문제와 성공 등 당신의 내적 세계에 대한 의미 있는 정보를 공유하는 것도 중요하다. '함께 나누는 것이 곧 사랑'이라는 말은 커플들이 명심해야 할 구절이다. 의미 있는 질문을 던지고 중요한 정보를 서로 공유한다면 오래 지속되는 우정과 파트너십에 이르게 될 것이다.

원칙 2. 호의와 존경의 마음을 키운다

좋아하고 존경하지 않는 사람에게 오래 지속되는 진정한 사랑의 마음을 가질 수는 없다. 주로 외적인 매력을 기반으로 하는 로맨틱한 사랑의 단계에는 이를 수 있지만 그런 시기는 곧 지나간다. 지속적인 사랑과 우정은 상대를 있는 그대로 받아들이고 포용할 때만 가능하다. 상대방의 가치관을 당신이 우선하는 세 개의 가치관과 연계한다면 보다 긍정적인 방식으로 차이를 보는 데 도움이 될 것이다.

장기적인 관계에서 호의와 존경의 마음에 다시금 불을 붙이는 또 다른 방법은 관계의 시작을 회상하고 이런 이야기들을 공유하는 것이다. 두 사람이 어떻게 만났나? 두 사람이 서로 끌린 이유는 무엇이었나? 당신들이 보낸 최고의 휴가는 어떤 것이었나? 상대는 어떤 재능을 갖고 있는가? 상대가 우선순위에 두는 세 개의 가치는 무엇인가? 시간이 가면서 해결되지 않은 갈등과 분노가 쌓이면 우리는 상대에 대해 부정적인 편견을 키운다. 편도체는 상대가 잘못한 것에만 관심이 있고 그들이 한 근사한 일은 완전히 무시한다. 이때 상대가 당신을 위해 희생을 했던 상황에 주의를 기울이고, 상대의 가치관을 당신의 가치관과 연계시킬 방법을 생각한다면 편도체 편향의 균형을 잡을 수 있다. 그리고 나면 상대가 어떤 사람인지에 대한 보다 객관적인 시각을 갖게 될 것이다. 거기에서 멈추지 말라. 당신이 어떤 것에 대해서 감사함을 느끼는지 그리고 어떤 부분에 감탄하는지 함께 상대방과 공유하라. 긍정적인 것을 서로 공유하는 습관을 개발해서 어려운 시기를 대비한 완충 장치를 만들어라.

원칙 3. 멀어지는 대신 서로를 향해 움직인다

파트너와 상호작용을 할 때는 심리적인 안정, 인정, 진정한 유대를 위한 관심과 노력과 시간이 필요하다. 기분이 언짢거나 너무 바쁠 때는 만나서 이야기를 나누지 못할 수 있다. 이런 시기에는 자신이 처한 상황을 설명한 후 상호작용을 조금 나중으로 미루는 것이 중요하다.

때로 우리는 파트너와의 유대, 파트너에 대한 관심을 거둠으로써 인정 욕구를 채우는 잘못된 습관을 키우기도 한다(예를 들어 '그는 어제 내 이야기를 들어주지 않았어. 그러니 나도 그가 하는 얘기를 무시할 거야.'). 이런 방법은 관계에 무척 해롭다. 그보다는 특정 상황에서 당신이 어떤 감정을 느끼는지 보다 솔직하고 투명하게 이야기해야 한다. '당신 이야기에 무척 관심이 있어. 하지만 우선 내가 해야 할 말이 있어. 지난밤에 그날 있었던 일을 당신에게 털어놓고 싶었는데 당신은 관심이 없어 보였어. 그래서 기분이 정말 울적했어. 내게는 우리의 유대와 서로 교감하는 일이 대단히 중요하기 때문이지. 어제 저녁 당신에게 무슨 일이 있었

는지 얘기해줄 수 있겠어? 그렇다면 그 행동을 이해할 수 있을 것 같아.'
까다로운 상황을 다룰 때는 솔직함과 투명함이 필수다. 입을 닫고, 의도
적으로 회피하거나 포기하는 것은 일시적인 위안을 줄지 모르지만 장기
적으로는 관계를 갉아먹는다.

커플이라면 서로를 투명 인간으로 취급하는 상황을 만들지 않기 위해
상대가 얘기할 때 손을 잡거나 눈을 응시하거나 전화기를 내려놓거나
TV를 끄는 것과 같은 자신들만의 의식적 행위를 만들어두는 것도 좋다.
이런 일은 명쾌하고 분명하게 의논해야 한다. 대화를 할 때 상대가 어떤
태도를 취하는 것이 가장 좋은지, 투명 인간처럼 느껴지거나 입을 다물
고 싶게 만드는 행동에는 어떤 것들이 있는지 이야기하는 것이다.

원칙 4. 관계를 함께 만들어간다고 생각한다

장기적인 관계에서는 완벽한 독립이나 완벽한 의존이 오래 지속될 수
없다. 성공적으로 오래 지속되는 관계를 맺기 위해서는 두 사람이 관계
의 역학을 공동으로 만들어가야 한다. 이런 소위 '상호의존적 관계 역
학'에서는 당사자 두 사람이 개인적으로 양육과 집안일의 분담, 돈 관
리, 생활 방식 등에 차이가 있다는 점을 받아들여야 한다. 두 사람이 일
을 100퍼센트 자기 방식으로 하려 한다면 적대적인 관계가 만들어지고
그런 관계에서는 싸움과 긴장이 필연적으로 일어난다. 평화를 유지하고
상대를 만족시키기 위해 한쪽이 완전히 양보하게 되면 시간이 지나면서
분노와 충족되지 않은 욕구가 쌓인다. 모두의 욕구가 충족되는 상황을

만들기 위해서는 이런 차이들을 터놓고 논의하고 타협을 해야 한다. 하지만 이를 위해서는 상대를 자신과 동일한 수준에 놓아야 한다. 자신이 상대보다 자격이 있다거나 낮다고 생각한다면, 명령을 내리고 비난을 하면서 상대를 복종시키는 경향을 보인다. 그건 진정한 파트너십이라고 볼 수 없다. 상대에게 심취해서 그 사람을 우월한 존재로 본다면 당신은 움츠리고 명령을 받아들이고 시간이 흐르면서 충족감을 잃게 된다. 우리는 때때로 상대를 받들어 모셨다가 구덩이에 처넣었다가 한다. 현재 당신의 관계 역학이 이런 모습이라면 인식의 균형을 찾아야 한다.

이때 존 디마티니 박사가 제시하는 돌파구 방법breakthrough method을 사용할 수 있다. 당신이 상대의 모습 중 가장 감탄하는 다섯 가지 모습과 가장 경멸하는 다섯 가지 모습을 적는 방법이다. 다음으로 이런 인식에 의문을 던진다. '이에 반대되는 모습을 보여준 때는? 장소는?'이라는 질문을 던지는 것이다. 처음에는 힘들 수 있다. 그 특질 옆에 '항상'이나 '결코'와 같은 문구가 붙는다면 특히 더 그럴 것이다. 사실 우리 모두가 그런 모습들을 가지고 있지만 다른 상황에서 다른 정도로 내보이는 것뿐이다. 이 활동은 편견을 줄이기 위해 당신이 상대에 대해서 분노의 감정을 느끼고 있지 않을 때 실시하는 것이 좋다. 왜곡된 인식의 균형을 찾기 위해 상대가 반대되는 모습(긍정적 특질과 부정적 특질 모두에 대해)을 보여주는 경우를 최소한 5~10개는 찾을 때까지 계속한다. 다음 단계는 이런 모습을 자신에게서 찾는 것이다. 당신의 삶 속에서 이와 같은 모습을 보여주는 때를 5~10가지 적는다. 예를 들어 상대가 당신에게 비판적인 태도를 취하는 것에 대해 이야기하고 있다면 당신 역시 상대, 자녀, 동료, 자기 자신에게 비판적인 태도를 취한다는 점을 발견하게 될 것이다. 이로써 상대와 자신에 대한 보다 객관적인 인식으로 자연스럽게 두 사람은 같은 수준에 놓이게 된다. 이는 상호의존적인 역학을 개발하고 모두의 욕구를 고려하는 선택을 하는 데 꼭 필요하다.

원칙 5. 관계 내의 해결 가능한 문제를 해결한다

깊이 생각하고 갈등의 근본 원인을 찾으려고 노력해야 한다. 상대가 채우고자 하는 욕구는 무엇인가? 이런 욕구와 차이를 폭력적이지 않은 방식으로 소통하는 법을 배운다면 상대의 동기를 보다 잘 이해할 수 있다. 이는 해법을 찾기 위해 상호 이해를 구축하려 하는 것보다 손쉽다.

원칙 6. 관계의 해결 불가능한 문제들에 대해서는 관점을 바꾼다

이런 문제들은 사람들 사이의 '근본적 차이'에서 비롯된다. 두 사람이 이런 차이를 받아들이고 함께 살아가는 법을 배우면 오래 지속되는 행복한 관계에 이를 수 있다. 상대를 있는 그대로 받아들이지 않고 당신이 원하는 모습으로 만들려 한다면 그것은 끝없는 갈등의 원천이 될 것이다. 이러한 관점을 바꾸려면 해소되지 않는 차이들이 서로의 관계에 어떤 도움을 주는지 탐색해본다. 토니가 저축에 큰 관심을 갖고 있고 가능한 열심히 일한다는 점을 예로 들어보자. 이는 재키의 외로운 감정을 자극했다. 재키가 토니의 방식을 바꾸려 하기보다 토니의 성향이 그녀와 그들의 관계에 어떻게 도움이 되는지에 대한 명확한 그림을 얻는다면 이해와 인정의 폭이 훨씬 넓어질 것이다. 여기에서 '헌신적인 남편이라면…', '좋은 아빠라면 반드시…'라는 식의 도덕적 판단은 피하는 것이 좋다. 이는 두 사람이 진정한 상태의 모습을 인정하지 못하고 환상에 빠질 수 있게 만들기 때문이다.

원칙 7. 서로 의미 있게 공유하는 것을 만든다

우정을 강화하고 차이에서 생기는 갈등을 조정하는 것 외에도 관계에 '공유'의 의미를 더할 때 관계는 더욱 신선하게 유지될 수 있으며 함께하는 특별한 경험을 만들 수 있게 해준다. 무엇을 공유하는지는 사람마다 다르다. 어떤 이들은 취미(테니스, 등산, 여행 등)를 공유할 수 있고, 어떤 이들은 힘을 합해 아이를 키우거나 사업을 꾸려나가거나 이상적인 집을 마련함으로써 의미를 공유할 수도 있다. 일상생활에서 매번 새로운 브런치 카페에서 일요일 아침 식사를 한다거나 함께 요리를 배우는 등 작은 공동의 의식을 가지는 것도 큰 차이를 만들 수 있다. 상대방과 어떤 것이 두 사람에게 흥미로운 공동 활동이 될 수 있을지 브레인스토밍을 하고 행동에 옮겨보도록 한다.

이 일곱 가지 원칙은 오래 지속되는 관계를 구축하고 오랜 시간에 걸쳐 유대감을 강화하는 데 강력한 기반이 되어줄 수 있다. 최근에 이루어진 많은 연구들 또한 이 일곱 가지 원칙이 효과가 있음을 증명한다. 이 원칙을 따름으로써 많은 부부의 결혼생활이 눈에 띄게 향상되었다는 결과를 얻은 것이다. 다음 장에서는 투명하고 솔직한 커뮤니케이션으로 자신을 명확하게 표현하고 상대의 욕구에 귀를 기울일 수 있는 방법에 대해 논의할 것이다.

이 장을 마치며: 어른을 위한 관계 연습

진정한 인간관계와 파트너십 개발을 위해서 당신이 해야 할 일들을 정리해보자.

1. 당신이 관계를 선택하고 발전시키는 유형이 어린 시절의 애착 유형에 영향을 받는다는 사실을 이해해야 한다.

2. 안정적이고 신뢰를 형성하며 상호 존중하는 관계를 구축하는 데 방해가 되는 내면 아이의 상처를 치유한다.

3. 우리의 포유류 뇌는 양육자를 닮아서 감정적 유대에 필수적인 친숙함을 만드는 사람에게 끌린다는 점을 이해해야 한다.

4. 로맨틱한 사랑의 단계가 영원하지 않다는 것을 받아들인다. 그 단계가 끝나면 우리는 서로 다른 가치관의 마찰에서 시작된 권력 투쟁의 단계에 처한다. 지속적인 사랑의 단계에 이르기 위해서는 진정한 파트너십을 발전시켜야 한다.

5. 진정한 파트너십과 지속적인 사랑에는 깊은 우정이 필요하다는 것을 기억하라. 있는 그대로의 서로를 인정하고 갈등을 효과적으로 관리하며 같은 의미를 공유해야 한다.

• 제9장 •

누구도
마음 상하지 않는
대화의 기술

다른 사람이 한 말로 상처를 받은 적이 있는가? 반대로 당신이 다른 사람에게 상처를 주었다고 느낀 적이 있는가? 그다음에는 어떤 일이 일어났는가? 아마 말로 상처를 주었든 받았든 오해를 받았다고 느끼고 화가 나거나 슬퍼졌을 것이다. 이처럼 친구 관계나 업무 관계에서 발생하는 문제 대부분은 커뮤니케이션의 오해에서 비롯된다.

정상적인 일이다. 사람들은 각각 매우 다른 뇌를 가지고 있으며 세상을 다르게 본다. 더구나 뇌는 위험 반응 체계를 가지고 있다. 도전을 받고 있다고 느끼거나 실제적 혹은 상상의 위험을 감지할 때 이 시스템은 자극을 받는다. 그 상태에서 우리는 정서적으로 민감하고, 비이성적이고, 이기적으로 변하기 때문에 바람직한 대화나 소통이 거의 불가능하다.

이 장에서는 매일 다른 뇌 상태와 각각의 상태에서 우리가 할 수 있는 유형의 대화에 대해서 알아볼 것이다. 그런 다음 그런 상태를 자극하는 것이 무엇이며 그런 상태에 놓였을 때 자신을 어떻게 관리해야 하는지에 대해서도 논의할 것이다. 마지막으로 어떻게 해야 다른 사람이 위협적이라고 느끼지 않는 방식으로 자신을 표현할 수 있는지, 또 어떻게 해야 상대가 귀를 기울이고 우리를 이해할 가능성을 높일 수 있는지 그 방법을 이야기할 것이다.

감정적인 대화에서 즉각 탈출하기

모든 유형의 커뮤니케이션은 크게 두 개의 요소로 이루어져 있다. 표현하기(말하기)와 받아들이기(듣기)다. 두 가지 모두 커뮤니케이션이 일어나는 순간 인간 뇌, 포유류 뇌, 파충류 뇌의 영향을 받는다. 이전에 논의한 바와 같이 전전두피질이라고 불리는 인간 뇌의 일부는 들은 내용을 이해하고, 처리하고, 그 문제에 대한 의견을 적절하게 표현할 수 있는 능력이 가장 출중하다. 이 부분은 많은 에너지를 필요로 하며 감정적인 포유류 뇌 중추인 편도체와 보상 중추를 진정시킨다. 그러나 만약 들은 내용이 편도체를 자극하면, 편도체는 일시적으로 이성적인 뇌 중추를 차단해서 포유류 뇌 지배 사고와 감정적 반응을 불러온다.

앞서 이야기했던 존 가트맨의 아파트먼트 랩을 다시 방문해보자. 테스트 중인 각 커플은 모든 대화와 행동이 모니터되는 가운데 의견 교환의 여지가 없는 사건, 기분 좋은 사건, 의견의 일치를 보지 못한 주제에 대해서 논의하라는 요청을 받는다. 한 커플을 대니얼과 쥬디라고 부르기로 하자. 이 커플은 개를 키우는 것에 대해서 다른 의견을 갖고 있었다. 가트맨은 커플들이 이런 문제들을 어떤 방식으로 논의했는지 잠깐 살핌으로써 어떤 커플이 관계를 지속할 확률이 가장 높은지, 어떤 커플이 결국 헤어지게 될지를 예측할 수 있었다.

논쟁적 주제에 대한 대화가 과열되면서 커플들은 서로에 대한 배려가 점점 줄어들었고 결국 대단히 흥분한 상태로 '당신은 항상 그런 식이야' 같은 극단적인 말을 뱉기에 이르렀다. 절반에 이르는 커플이 연구자들이 나서서 토론을 중단시켜야 할 정도였다. 연구자들은 마이크가 작동하지 않는다며 10분간 마이크를 고치는 척했다. 커플은 대화를 중단해야 했고 대화는 10분 뒤에 다시 시작되었다. 흥미롭게도 10분의 휴식 이후, 커플들은 보다 이성적이 되었고 상대의 입장을 이해하려는 시도를 더 많이 했다. 휴식 이전에는 편도체의 활동이 증가해 전전두피질의 활성화를 막았기 때문에 이성을 유지하고, 공감을 보이고, 상대의 욕구를 고려하고, 바람직하지 않은 행동을 억제하는 것이 불가능했다. 그러다 중립적인 관점을 가지도록 돕는 휴식 덕분에 편도체가 진정되고 전전두피질 지배 사고로 되돌아갈 수 있는 기회가 생긴 것이다.

이처럼 편도체 납치 현상을 경험할 때는 자기 인식이 제대로 되지 않기 때문에 자신이 우스꽝스러운 짓을 하고 있다는 것을 깨닫지 못한다. 바로 그 사실을 기억하는 것이 중요하다. 이 상태에서 건전한 판단을 내리려 하는 것은 헛된 짓이다. 편도체의 흥분을 막으려면 전전두피질이 지배하는 차분하고 이성적인 상태를 이용해야 한다. 여기 쉽게 시작해볼 만한 몇 가지 아이디어가 있다.

- 대화에 적절한 시간을 찾는다: 당신이나 상대가 전전두피질이 고갈된 상태에 있지는 않은지, 이미 불안을 느끼고 있거나 다른 편도체 지배 감정을 느끼고 있지 않은지 확실히 한다. 어느 쪽이든 편도체 납치 상태에 들어가고 있다는 것을 알아차리면 10분간의 휴식을 갖는다.

- 포모도로 기법을 사용한다: 까다로운 대화를 나눠야 한다는 것을 서로 알고 있는 상황이라면 상대와 합의하에 미리 휴식을 갖고 타이머를 맞춰두는 것이 좋다. 20분 대화를 하고 필요하다면 10분을 쉰 뒤 다시 20분간 대화를 갖는다.

- 대화를 위해 안정적인 환경을 선택한다: 함께 산책을 하거나 호수, 강 옆에 앉거나 정원에 앉거나 안락한 소파에 앉는다. 운전 중이나 외출을 위해서 서둘러야 하는 아침 시간에 뭔가 의논을 하는 것은 좋은 생각이 아니다.

- 대화 전에 호흡 훈련이나 명상을 한다: 편도체가 흥분했을 때는 호흡이나 명상을 해야 한다는 것을 기억할 만큼 분별력을 유지하기가 어렵다. 대화 전에 호흡 훈련을 하는 것이 자신을 어떻게 표현할지에 대해서 보다 깊게 생각할 수 있는 기회를 줄 것이다.

- 각자의 포유류 뇌 지배 반응에 대해 배운다: 편도체가 활성화되면 점점 말이 많아지는 사람이 있는가 하면 입을 다물고 물러서는 사람도 있다. 서로의 편도체 반응 신호가 어떤지 알아본다면 더 나은 선택을 하고 언제 휴식이 필요한지 알아채는 데 도움이 될 것이다.

이런 조언 외에도 효과적인 커뮤니케이션을 위해서는 편도체를 안정시키는 방법으로 귀를 기울이고 자신을 표현하는 대화법을 배워야 한다. 다음에 나올 부분에서 이에 대해 이야기할 것이다. 하지만 우선은 사고와 감정 상태에 따라 우리가 할 수 있는 대화의 종류에 대해서 논의해보기로 하자.

앞서 배운 대로 자극을 받은 편도체는 전전두피질을 납치해서 포유류 뇌 지배 사고라는 결과를 낳는다. 그 상태에서 우리는 전전두피질의 검열을 거치지 않은 거친 방식으로 감정을 표현해서 적극적 공격active attack을 하거나 원치 않는 감정을 억눌러서 회피withdrawal를 한다. 이러한 감정적 회피 상태에서도 내부에서는 신경 전쟁이 계속되면서 스트레스를 일으키고 에너지를 고갈시키고 이성적인 사고를 손상시킨다. 적극적인 공격이든 수동적인 회피 상태든 편도체가 지배한 상태에서 우리는 현재의 순간을 인식할 수 없고, 이야기를 정확히 들을 수 없으며 다른 사람의 입장을 이해할 수 없고, 의견 차이를 받아들일 수 없고, 공감하거나 결과에 신경을 쓸 수가 없다. 편도체가 충분히 안정감을 느낄 때라야 전전두피질이 자기 역량을 발휘하고 전전두피질 지배 사고를 만들어내리라는 것을 기대할 수 있다. 이로써 자신의 생각과 입장을 건설적인 방식으로 공유하고 다른 사람의 입장에 대해서도 배울 수 있다(지적 논의). 전전두피질 지배 상태가 되었을 때에만 우리는 스스로의 감정, 그리고 다른 사람들의 감정에 공감할 수 있다. 또한 논의 중인 주제가 당신에게 어떤 느낌을 주는지 정확히 파악하고 상대가 표현하는 감정에도 공감할 수 있다(솔직한 대화)가 가능해진다.

　'솔직한 대화'는 사람들 사이의 강력한 유대를 구축하고 정서적 친밀감을 쌓는 데 필요하며, 적절히 이루어졌을 때는 궁극적으로 과거 트라우마의 치유로 이어질 수 있는 유형의 대화다. 당신이 공유한 것에 대해 비판을 받거나 무시를 당할 때는 그것이 좋은 의도였더라도('당신은 많은 걸 누리고 살잖아. 우울해할 게 아니라 감사하게 생각해야지.') 편도체가 자극을 받는다. 자극을 받은 편도체는 폭언을 퍼붓거나 대화를 중단하고 물러서는 회피 행동을 보이게끔 만든다. 일반적으로 우리 모두는 있는 그대로 받아들여지고 사랑받기를 원하며, 편도체는 특히 이 점에 민감하다. 그래서 이후에 논의할 기법에서는 정서적 안정감과 신뢰, 유대를 만드는 핵심 요소로서의 '인정'에 대해 다루려 한다. 특히 정서적 안정감은 이 책의 마지막에서 논의할 관계의 긍정적 변화에 꼭 필요한 요소이기도 하다.

당신도 나만큼 특색 있는 인간이군요

원시시대에서부터 만들어진 편도체는 많은 안정감을 필요로 한다. 편도체를 안정시키는 대화법으로 가장 효과가 좋은 것은 하빌 헨드릭스와 헬렌 라켈리 헌트Helen Lakelly Hunt가 개발한 '이마고 대화'(이마고에 대해서는 251~253쪽을 참고)다. 이 방법은 당신의 경험을 소통시키고, 감정에 공감하고, 인식의 차이를 받아들이는 법을 알려주면서 대화를 발전시키도록 해준다. 사람들은 교대로 소위 발신자(말하는 사람)와 수신자(발신자의 관점을 이해하려 노력하는 사람)가 되어 대화를 이어간다. 완전한 대화를 위해서는 다음과 같은 단계를 거쳐야 한다.

1. 약속을 한다: 앞서 논의했듯이 대화에 적절한 시간을 선택하는 것이 중요하다. 각자가 자신의 편도체가 차분한지, 전전두피질이 충분히 재충전이 되었는지 확인하도록 한다. 대화의 주제와 방향을 간략하게 공유하면 상대는 자신이 그 문제를 다룰 만한 상태인지 판단할 수 있으며 감정적으로 대화를 위한 준비를 할 수 있다. 이를테면 이런 식이다. '직장에서 스트레스를 받았던 일에 대해서 이야기하고 싶은데, 지금이 적당한 시간일까?', '당신에게 얼마나 고마운지 이야기하고 싶어. 지금 그 이야기를 나눌 수 있어? 아니면 다음에 할까?' 이렇게 약속을 잡음으로써 상대가 관계에 설정해두고 있는 '경계'에 대한 존중을 표현한다. 이것 자체가 이미 편도체를 안정시키는 접근법이다. 커뮤니케이션에서는

편도체를 자극할 수 있는 모든 것을 피해야 한다는 사실을 기억하자.

2. 주관적인 경험을 공유한다: 이 단계에서는 발신자가 비난의 분위기가 담기지 않은 일인칭 진술로 자신이 경험한 바를 공유한다. 예를 들어 이런 식이다. '나는 오늘 아침 슬펐고 좌절감을 느꼈어. 내가 직장에서의 문제에 대해 당신과 의논하고 있을 때 당신이 휴대전화를 보면서 듣지 않는 것처럼 보였거든.'

3. 상대의 말을 반복한다(거울 반응): 거울 반응 단계에서는 수신자가 의견을 덧붙이지 않고 자신이 들은 것을 정확히 다시 반복한다. 다음과 같이 말하는 것이다.

> 수신자: 내가 제대로 이해하고 있는지 확인해볼게. 오늘 아침 내가 직장 문제에 대한 당신의 이야기를 듣고 있는 것 같지 않아서 당신은 슬픔과 좌절감을 느꼈어. 맞아?
>
> 발신자: 정확해.
>
> 수신자: (이때 수신자는 발신자에게 더 공유할 것이 있다면 이야기해달라고 청한다.) 거기에 대해서 더 이야기하고 싶은 것은 없어?
>
> 발신자: 아, 있어. 나는 우리 관계를 정말 소중하게 생각해. 내 걱정을 당신에게 털어놓는 것이 내겐 큰 의미가 있어. 그게 나를 안정시켜주거든. 또 나는 내 상황에 대해 당신이 해주는 조언을 아주 중요하게 생각하고 있어.
>
> 수신자: 내가 정확히 들었는지 확인해볼게. 당신은 걱정거리를 나에게 털어놓을 수 있다는 것에 큰 의미를 두고 있어. 그것이 새로운 시각을 갖는 데 도움이

되기 때문이지? 내가 잘 이해한 거야? 또 다른 게 있었나?

발신자: 응, 그게 나를 안정시킨다는 것도 언급했지. 내가 걱정을 공유할 때 당신이 그저 들어주는 것만으로도 내가 당신에게 중요한 존재라는 확신이 들어. 나는 안정감을 느끼고 사랑받는다는 느낌을 받지.

수신자: 되짚어볼게. 당신은 내가 당신 걱정거리에 귀를 기울일 때 안정감을 얻고 사랑받는다는 느낌을 받아. 또 당신이 중요한 사람이라는 것을 확인받지. 내가 제대로 이해한 게 맞을까? 더 해줄 이야기는 없어?

발신자: 맞았어. 다 이야기한 것 같아.

수신자: 고마워. 그럼 전부 요약해보자. 당신의 직장 문제에 대해 이야기할 때 내가 귀를 기울이고 있는 것 같지 않아서 당신은 슬픔과 좌절감을 느꼈어. 당신이 기분이 상한 이유는 우리의 대화가 당신이 안정감과 사랑받는다는 느낌을 받는 데 도움이 되기 때문이지. 당신은 내 조언을 듣는 것도 좋아해. 당신이 이야기할 때 내가 주의를 기울이는 것은 당신이 나에게 중요하고 가치 있는 존재라는 느낌을 주니까. 내가 전부 잘 이해한 것 같아?

발신자: 맞아.

처음에는 무척 어색하게 느껴질 것이다. 하지만 거울 반응은 발신자에게 그 상황에서 자신의 경험과 그에 대한 자신의 깊은 감정을 표현하게 함으로써 안정감을 가져다준다. 거울 반응은 발신자에게 수신자가 귀를 기울이고 있다는 증거를 제시한다. 그런 상태에서만 우리는 자신을 공격적이지 않은 방식으로 표현할 수 있다. 상대가 내 말을 듣고 있는 상황이라면 소리를 치거나 입을 다물 필요가 없기 때문이다. 내가 느끼는 바를 마음 놓고 표현할 수 있는 것이다. 더구나 거울 반응과 정보의 피드백은 수신자에게 정말로 어떤 이야기를 듣고 있는지 이해할 기회를 준다. 또한 역할을 명확하게 규정한다. '나는 어떤 것을 바꿀 필요도, 나의 입장을 방어할 필요도 없어. 이 시점에서 나의 역할은 내가 들은 것을 가능한 정확하게 반복하는 거야.'

4. 상대의 말을 검증한다(다름의 수용): 이 단계에서 수신자는 발신자가 말한 것이 이치에 맞는지 검증한다. 수신자가 그 의견에 동의할 필요는 없지만 이 시점에서는 그 문제에 대한 자신의 의견을 표현하지 말아야 한다(이후 발신자의 역할을 맡았을 때 할 수 있다). 수신자는 이 부분에서 발신자의 시각에서 세상을 보는 노력을 하며 같은 상황에 대해서 다르게 생각할 수 있다는 점을 받아들여야 한다. 성격의 형성을 다룬 제3장의 내용을 기억한다면 우리 모두가 세상을 다르게 경험한다는 사실을 알고 있을 것이다. 이러한 서로 다른 현실 인식을 받아들이지 못하고 무시하는 데서 많은 문제들이 발생한다. 우리는 자연스럽게 세상이 우리가 인식한 대로 흘러간다고 생각하는 경향이 있다. 하지만 우리 각각의 인식과 기억은 개인의 경험에 근거해 편향되어 있다. 따라서 두 사람이 어떤 상황을 동일한 방식으로 경험하는 것은 물리적으로 불가능하다. 다른 사람의 경험을 검증할 때는 그들이 세상을 경험하는 방식을 존중해야 한다. '그래서는 안 되는 이유가 있을까? 내가 세상을 경험하는 방식이 상대의 방식보다 낫다고 확신할 수 있는가?'와 같은 생각을 하

면서 말이다. 앞서 사례의 수신자는 이렇게 말할 수 있다.

"오늘 아침 내가 휴대전화를 확인할 때 당신에게는 그게 당신 이야기를 무시하는 것처럼 보였다는 걸 알겠어. 나와 대화를 나누는 것이 당신에게 얼마나 중요한 일인지 당신이 표현한 것으로 봐서, 당신은 그런 상황에서 화가 나고 좌절감을 느낄 만했어. 충분히 그럴 만해. 이해가 돼."

알아차렸는지 모르겠지만 수신자는 자신의 입장을 변호하려고 하지 않는다. 발신자가 공유한 내용에 근거해서 상황을 발신자의 입장에서 보려고 노력하고 있을 뿐이다. 이는 수신자가 발신자의 감정을 제대로 이해하고 받아들인다는 느낌을 준다(이를 검증 단계라고 한다).

5. 상대의 말에 공감한다(유대감 형성): 검증 단계가 끝난 뒤 정서적 깊이를 더하면 유대감을 형성할 수 있다. 그러기 위해 수신자는 발신자가 공유한 감정, 즉 좌절, 무시당했다는 느낌, 슬픔에 공감할 필요가 있다. 그 감정이 아주 명확하게 표현되지 않았다면 그것을 명확히 하면서 말이다.

수신자: 그러니까 당신의 표현대로라면 오늘 아침 당신이 무시당했다는 느낌 때문에 슬프고 좌절했어. 맞아?

발신자: 응, 정말 화가 났어. 생각해보면 그건 회사에서 경험하는 것과 비슷했어. 회사에서 나는 종종 투명 인간이 된 듯한 느낌을 받아. 그게 나를 가장 좌절시키는 일이야.

수신자: 아, 그렇군. 당신이 공유하고 싶어 하는 일에 내가 무관심하자 그게 회

사에서 받았던 느낌을 떠올리게 했구나? 내 말이 맞아?

발신자: 정확해! 난 정말 열심히 일하고 커리어를 위해서 많은 투자를 하고 있어. 그래서 직장에서 존재감이 없는 것처럼 느껴질 때 정말 속이 상해.

수신자: 회사에서 하찮고 눈에 보이지 않는 사람처럼 느껴진다면 정말 화가 날 것 같아. 충분히 이해가 돼. 그 문제에 대해서 더 하고 싶은 말은 없어?

발신자: (발신자는 다른 이야기를 공유할지, 그 단계를 마칠지 선택한다.) 내 말을 잘 들어줘서 고마워. 그건 내게 정말 의미 있는 일이야.

관계의 각 당사자는 항상 발신자와 수신자가 될 기회를 가져야만 한다. 두 사람 모두 그러한 위치에 설 용기와 관계를 재형성할 의도를 가지고 있어야 한다. 처음에는 이 모든 것이 부자연스럽게 느껴질 수 있다. 따라서 이러한 대화를 시작하기 전에 감사의 말(파트너가 가진 특징 중에서 가장 좋아하는 부분을 이야기하거나 당신이 어제 저녁에 한 요리를 정말 맛있게 먹었다고 칭찬하는 등)을 전하는 것이 가장 좋다. 우리가 편도체의 자극에 반응하지 않는 것은 불가능하기 때문이다. 이 방법을 충분히 연습해서 익숙해지면 위에서 논의했던 것처럼 조금 더 어려운 대화에 이 방법을 도입할 수 있다. 거기에 능숙해지면 편도체에 더 많은 안정감을 쌓을 수 있고, 나아가 깊숙한 감정을 드러내고 과거에 엄청난 고통을 안겼던 상황들에 대해서도 이야기할 수 있게 된다. 당신이 불편하게 여기는 당신의 일부를 드러내도 상대가 여전히 당신 곁에 있어주고 당신의 경험을 검증해주는 것보다 마법 같은 치유력을 가지는 일은 없다.

어쩌면 이것이 일반적인 생각과는 모순되는 듯 보이기도 할 것이다. 우리는 보통 검증을 피해야 하는 행동, 심지어는 환영받지 못할 행동이 있다고 생각한다(다른 사람의 경우에도 우리 자신의 경우에도 그렇다). 그리고 부정적 강화 negative reinforcement (불쾌한 결과를 피하기 위해서 강요된 바람직한 행동을 하는 것 — 옮긴이)만이 변화를 일으킬 수 있다고 생각한다. 하지만 실은 정반대다. 그런 부정적인 자극을 받으면 편도체는 반응적인 포유류 뇌 지배 사고를 만들고 전전두피질을 비활성화시켜 우리가 진정으로 다른 사람에게 귀를 기울이고, 그들의 시각을 이해하고, 공감하는 것을 불가능하게 만든다. 그리고 이는 온갖 종류의 이기적인 반응 행동으로 이어진다. 편도체를 진정시키고 전전두피질을 자극해야만 행동을 변화시킬 기회를 얻을 수 있다.

그런데 만약 관계의 한쪽 당사자만 역학의 변화를 원한다면 혹은 회사 동료 관계처럼 커뮤니케이션에서 친밀도를 크게 높이기에는 둘 사이가 너무 멀다면 어떻게 해야 할까? 이런 상황에서는 상대의 니즈를 충족시키는 데 집중하는 대안적 방법, 즉 비폭력 대화를 택해야 한다.

끝없는 언쟁을 단숨에 멈추는 4단계 기술

미국 심리학자 마셜 로젠버그 Marshall Rosenberg는 세상의 폭력과 충돌에 너무 많은 충격을 받고 갈등하는 당사자들이 해결에 이를 수 있도록 도움을 주는 것을 평생의 사명으로 삼았다. 그 결과물이 비폭력 대화다. 비폭력 대화는 우리의 욕구와 바람을 효과적으로 표현하고 공감적 경청을 하는 명확한 방법에 대해 알려준다. 두 사람 중 한쪽만 이 대화 방법을 배워도 상대가 정말로 표현하려 하는 것이 무엇인지에 대한 훨씬 많은 깨달음을 얻을 수 있으며 비폭력적으로 반응할 수 있다. 물론 두 사람이 이 방법을 함께 배워 사용한다면 훨씬 좋겠지만 불가능한 경우도 있으니 말이다.

한 예로 수지와 그의 딸 릴리가 끝없이 언쟁을 벌이고 있다고 생각해보자. 릴리는 엄마인 수지가 너무 일만 하느라 자신과 많은 시간을 보내지 않는 데 불만을 갖고 있다. 수지는 이 상황을 바꾸기 위해 기꺼이 어떤 일이든 할 것이다. 하지만 릴리는 엄마의 그 방법이 잘못됐다고 생각한다. 수지는 릴리의 태도와 행동에서 자신이 비난을 받고 있다고 느끼며 그 부분에서 스트레스를 받고 있다. 수지는 릴리가 그녀의 욕구를 평화로운 방식으로 표현했으며 하고, 릴리가 보이는 행동의 근본적인 이유도 알기를 원한다. 수지는 자신의 생각을 효과적으로 표현하고 릴리의 말에 공감적인 방식으로 귀를 기울이기 위해 다음과 같은 네 단계를 거쳐야 한다.

1. 관찰하기: 이 단계에서는 수지가 평가나 판단에서 벗어나 객관적인 사실을 확인하는 것이 중요하다(이 부분은 실행이 상당히 어렵기에 약간의 연습이 필요하다).

"릴리, 나는 네가 지난 3일 동안 우리 관계에 대한 대화를 내가 출근하기 전 아침에 시작했다는 것을 알아차렸어."

이런 행동의 의미를 지나치게 생각하지 말고 '사실'만을 진술하는 것이 중요하다. '아침에 이런 대화를 시작하는 것을 보면 너는 엄마의 일을 전혀 존중하지 않는 것 같구나'라는 식으로 이야기하지 않는다. 행동에 대한 판단을 표현하기 시작하면 상대는 방어 모드에 돌입하기 때문이다. 이는 결국 회피나 공격과 같은 결과로 이어지기 마련이다.

2. 느낌 공유하기: 이 단계에서 수지는 이런 상황이 그녀에게 어떤 '느낌'을 주었는지 릴리와 공유한다. 이때는 무엇보다 감정적인 요소를 공유하는 것이 중요하다.

"그런 상황에서 나는 스트레스를 받고 좌절감을 느낀단다."

3. 욕구 확인하기: 어떤 욕구가 채워지지 않아 이런 감정들이 일어났는지 확인해야 한다. 욕구의 목록에는 앞서 논의한 여섯 가지(안전-안정, 다양성-참신성, 유대-사랑, 인정, 성장-학습, 타인을 위한 공헌)가 포함될 수 있다. 여기에 육체적 욕구(음식, 휴식), 자율성(자유, 독립), 평화와 화합, 정직과 같은 것을 추가해 목록을 확장할 수도 있다. 어떤 욕구들이 손상을 입어서 위에 언급한 감정들을 불러일으켰는지 확인하고 나면 그것을 가능한 한 '판단'이 아닌 '사실'의 문제로 표현하도록 한다.

"엄마는 너와 이야기를 나누고 싶고 특히 우리 관계에 대해 이야기할 때는 온전히 그 이야기에만 집중하고 싶어. 그런데 엄마는 안전에 대한 욕구도 갖고 있단다. 그리고 그 욕구는 직장에서 일을 잘했을 때 충족될 수 있지. 그래서 엄마는 아침 시간에 회사 일을 계획하면서 가능한 효율적으로 일을 하고 싶어."

여기에서 수지는 자신에게 중요한 일을 설명만 할 뿐 거기에 피해를 입혔다고 릴리를 비난하지 않는다.

4. 요청하기: 마지막 단계는 릴리에게 위에서 표현한 수지의 욕구를 충족시키는 데 도움이 될 수 있는 쉽고 명확한 요청을 하는 것이다.

"급한 일이 아니라면 네가 우리 관계에 대해 이야기하고 싶은 특정한 시간을 정해주면 좋겠구나. 너와 너의 욕구에 온전히 관심을 기울일 최고의 상태에서 이야기할 수 있게 말이야. 오늘 학교가 끝나고 외식을 하면서 그 문제에 대해 의논해볼까? 아니면 다른 날이나 시간이 좋을까? 너와 함께 오붓한 시간을 보내고 싶어. 너도 거기에 동의하니?"

여기에서 수지는 편도체를 자극할 가능성이 매우 낮은 대단히 명확한 시나리오를 제시한다. 그녀는 릴리와의 유대가 자신에게 대단히 중요하다는 점, 릴리가 제기한 문제에 대해서 의논하기를 원한다는 점을 몇 번이나 언급했다. 그녀가 바꾸자고 제안한 것은 단 한 가지, 대화의 시점뿐이다. 그리고 명확한 이유를 제시했다. 또한 그녀는 유대를 형성할 매력적인 방법을 제안했다. 외식을 하는 것이다. 이 방법은 릴리의 인정에 대한 욕구도 충족시켜준다.

위의 사례가 잘 보여주듯이 수지는 편도체를 안정시키는 방식으로 자신의 의견을 표현해야 한다. 수지가 할 수 있는 일은 또 있다. 바로 릴리가 원하는 것이 무엇인지 그녀의 말을 경청하는 것이다. 이것을 '공감적 경청'이라고 부른다. 만약 릴리가 변화에 저항하며 편도체가 대단히 활성화되어 공격을 하는 상태에 놓였다고 가정해보자. 이때 수지가 판단이 들어가지 않은 공감적 방식으로 릴리의 말을 경청할 수 있는 다섯 가지 단계가 있다.

1. 관찰의 확인: 릴리와 수지의 대화를 살펴보자.

릴리: 엄마는 언제나 일만 하고 나와 시간을 보내려 하지 않아.

수지: 내가 너무 일만 한다고 생각하는구나. 그게 너한테 어떤 느낌을 주니?

여기에서 수지는 돈을 벌려면 열심히 일을 해야 한다고 설명하는 대신 릴리가 다음 단계로 갈 수 있도록 돕고 있다. 일을 하는 이유를 설명하는 것은 대화의 초점을 바꾸고 릴리의 감정으로부터 관심을 멀어지게 한다.

2. 느낌의 확인: 다음의 대화를 살펴보자.

릴리: 엄마는 나를 외롭게 만들고 엄마에게 중요한 존재가 아니라는 느낌을 줘. 나는 엄마가 항상 나보다 일을 먼저 생각한다는 느낌을 받아.

수지: 내가 일을 많이 하면 외롭고 내가 너를 신경 쓰지 않는다는 느낌을 받는다고? 그런 뜻이지?

보다시피 릴리는 비난형 언어를 사용하고 있지만 수지는 릴리의 말을 기분 나쁘게 받아들이지 않고 가능한 정확히 릴리가 이야기하는 감정을 확인하는 과제를 맡는다. 이처럼 상대의 말에 귀를 기울이고 그 사람이 감정적으로 어떤 경험을 했는지 이해하고자 노력하라.

3. 느낌에 공감: 느낌은 보편적이다. 접해보지 못한 느낌이더라도 그 느낌에 공감을 표할 수는 있다. 수지는 자신이 부모님의 관심을 받지 못하고 외롭다는 느낌을 받았던 때를 기억해본다. 이로써 릴리가 처한 상태를 이해하고 더 깊은 수준에서 그녀와 유대를 형성할 수 있다. 이 단계는 겉으로 표현할 수도 있고 마음속에서만 이루어질 수도 있다. 수지는 표현하는 것을 선택했다.

"릴리, 정말 속상했겠다. 부모님의 관심을 받지 못하고 외롭다는 느낌이 얼마나 힘든지 나도 알아."

4. 욕구의 확인: 이 단계에서 수지는 릴리가 표현한 것들 가운데 그녀가 충족하지 못한 욕구가 무엇인지 확인한다. 이 경우에는 유대와 인정이다. 하지만 수지는 다시 한 번 확인 과정을 거친다.

"내가 제대로 이해했는지 확인 좀 해볼까? 내가 긴 시간 일을 하면 너는 외롭고 슬픈 느낌을 받아. 나와의 유대가 부족하다고 생각하는데 넌 내게 중요한 사람이란 느낌을 원하기 때문이지. 내가 올바르게 이해하고 있는 거니?"

릴리는 엄마가 이전과 같은 반응을 보이지 않아 조금 어리둥절해졌다. 하지만 엄마가 자신의 말에 귀를 기울이고 있고 자신을 이해하고 있다는 데 차분함을 느꼈다. 그녀는 고개를 끄덕였다.

5. 요청하기: 수지가 취할 마지막 단계는 릴리가 인정받았다는 느낌과 유대감을 갖는 데 어떤 행동이 도움이 되는지 알아내는 것이다.

수지: 내가 너를 정말로 소중하게 생각하고 나 역시 너와 함께 시간을 보내고 싶다는 것을 어떻게 보여줄 수 있을까? 어떤 행동이 네가 내게 중요하다는 느낌을 줄 수 있을까?

릴리: 일감을 집에 가져오지 않았으면 좋겠어요.

수지: 좋아. 일과 가정생활을 좀 더 확실히 구분하는 것이 좋겠다고 생각하는구나. 솔직히, 나도 그래.

릴리: 네, 그렇게 하면 엄마에게도 도움이 될 거에요. 엄마는 저녁이면 항상 지쳐 있고 짜증을 내시잖아요.

수지: 맞아. 집에 일거리를 가져오면 정말 스트레스를 받아. 긴장을 풀 시간이 없으니까. 저녁에는 함께 좋은 시간을 보내야 할 것 같아. 넌 뭘 하고 싶니?

릴리: 모르겠어요. 함께 요리를 하거나 영화를 보는 건 어떨까요? 수요일에 내가 수영을 갈 때 나를 태워다주고 엄마도 체육관에서 운동을 하거나 수업에 들어가 보는 건 어떨까요?

수지: (웃으며) 내 생활에 운동과 건강한 식사를 좀 더하는 것 정도는 충분히 할 수 있지. 오늘 함께 칠리 콘 카르네를 만들어보는 건 어때? 그 뒤에 네 수영 수업 시간에 다른 어떤 수업이 있는지 확인해보자.

릴리: (미소를 지으며) 좋아요.

이 사례를 통해서 자기 방어에 빠져들지 않는 방법이 있다는 것을 확인하길 바란다. 자기 방어에 말려들다 보면 결국은 모두에게 불리한 상황이 펼쳐진다. 수지가 릴리와 일과 관련한 언쟁을 시작하면서 '엄마가 늦게까지 일하는 건 다 너를 잘 키우기 위한 거야'라고 주장하는 것을 상상해보라. 그것이 유대에 대한 릴리의 욕구에 어떤 영향을 줄까? 유대를 더욱 약화시키고 그녀의 편도체를 더욱 예민하게 만들 것이다. 이것은 릴리를 더 화나게 만들고 이에 수지는 죄책감을 느끼고 더 화가 날 것이다. 안정과 딸과의 유대에 대한 수지의 욕구 또한 충족되지 못할 것이다.

우리의 자아는 때로 언쟁에서 이기고자 하는 욕구로 우리를 이끌지만 그렇게 해서는 결국 패배자가 될 뿐이다. 따라서 이 방법은 우리에게 행동의 근본 원인을 파악하고 서로에게 유리한 합리적인 해법을 찾아낼 수 있는 한층 더 안전한 대화의 기술을 알려준다. 그렇지만 다른 사람과의 대화에 주의를 기울이고, 공감하며, 전전두피질이 지배하는 사고를 할 수 있으려면 우선은 우리 내면의 대화를 평가하고 거기에 변화를 가해야 한다.

눈치껏 속마음을 캐치하는 비법

우리 모두는 자신이나 다른 사람의 행동을 판단하는 데 사용하는 특정한 내부 대화 internal dialogue를 가지고 있다. 우리가 가장 자주 하는 생각들은 처음에 그런 생각을 하도록 한 네트워크를 강화하면서 내부 대화의 기본 패턴을 만든다. 물론 우리의 정신적·신체적 상태가 그 생각에 영향을 줄 수 있다. 예를 들어 배가 고프거나 목이 마르거나 피로하거나 불안할 때라면 우리는 포유류 뇌 지배 사고 패턴을 경험한다. 반면에 휴식을 충분히 취한 차분한 상태라면 다른 지배적인 생각을 한다.

비폭력 대화를 나누는 일에 대해 이야기할 때 마음속에서 어떤 대화가 이루어지는지도 평가해야 한다. 마음속 대화는 결국 우리가 느끼고 생각하고 반응하는 방식을 변화시키기 때문이다. 당신이 가장 많이 하는 지배적인 사고를 들여다보자. 그 사고들은 충족되지 못한 어떤 욕구를 가리키는가? 이런 욕구가 충분히 충족되지 않으면 당신은 어떤 느낌을 받는가? 수지의 10대 딸 릴리가 자신을 이해하고 자신의 불안과 예민함을 줄이는 방법을 배우려고 한다고 생각해보자. 그녀의 솔직한 내부 대화를 하나씩 살펴보면 다음과 같을 것이다.

첫째는 '나는 쓸모없는 애야. 결코 엄마처럼 성공적인 커리어를 가질 수 없을 거야'라는 생각이다. 이 생각은 릴리가 커리어에서 성공함으로써 인정받고자 한다는 것을 보여준다. 그녀는 학교에서 좋은 성적을 받는 상위권 학생으로 꼽히지만 다음에 뭘 해야 할지는 확실히 알지 못한다. 따라서 그녀는 엄마를 동경한다. 엄마는 커리어에 있어서 자신이 원하는 것이 무엇인지 정확히 알고 그 일을 잘 해내는 것처럼 보이기 때문이다. '쓸모없다'는 말은 지금 그녀가 길을 잃었고 그 상황을 어떻게 바꾸어야 할지 모른다는 사실을 의미한다. 그녀는 지금 정확히 무엇이 부족한지 좀 더 구체적으로 알아야 하고 민감한 포유류 뇌의 시야를 넓히기 위한 방법을 모색해야 한다. '진로를 어떻게 선택해야 할지 정말 모르겠어. 하지만 사람들과 함께 일을 했으면 좋겠고, 내 창의성과 분석 기술을 이용하고 싶어. 그렇지만 대부분의 직업은 창의적이거나 아니면 분석적이지. 때문에 벽에 부딪힌 느낌이야. 이번 학기 말까지는 좀 더 폭넓은 커리어 옵션을 살펴보며 좀 더 명확한 계획을 세워야 해. 엄마가 이에 대한 부분을 함께 브레인스토밍해줄 수 있지 않을까?'

보다시피 한층 깊이 있는 문제에 대해서 생각할 때면 릴리는 더 이상 엄마를 원망하거나 엄마에게 경쟁심을 느끼지 않는다. 그녀는 엄마와 이 문제를 허심탄회하게 이야기하고 싶은 욕구를 갖기 시작했다. 이 지점에서 엄마가 호기심을 가지고 지시적이지 않은 질문('네가 이상적으로 생각하는 직업에는 어떤 요소가 있어야 할까? 주위에는 어떤 사람들이 있으면 좋겠니? 과제가 다양한 것이 좋겠니, 체계적이었으면 좋겠니?')을 하는 것이 중요하다. 수지는 릴리에게 디마티니 박사의 질문을 시도해보라고 권할 수도 있다. 이것은 릴리가 자신에게 무엇이 중요한지 보다 명확하게 파악하고 각 커리어 옵션을 가늠하는 일련의 기준을 만드는 데 도움을 줄 것이다.

두 번째는 '엄마는 나에게 신경을 쓰지 않아'라는 생각이다. 앞서 제 3장에서 설명한 바이런 케이티의 6단계 질문법을 사용해 이 진술을 반박해볼 수 있다. 유튜브에서 그녀의 워크샵 영상을 몇 개 시청하거나 그녀의 책을 읽고 나면 릴리 스스로 그 방법을 실행할 수 있을 것이다. 자격이 있는 코치의 지도에 따라 그 과정을 밟을 수도 있다. 아마 그 과정은 다음과 같이 이루어질 것이다.

- **1단계**

  코치: (엄마가 당신에게 신경을 쓰지 않는다는 게) 정말인가요?

  릴리: 네, 엄마는 저와 시간을 보내려 하지 않아요.

- **2단계**

  코치: 엄마는 당신과 시간을 보내려 하지 않고 당신에게 신경을 쓰지 않는군요. 정말 그것이 사실이라고 완벽하게 확신할 수 있나요?

  릴리: 완벽하게 확신할 수는 없죠. 하지만 그렇게 보여요.

- **3단계**

  코치: 엄마가 당신과 시간을 보내려 하지 않고 당신에게 신경을 쓰지 않는다는 생각을 할 때 당신은 어떤 느낌을 받나요? 그리고 어떤 일을 하나요?

  릴리: 슬프고 외롭고 중요한 존재가 아닌 것 같은 느낌이에요. 저는 이런 감정에서 벗어나기 위해 영화를 봐요. 공부에는 통 집중할 수가 없거든요. 때로는 제게 신경을 쓰지 않는 엄마를 벌주기 위해서 학교생활을 엉망으로 할까 하는 생각도 해요. 그러고는 그런 생각을 했다는 데 죄책감을 느끼고 엄마를 기쁘게 할 일을 시작하죠. 엄마에게 커피를 만들어드리거나 작은 선물을 사다드리는 것 같은 일을요. 하지만 그 어떤 일도 마음을 달래주지 않아요. 엄마의 사랑을 구걸하는 느낌이 들어요. 그런 생각이 저를 지치게 해요.

- **4단계**

  코치: 우리의 인식은 우리가 느끼고 우리가 두려워하는 것에 편향되기 마련입니다. '엄마는 나와 시간을 보내려 하지 않고 나에게 신경을 쓰지 않아'라는 생각을 하지 않는다면 어떤 느낌이 들까요? 당신은 어떻게 할까요?

  릴리: 엄마가 곁에 없어도 슬픔을 덜 느낄 거예요. 다른 일을 할 수 있고 다른 사람에게 연락을 할 수 있겠죠. 엄마가 나와 시간을 보내는 것을 원치 않는다는 생각이 없다면 내가 엄마와 시간을 보내고 싶을 때면 그 점을 소통할 수 있을 거예요. 학교생활에도 더 집중할 수 있고 나에게 잘 맞는(엄마를 기쁘게 하거나 벌주기 위해서가 아니라) 커리어를 자유롭게 선택할 수 있을 거예요. 더 밝고 행복해지겠죠. 엄마와 시간을 보낼 때면 훨씬 즐거울 거예요.

- **5단계**

  코치: 이런 믿음을 버려야 할 이유를 찾았나요?

  릴리: 네, 그런 믿음이 없다면 엄마와의 시간에서 훨씬 더 많은 것을 얻을 수 있다는 사실을 알겠어요. 엄마로부터 너무 많은 것을 기대하는 대신 다른 사람들과 유대를 쌓는 데 집중할 수도 있을 거예요.

- **6단계**

  코치: '엄마는 나와 시간을 보내기를 원하고 나에게 신경을 쓰고 있다'에 대한 증거를 찾을 수 있나요?

  릴리: 네. 엄마는 언제나 제가 하루를 어떻게 보냈는지에 관심을 두고 제가 도움을 필요로 한다면 밤이라도 새워주실 거예요. 엄마는 계속해서 저와 함께 뭔가를 하자고 제안하세요. 그래서 엄마가 저와 시간을 보내고 싶어 한다고 생각

하죠.

코치: '나는 엄마와 시간을 보내고 싶지 않아. 나는 엄마에게 신경을 쓰지 않아.' 이 진술은 당신에게 어떻게 받아들여지나요?

릴리: 제가 때때로 방과 후 활동을 하고 친구들을 만나느라 너무 바빠서 엄마가 나와 시간을 보내고 싶어 하는 걸 알아차리지 못한다는 생각이 드네요. 엄마가 일을 하는 것과 마찬가지인 듯해요. 그러니까 기분 나빠 할 일이 아닌 거죠.

코치: '나는 혼자 시간을 보내고 싶지 않아. 나는 나에게 신경을 쓰지 않아.' 이 진술에 대해서 어떻게 생각하세요?

릴리: 심오한 말이네요. 모든 불안은 제 안에서 비롯되는 것 같아요. 저는 때로 제 부정적인 마음의 소리에서 도망치기 위해서 다른 사람과 시간을 보내려 해요. 저 스스로에게 집중하지 않으려는 것에 가깝죠. 그건 여러 가지 생각을 갖고 있는 진정한 제 자신과 시간을 보내는 것을 원치 않는다는 뜻이겠죠. 저는 다른 사람들에 대해서만큼 자신에 대해서 신경을 쓰지 않는 것 같아요. 제게 좀 더 신경을 쓰는 법을 배워서 외부의 요소에 크게 흔들리지 않도록 만들어야 겠어요.

내부 대화에 반박하면서 릴리는 보다 객관적인 현실을 보고 전전두피질을 활성화시키게 되었다. 이로써 그녀는 덜 민감하고 더 기지 넘치는 상태가 될 수 있었다.

편도체를 진정시키면서 한층 더 내부 대화를 하는 또 다른 방법은 감사 목록 혹은 '오늘 잘된 일'의 목록을 적어보는 것이다. 이런 활동을 하면서 우리는 편도체에게 주변에 아무런 문제가 없다고 알려고 안심시키면서 세상에 대한 균형 잡힌 시각을 가지도록 할 수 있다. 물론 편도체는 어떻게든 문제점을 찾아내려 하겠지만 적어도 그것과 균형을 이룰 긍정적인 일도 분명 있을 것이다. 사소한 일이라도 상관없다. 다음과 같이 당신에게 대단히 의미가 있는 구체적인 일들을 감사 목록에 적어보도록 하자.

- 강아지와의 즐거운 아침 산책
- 동료가 데이터 분석을 도와줘서 고맙다며 감사 인사를 해줌
- 맛있는 점심 식사
- 편두통이 없는 하루를 보냄
- 어제보다 두 배 많은 거리를 걸음
- 저녁에 좋아하는 운동을 함

긍정적인 것들에 대한 이런 내적 평가를 하는 과정에서 당신은 보다 객관적인 시야를 가질 수 있다. 그리고 이것은 다른 사람들과의 커뮤니케이션에서도 매우 중요하다. 다른 사람들에게 불만족스러운 점은 자주 표현하는 데 반해 서로에 대한 인정과 감사는 얼마나 표현하지 않고 넘어갔는지 되돌아보자.

감사 목록으로 객관적인 관점을 가질 수 있다

감사 목록을 만들면 편도체에게 주변에 아무런 문제가 없다고 인식시키면서도 세상을 객관적으로 바라볼 수 있게 된다. 감사할 일을 찾기 힘들다면 자신이 잘 한 일을 적어도 좋다. 오늘 하루를 되돌아보자.

- 오늘 감사한 일(혹은 잘한 일)은 무엇인가?

_____   _____

_____   _____

'비난'과 '담 쌓기'를 멈춰라

가트맨의 연구에 대한 논의를 계속해보자. 아파트먼트 랩에서 24시간 동안 모니터를 받으면서 지내는 커플은 즐거운 주제, 의견 교환의 여지가 없는 주제, 의견이 다른 주제에 대해서 논의하는 과제를 수행한다. 그러는 동안 연구자들은 커플들이 대화를 나누는 모습을 계속 녹화하고, 그들의 대화를 녹음하며, 그들의 심박수를 모니터하고 소변 샘플을 채취해 스트레스 호르몬의 수치를 측정한다. 그렇게 많은 데이터들을 분석한 결과 연구자들은 다음과 같은 관계에 해로운 네 가지 상호작용 유형을 찾아냈다.

1. 지속적인 비난: 상대의 행동에 끊임없이 불만을 가지며 상대를 교육하거나 '고칠' 권리가 있다고 느낀다. 예를 들어 '당신은 언제나 쓸데없는 걸 사는 데 돈을 써. 도대체 뭐가 문제야?'라고 말하는 것이다. 이보다 나은 대화 방식은 이 메시지를 '일인칭'으로 표현하고 이 행동으로 충족되지 않는 당신의 욕구를 지적하는 것이다. '난 우리 재정 상황이 걱정돼. 난 가족을 위해 많은 것을 해주고 싶어. 그런데 은행 잔고가 줄어드는 걸 보면 내 안의 두려움이 커지게 돼. 게다가 최근에 지출이 많았잖아? 이 문제에 대해서 얘기 좀 할 수 있을까?'

2. 도움이 되지 않는 방어: 여기에는 비난에 대한 반격('당신도 필요하지 않은 물건들을 사잖아')과 자신을 피해자로 만드는 일('새 시계가 필요했어. 나도 힘이 되는 아내가 되고 싶어. 누가 내 맘을 알겠어')이 포함된다. 더 나은 대화 방식은 자신의 행동에 대한 '책임'을 지는 것이다. '아, 그 이야기를 당신에게 하고 싶었어. 그 시계는 정말 근사한 데다 내가 알아봤더니 계속 가치가 오른다는 거야. 정말 좋은 가격에 살 수 있는 기회가 생겨서 단점이 없다고 판단했어. 하지만 사려 깊지 못한 성급한 행동이었어. 지금 생각해보니 사기 전에 당신과 의논했어야 했어. 앞으로는 당신의 의견을 꼭 구하도록 할게. 지적해줘서 고마워.'

3. 무례와 비난: 욕을 한다는 것은 그 사람을 자신보다 가치가 낮거나 지위가 낮은 사람으로 본다는 의미다. 가트맨은 이러한 형태의 의사소통이 이혼의 가장 강력한 예측변수임을 발견했다. 그것이 상대에 대한 결정적인 태도를 드러내주기 때문이다. 앞의 예를 계속 이어가 만약 상

대가 이렇게 말했다고 해보자. '당신은 정말 이기적이야. 항상 당신이 원하는 것만 하는 완전히 무책임한 아버지이자 남편이지. 당신 같은 패배자와는 결혼하지 말았어야 했어.' 정말 불쾌하게 들리지 않는가? 이런 상황에서는 특효약이 없다.

다만 앞 장에서 설명한 대로 그 사람의 가치관을 자신의 가치관과 연결시키는 것이 당신 마음속에서 상대의 지위를 높이는 데 도움이 될 수는 있다. 건강한 관계를 위해서는 상대를 자신과 같은 수준에서 바라봐야 한다. 상대가 나와 같기를 바라는 것은 당신의 편향된 인식이자 욕망일 뿐이며, 그런 비현실적 바람은 상대의 가치와 이점을 볼 수 없게 만든다. 이 시점에서는 자신에게 중요한 물건에 많은 돈을 쓰는 배우자가 당신이 큰 가치를 두는 일에서 당신에게 어떤 도움이 될지 생각해봐야 한다.

4. 담 쌓기: 상대가 하는 말이나 행동에 반응하지 않는 것을 뜻한다. 관계 속에서 우리는 말과 몸짓 언어, 행동을 이용해 소통한다. 그런데 담을 쌓을 때 상대가 거기에 없는 것처럼 행동한다. 이는 당연히 소외된 사람에게서 편도체 반응을 일으킨다. 연결되어 있다는 감정은 포유류 뇌에 필수적인 안정감을 형성하는 데 결정적이기 때문이다. 그 대안으로 대화를 진행할 상황이 아니라면 이런 커뮤니케이션을 할 수 있다. '지금 기분이 몹시 안 좋아. 직장에서 스트레스를 너무 많이 받아서 다른 것을 받아들일 마음의 여유가 없거든. 당신이 하려는 얘기에 온전히 귀를 기울일 수 있는 오늘 저녁에 이 대화를 다시 나누면 어떨까?'

이러한 네 가지 해로운 상호작용 외에도 가트맨은 상호작용에서 긍정성과 부정성의 비율이 5대 1 이상이어야 한다는 것도 알아냈다. 나아가 충족감이 높고 상호 존중하는 관계가 되기 위해서는 그 비율이 20대 1 이상이어야 한다.

여기에서 또 다른 중요한 점을 지적해야 하겠다. 우리는 특별할 것이 없는 일상적인 상황에서도 서로에 대한 인정의 마음을 전하는 법을 배워야 한다. 이마고 대화나 비폭력 대화 방법을 사용해서 다른 사람에게 의미 있게 느껴지는 방식으로 인정의 마음을 공유해보면 좋을 것이다. 커뮤니케이션에 긍정성을 더하는 몇 가지 방법들을 소개하며 이 장을 마무리하기로 하자.

- 감사의 마음을 보여준다: 어떤 말이나 행동에 대한 감사의 마음을 공유하는 것('오늘 맛있는 저녁 식사를 할 수 있어서 정말 감사한 마음이에요. 요리를 해주어서 고마워요.')은 두 사람 모두의 보상 체계를 자극하고 도파민은 분비시켜 행복감을 강화한다. 더구나 긍정적인 일을 표현하는 것은 편도체가 하는 마음의 소리를 제어하는 데에도 도움이 된다.
- 인정의 마음을 보여준다: 감사의 마음을 공유하는 것과 비슷하게 인정의 마음을 보여주는 것도 행복감을 강화한다('우리 관계에서 다정한 모습을 보여주는 당신을 내가 얼마나 높게 평가하는지 얘기해주고 싶어. 당신이 나와 눈이 마주칠 때마다 꼭 안아주면 정말 사랑받는다는 느낌이 들어'). 당신이 정말로 가치를 두는 것에 대한 인정의 마음을 솔직하게 표현하는 것이 중요하다.

- 상대가 가장 우선하는 세 가지 가치에 관심을 갖는다: 상대가 가장 우선하는 세 가지 가치가 무엇인지 확인하고 이들 가치에 대해 지지를 보낸다. 이러한 행동이야말로 상대에게는 대단히 의미 있게 느껴질 것이다. 그저 그런 가치관들에 대해서 질문을 한다거나 그들이 좋아하는 것을 공유할 기회를 주는 것만으로도 말이다.

- 상대가 사용하는 '사랑의 언어'를 확인한다: 저명한 작가인 게리 채프먼Gary Chapman은 그의 책 《5가지 사랑의 언어》에서 사랑의 언어는 다섯 가지가 존재하며(말, 선물, 배려하는 행동, 양질의 시간, 신체 접촉) 우리 각자는 가장 선호하고 자주 사용하는 사랑의 언어를 가지고 있다고 말한다. 상대와 나의 다름은 이 같은 사랑을 표현하는 방식에서도 잘 드러난다. 따라서 상대가 어떤 방식을 선호하는지, 당신은 애정과 인정의 마음을 어떤 방식으로 표현하고 싶은지 결정하는 것이 중요하다. 내가 선호하는 두 가지 언어는 신체 접촉과 함께 보내는 좋은 시간이다. 따라서 나는 무슨 일이든 상대와 함께할 때 가장 사랑받는다고 느낀다. 남편 매튜는 말과 인정을 필요로 하며 사려 깊은 선물에 감탄한다. 이런 기호의 차이를 알아야 상대에게 특별한 사람이라는 느낌을 주고 싶을 때 가장 효과적으로 이를 표현할 수 있다. 나는 특별한 날에 그를 위한 선물을 고르는 데 많은 시간을 투자하며 그는 생일이나 다른 중요한 날에는 나와 시간을 함께 보내기 위해 휴가를 낸다.

- 질문을 한다: 이는 상대가 당신에게 중요한 사람임을 보여주는 가장 효과적인 방법이다. 누군가가 시간을 내서 당신의 기분이 어떤지, 당신이 어디에 관심을 갖고 있는지, 당신 삶의 여러 영역에서 일이 어떻게 돌아가고 있는지 알고자

할 때, 몸에서는 유대, 신뢰, 애착의 호르몬인 옥시토신이 분비된다. 그 결과 안정감을 느끼고 스트레스는 감소하며 뇌 가소성은 높아진다. 이는 당신이 겪고 있는 모든 일을 처리하는 데 도움이 된다.

스스로를 표현하고 상대에게 귀를 기울이는 이러한 커뮤니케이션 방식이 처음엔 힘들 수 있다. 그러나 반복할수록 더 확실하게, 그리고 쉽게 할 수 있다. 그러므로 성공적인 커뮤니케이션을 위해서는 효과가 좋은 표현 방식과 경청 방식을 체계적으로 반복해야 한다. 그렇게 해야 그것이 당신의 지배적인 커뮤니케이션 방식으로 자리 잡을 수 있다.

이 장을 마치며: 결국 긍정이 답이다

효과적인 커뮤니케이션에서 중요한 점들을 요약해보자.

1. 대화 전에는 휴식을 취해 전전두피질을 충분히 재충전하고 편도체를 안정시켜야 한다.
2. 상대의 이야기를 경청하는 이마고 이론, 거울 반응, 검증, 공감과 같은 편도체를 안정시키는 커뮤니케이션 방법을 찾는다.
3. 상대가 당신의 말을 듣고 있지 않거나 무례하게 반응하거나 다른 중요한 욕구가 충족되지 않았다면 해로운 커뮤니케이션 패턴에 휘말리

게 된다. 따라서 커뮤니케이션에 있어서 당신이 원하는 것이 무엇인지 확인하고 직접적이고 명확한 방식으로 그것을 알려야 한다.

4. 표현의 방식은 내적 커뮤니케이션의 영향을 많이 받는다. 그러므로 상대를 친절하고 배려심 있게 대하려면 당신 스스로를 먼저 그렇게 대해야 한다.

5. 당신이 가장 자주 하는 생각에 따라 기본적인 커뮤니케이션 패턴이 형성된다. 그리고 이는 긴 시간에 걸친 반복으로 더 강화된다. 그러므로 커뮤니케이션 패턴에 변화를 이루고자 한다면 새로운 방식에 대한 꾸준하고 정기적인 실천이 필요하다.

뇌를 내 편으로 만들면
인생이 즐거워진다

당신이 이 책을 여기까지 읽었다면 이제는 얼마든지 변화가 가능하다는 생각을 갖게 되었으리라고 믿는다. 하지만 우리 뇌는 새로운 네트워크를 만들고 강화하는 데 필요로 하는 것과 어울리는 행동을 할 때만 자발적이고 지속적으로 변화할 수 있다. 이들 네트워크는 새로운 행동, 새로운 감정 패턴을 만들고 보다 건강한 인간관계를 유지할 수 있도록 한다.

새로운 네트워크를 만들기 위해서는 충분한 에너지, 재충전, 수면, 뇌 화학물질의 건강한 균형, 낮은 스트레스, 가장 중요하게는 감정적 안정이 필요하다. 또한 이들 네트워크를 강화하기 위해서는 새로운 행동 혹은 패턴을 규칙적으로 반복해야 한다. 더구나 바람직하지 않은 행동을 대체하고자 한다면, 그 행동들이 어떤 욕구를 충족시키고 있는지 파악하고 이런 중요한 욕구를 채울 더 나은 방법을 찾아야 한다. 이는 자연스레 과거의 행동으로 돌아가려는 욕구를 줄이고 덜 반복하게 하면서 낡은 네트워크를 약화시킨다. 변화에 적응하는 뇌의 가소성을 항상 기억하길 바란다. 물론 각 영역의 변화에는 그만의 특징이 있으므로 각 장의 간략한 개요를 살펴보면 도움이 될 것이다.

마지막으로 가상의 인물로 에밀리라는 클라이언트를 가정해 이 과정을 거쳐볼까 한다. 먼저 에밀 리가 이 책에서 논의한 아홉 가지 영역에서 얼마나 만족하고 있는지 1부터 10까지 점수를 매겨보자(1점은 '매우 불행하다', 10점은 '매우 행복하다').

1. 습관: 에밀리는 자신의 건강 상태에 만족하고 있고 규칙적으로 운동을 하며 최근 술을 끊었다. 그러나 그녀는 설탕 섭취를 줄이는 것에 어려움을 겪고 있으며 빵을 많이 먹어서 종종 가스가 찬 느낌이다. (6점)

2. 감정: 그녀는 비관적인 생각과 우울한 기분으로 고통을 받고 있다. 자신의 삶이 상당히 괜찮은데도 그런 느낌을 받고 있다는 점에 대해서 자책을 하고 있다. (4점)

3. 성격: 상당한 발전을 이룬 것 같기는 하지만 여전히 비관적인 세계관 속에서 허우적거리고 있다. 상사가 부를 때마다 그녀가 처음 하는 생각은 '해고 통보면 어쩌지?' 하는 것이다. (5점)

4. 생산성: 에밀리는 직장에서 많은 일을 하며 그만큼 오랜 시간을 회사에서 보낸다. 퇴근을 해도 그녀는 일에 대해 신경을 끄는 것이 어렵다. 이는 종종 사생활, 수면의 질 그리고 정서적인 행복에 영향을 미친다. (5점)

5. 뇌 건강: 에밀리는 종종 기분이 저조해지며 브레인 포그와 만성적인 불안을 경험하고 있다. 그녀는 종종 예전처럼 명확하게 사고하는 데 어려움을 겪는다. (4점)

6. 의사결정: 현재 에밀리는 자신의 삶에 상당히 만족하고 있다. 하지만 중요한 결정을 해야 할 때면 너무 많은 선택지를 두고 고민하느라 결국에는 어떤 결정도 내리지 못하는 마비 상태에 빠지곤 한다. (6점)

7. 리더십: 에밀리의 직업은 장시간 컴퓨터 앞에 앉아서 고객과 상호작용을 하고 동료들과 소통하는 일이다. 그녀는 관리 직급으로 승진을 원하지만 리더로서의 역량을 갖추지 못했을 수도 있다는 두려움을 느낀다. (6점)

8. 인간관계: 그녀는 대니얼이라는 남자친구와 동거를 하고 있다. 보통은 잘 지내지만 두 사람 모두 집에서 일을 해야 할 때는 약간의 갈등을 경험한다. 의견 충돌이 있을 때면 대니얼은 종종 에밀리를 투명 인간 취급한다. 그것이 에밀리를 미치게 만든다. 흥분하면 그녀는 나중에 후회할 말을 하고, 이후 그때는 제정신이 아니었다고 느낀다. (5점)

9. 커뮤니케이션: 에밀리는 좋은 친구들이 있다. 그들에게는 자신의 생각과 감정을 잘 표현할 수 있다. 친구들이 도움을 필요로 할 때 그녀

는 좋은 경청자가 된다. 연인 관계에서의 커뮤니케이션도 비슷하다. 단 그녀와 대니얼 사이에 의견 차이가 생기면 상황은 달라진다. 언쟁을 할 때면, 에밀리는 엄청난 분노와 불안을 경험하며 충동적인 비난과 불평을 하고 방어적인 태도를 보이는 경향이 있다. (6점)

각 영역에서 에밀리의 점수는 5점 전후다. 이는 그녀의 삶이 참을 만은 하지만 이상적이진 않다는 것을 보여준다. 그녀는 오로지 의지와 결단력만으로 각 영역에 변화를 주려고 노력하지만 종종 낡은 습관으로 되돌아간다. 변화를 이루기 위해서 많은 노력을 기울이다가 이내 과거의 습관으로 되돌아가는 이러한 요요 현상은 그녀에게 대단히 부정적인 영향을 주고 있다. 그녀는 자신의 삶을 다른 사람의 삶과 비교하면서 더 큰 좌절감과 우울감을 경험한다. 에밀리는 자신에게 근본적인 결함이 있다고 생각한다. 그녀는 한숨을 쉬면서 내게 이렇게 묻는다. '제겐 어떤 문제가 있는 걸까요?' 이제 에밀리와 함께 이 책을 장별로 거치면서 과거 그녀가 왜 그렇게 변화하기가 어려웠는지 파악하고 지속적인 변화를 이루기 위해 그녀의 뇌가 필요로 하는 것은 무엇인지 알아보자.

습관 바꾸기

일상생활을 평가하고 나자 에밀리가 능력 이상의 일을 하고 있다는 것이 명확히 드러났다. 그녀는 항상 바쁘다는 것에 자부심을 가지고 있었고 이 때문에 휴식을 우선순위에 놓기가 힘들었다. 전전두피질이 변화를 필요로 하며 그녀가 지나치게 피곤할 때는 이 영역의 기능이 저하된다는 것을 확인한 후, 그녀는 그녀의 전전두피질이 아직 활기 있는 아침 시간에 새로운 습관을 시작할 계획을 세웠다.

한 번에 한 가지씩 변화를 시도하기로 결정하고 나서 에밀리는 보다 건강하게 먹는 것을 선택했다. 따라서 아침을 굶거나 지하철역에서 빵과 커피를 먹는 대신 아침에 달걀 요리를 만들기로 했다. 의욕을 높이기 위해 나는 에밀리에게 이 습관을 실천할 때의 50가지 혜택과 실천하지 않을 때의 50가지 단점을 적도록 했다. 약간의 조사 끝에 그녀는 두 개의 긴 목록을 만들었고 이 변화에 대한 새로운 관점을 갖게 되었다. 처음에 그녀는 빵을 먹지 않는 것을 고통과 연관시켰다. 하지만 이제 그녀의 새 습관은 즐거움(스키니진을 입었을 때의 날씬한 모습, 아침 회의에 집중할 수 있는 것, 지하철역에서 빵과 커피에 쓰는 돈을 모아서 휴가에 사용하는 것 등)을 연상시키는 반면 과거의 습관은 고통(브레인 포그와 가스 찬 배 등)을 연상시켰다. 그녀는 불안할 때 정서적 도피로 당을 많이 섭취하는 것을 깨닫고 대안을 생각해냈다. 바로 단 음식을 먹는 대신 자신의 감정을 일기에 적는 것이다. 에밀리는 글 쓰는 것을 좋아하고 자신의 불안에 대한 보다 많은 정보를 얻고자 했다. 따라서 그 방법은 매력적으로 느껴졌다. 그녀는 자신의 감정만을 적는 용도로 예쁜 새 노트를 구입했다.

갑작스런 큰 변화로 편도체를 자극하는 것을 피하기 위해서 에밀리는 아침 식사 습관만을 바꾸고 있다. 그 덕분에 이는 훨씬 감당하기 쉬운 과제가 되었다. 새로운 네트워크를 잘 강화시키기 위해, 에밀리는 매일 아침 건강한 아침 식사 습관을 실천했다. 다만 조카와 인근 카페에서 팬케이크를 사먹는 일요일 아침만은 예외로 했다. 관리할 수 있는 계획으로 느껴졌고 심지어 신이 나기까지 했다.

감정 바꾸기

음식 습관을 바꾼 뒤에, 우리는 감정 패턴에 대한 작업을 시작했다. 첫 단계는 각각의 감정이 그녀에게 무슨 이야기를 전하는지 서서히 인식하는 것이었다. 우리는 여덟 가지 감정에 대해 알아보고 에밀리가 언제 그런 감정을 경험하는지 확인했다. 에밀리는 오랜 시간 동안 바람직하지 않은 감정을 억누르고 거기에 나쁜 감정이라는 꼬리표를 붙여왔다. 때문에 그것이 포유류 뇌의 정상적인 반응이라는 것을 받아들이는 데 상당한 시간이 걸렸다. 그녀는 어떤 상황이 이런 감정을 일으켰는지 관찰하기 시작했고 자신의 포유류 뇌가 그녀에게 하려는 말이 무엇인지 알아들을 수 있게 되었다. 그녀는 분노, 불안, 슬픔이 종종 안정감이 부족한 상황에서 나타난다는 것을 발견하고, 도움이 되는 습관을 개발함으로써 포유류 뇌에 안정감을 더 많이 주기 위해 노력했다. 그녀는 편도체 지배 사고와 전전두피질 지배 사고에 대해서 배우면서 큰 위안을 받았다. 그것이 정상적인 뇌 기능의 발현일 뿐이라고 설명하자 그녀는 이렇게 말했다. '제가 이상한 게 아니었군요!'

다음으로 우리는 편도체가 자극을 받아서 전전두피질을 납치하기 시작할 때 중요한 결정을 내리지 않을 방법을 고안했다. 에밀리는 이런 상황에서 15분간의 휴식을 취하기로 했다. 그녀는 점차 인간관계에서도 이 방법을 도입하기로 했다. 얼마 후, 에밀리는 '6단계 질문법'을 사용해서 편도체를 자극하는 내면의 생각을 진단하기 시작했다. 약간의 연습을 하면서 그녀는 이 방법으로 도움이 되지 않는 생각을 버릴 수 있었다.

에밀리는 매주 일요일 오후를 감정 패턴을 재평가하고 6단계 질문법이나 기타 전전두피질을 활용하는 방법을 사용해 자신의 생각을 재정리하는 시간으로 삼았다. 그녀의 부정적 감정은 점차 내면의 평화와 기쁨의 감정으로 바뀌었다. 하지만 여기에는 규칙적이고 의도적인 노력이 필요했다. 에밀리는 일기에 자신의 감정을 적으면서 자극 요인을 조사하고 모든 감정이 필요하며 귀중한 피드백을 제공한다는 점을 차차 받아들이게 되었다. 그녀는 이 작업을 계속하면서 안정감을 찾는 습관을 만들었고, 편도체가 자극받았을 때 휴식 시간을 갖고, 부정적인 내면의 믿음을 바로 세웠다.

성격 바꾸기

감정 패턴을 변화시키는 작업을 시작한 후 에밀리는 자신의 성격에 대한 불만이 크게 줄어들었다. 편향된 인식에 대해 배우면서 에밀리는 보다 개방적인 시각을 가질 수 있었다. 우리는 디마티니 박사의 질문을 통해 에밀리가 정말로 가치를 두는 것이 무엇인지 평가했다. 이는 어떤 목표가 그녀에게 정말 의미가 있고, 어떤 가치가 다른 사람의 목소리를 따르는 것인지에 대한 깨달음을 가져다 주었다. 자신이 가장 우선시하는 가치를 이해하고 나자 그녀는 그동안 자신이 다른 사람의 기대와 바람을 이루기 위해 노력해왔다는 사실을 깨달았다. 다른 사람의 목소리에서 벗어나자 에밀리는 자신이 구체적으로 어떤 삶을 살고 싶은지 훨씬 더 명확하게 그림을 그릴 수 있게 되었다. 고정형 사고방식과 성장형 사고 방식에 대해서 살피면서 에밀리는 웃기 시작했다. "저는 종종 고정형 사고방식에 빠져서 제가 통제할 수 없는 일에 집중해요. 하지만 친구나 가족에게는 무엇이든 할 수 있다는 생각으로 기반해 조언을 해주죠." 우리는 그런 조언을 스스로에게도 할 수 있다는 데 뜻을 같이 했고 그녀는 자신의 통제 안에 있는, 집중할 일의 목록을 만들었다.

생산성 높이기

처음에 에밀리는 쉬지 않고 일하고 멀티태스킹을 하는 것이 더 많은 일을 하는 데 도움이 된다고 믿었다. 이런 믿음이 완전히 잘못되었음을 알게 된 후, 에밀리는 많은 과제를 한 번에 다룰 때 대단히 스트레스를 받았고, 뇌가 피로해지기 시작해서 오후에는 효율적으로 일하기가 힘들었다고 인정했다. 오후 2시 이후에는 여전히 일에만 집중하려고 노력하기는 하지만 이메일을 잘 쓰고 고객의 요청을 처리하는 데 훨씬 더 오랜 시간이 걸렸다. 계산을 해보자 충격적인 결과가 나왔다. 오후에는 효율이 세 배까지는 아니어도 절반 이상 떨어졌던 것이다. 에밀리는 포모도로 기법을 사용해서 주의지속 시간을 연장하는 훈련을 하고 이어 멀티태스킹을 줄이기로 결정했다. 하지만 휴식 시간을 갖는 데 죄책감을 느껶기 때문에 에밀리는 좋은 아이디어를 생각해냈다. 집중이 대단히 쉬운 회의들은 아침이 아닌 오후 시간대로 옮기는 것이었다.

더불어 미루기 습관에 대한 평가를 하면서 에밀리는 과중한 업무가 거절을 못하는 태도와 완벽주의에서 비롯된다는 것을 깨닫고 상당한 충격을 받았다. 엄청난 업무량 때문에 지쳤다는 느낌을 받으면서도 그녀는 신경을 끌 수 없었다. 때문에 쉽게 피로해졌고 자연히 전화나 이메일을 확인하거나 뉴스를 읽는 등 집중을 방해하는 일을 자주 하고, 우선순위는 낮지만 쉬운 일에 손을 대게 되었다. 에밀리는 모든 과제는 적고 긴급성과 중요성을 기반으로 네 개의 사분면으로 분류했다. 그런 다음 위임이 가능한, 우선순위가 낮은 과제는 줄을 그어 지우고 더 나은 생산성을 위해 거절하는 방법을 마련했다. 또한 우리는 다른 방식으로 유대를 강화할(에밀리가 거절을 모르는 '혹사형 지연가'로서 충족시키던 욕구를 대체할) 전략을 개발했다.

뇌 건강 바꾸기

에밀리는 운동을 많이 하고 상당히 몸에 좋은 음식을 먹었다. 그렇지만 동시에 당이나 커피와 같은 흥분제를 많이 섭취함으로써 자신의 뇌를 과도하게 흥분 상태로 몰아가고 있다는 점을 알아냈다. 그녀는 더 나은 작업 습관을 개발하고 전전두피질이 회복할 수 있도록 적절한 휴식이 필요함을 깨닫고 이러한 습관을 바꾸기로 했다.

그녀는 커피와 초콜릿 섭취가 대부분 점심 식사 이후에 이루어진다는 것을 발견하고 한 가지 아이디어를 생각해냈다. 책상에서 점심 식사를 해결하는 대신 이후 30분 동안 가볍게 조깅을 하거나 최소한 빠르게 걷기로 한 것이다. 가벼운 운동 이후에 그녀는 자연스럽게 긴장이 풀렸다는 느낌을 받았다. 운동에 시간과 노력을 투자한 후에는 자연스럽게 스프나 샐러드 등 더 나은 음식을 선택하게 되었다. 그녀는 유제품과 글루텐을 피해보기로 했고 그것이 브레인 포그를 줄이는 데 효과가 있는지 살펴보기로 했다. 그렇게 커피 섭취는 계속하되 점심 시간에 딱 한 잔만 마시기로 제한을 두었다. 오후 1시 이후 커피 섭취를 하지 않는 것은 효과적일 확률이 높다.

에밀리는 저녁 시간 이후 이메일을 종종 확인하고 때로는 잠자리에 들기 전까지 일에 몰두하곤 했다. 그러다 보니 늘 불안정했고 신경이 곤두섰으며 잠이 들기까지 긴 시간이 걸렸다. 다른 모든 변화를 성공적으로 실행하고 새로운 습관으로 만든 후, 우리는 이 문제를 다루었다. 늦은 시간에 이메일을 확인하려는 동기가 무엇인지 조사하고 그 대안으로 새로운 저녁 루틴을 설계했다. 노트북에 매달려서 일을 하는 시간을 에밀리가 즐겁게 느끼는 드라마 보기, 친구와 저녁 먹기, 강변 산책하기, 엄마와 영상통화하기, 책 읽기 등 다른 일로 대체하기로 한 것이다. 새로운 습관이 보상 중추를 자극하거나 이전 습관보다 좋을 경우 습관을 대체하는 것이 더 쉬워진다.

의사결정 바꾸기

경험 기반의 빠른 의사결정을 하는 시스템 1과 이성적이지만 느린 의사결정을 하는 시스템 2에 대해 배운 후, 에밀리는 최근 그녀가 한 중요한 결정들의 목록을 만들고 그 결정을 내리는 데 가장 유용했던 시스템이 어떤 것이었는지 적었다. 주말을 어떻게 보낼지 결정할 때나 취미 활동을 고르는 것 같은 개인적인 선택을 할 때 대부분은 포유류 뇌 주도의 직감에 따라 성공적으로 이루어졌다. 반면 어떤 나라에서 살지와 같이 체계적인 단계별 평가가 필요한 다른 결정도 있었다. 누구와 데이트를 할지와 같은 어려운 결정은 과거의 실수를 피하되 마음이 맞아야 하기 때문에 두 시스템의 조합이 필요하다. 에밀리는 직업에 관련된 선택을 할 때 감정을 신뢰하지 않아서 분석 마비에 빠지는 경우가 종종 있다는 것을 인정했다. 하지만 감정 일기를 적고 그런 감정을 자극한 원인을 파악하고 난 후에는 감정이 훨씬 더 가치 있고 중요하다는 점을 알게 되면서 거기에도 변화가 생겼다. 에밀리는 직장에서도 자신의 감정을 관찰하고 빠른 결정을 내리는 데 도움을 줄 수 있는 명확한 패턴이 드러나지 않는지 조사했다.

리더십 유형 바꾸기

불협 모드와 공감 모드에 대해 배운 에밀리는 일과 관련된 과제를 효율적으로 처리하기 위해 그 일에 집중하는 동안 가끔씩 불협 모드에 들어간다는 것을 알게 되었다. 그러다 보니 때때로 회의 중에 동료들의 시각을 이해하지 못했다. 불협 모드에서 공감 모드로의 전환이 어려웠기 때문이다. 에밀리는 직장에서 리더의 자리를 얻고 싶다면 회의에서 공감 스타일을 실천해서 동료들의 사고방식을 이해하고 더 나은 협력을 이끌어낼 수 있게 해야겠다고 생각했다. 또한 그녀는 자신의 목표를 알리고 일련의 리더십 스킬을 훈련하기 위해 직속상관에게 공식적으로 누군가를 감독하는 일을 시작할 수 있겠느냐고 물었다. 놀랍게도 그녀의 직속상관은 그녀의 말에 대단히 기뻐했다. 감독 의무가 너무 많아서 부담을 느꼈던 그 상관은 에밀리에게 감독 업무를 주었다. 연습을 거쳐 에밀리는 불협 스타일과 공감 스타일 사이에서 적절한 균형을 찾았다. 그결과 회의 시간을 아이디어를 나누고 다른 사람들과 협력을 도모하는 창의적이고 사기를 돋우는 시간으로 만들 수 있었다.

인간관계 바꾸기

전반적으로 에밀리는 자신의 인간관계에 대단히 만족하고 있었고 대니얼을 남은 평생을 함께하고 싶은 남자라고 느꼈다. 자신의 관계 역학을 가족과 비교해본 후 에밀리는 그녀가 때때로 과도하게 독립적인 태도를 보여서(회피 애착 유형), 대니얼이 진심으로 그녀에게 다가갈 수 없게 만든다는 것을 깨달았다. 우리는 내면 아이 치유 작업을 시작했다. 그녀의 편도체에 세상이 그녀가 어린 시절에 배웠던 것보다 훨씬 안전하다는 것을 가르쳤다. 우리는 그녀의 포유류 뇌가 여전히 붙들고 있는 잘못된 생각에 대해 조사하고 6단계 질문법을 이용해 그런 믿음을 하나씩 반박하면서 보다 정확한 대안으로 대체했다. 이로써 에밀리는 민감한 주제에 대해서 대니얼에게 훨씬 더 마음을 열 수 있었고 둘 사이의 감정적 친밀감을 높일 수 있었다. 편도체가 안전한 공간에서도 대니얼이 도망가지 않을 뿐 아니라 오히려 더 마음을 여는 것을 본 에밀리는 대니얼을 더 깊이 알게 되었고 그들의 유대와 신뢰는 더 강해졌다. 또한 그들은 서로가 우선시하는 세 가지 가치관에 대해서 깊이 이해하게 되었다. 이로써 서로를 최고의 파트너로 보게 되었고 갈등을 줄이고 서로에 대한 평가를 더 높일 수 있었다.

커뮤니케이션 방식 바꾸기

에밀리는 자신이 금방 기분이 상한다는 것을 깨달았다. 그녀는 자신이 인간관계에서 존중에 대한 욕구가 매우 크다는 점을 인식했고 그것을 비폭력적인 방식으로 표현하는 법을 배웠다. 대니얼 또한 그녀와 이야기할 때 그녀가 표현하는 욕구에 귀를 기울이는 법을 배우고 있다. 그들은 이마고 방법을 아직은 약간 부자연스럽게 느끼고 있지만 일주일에 이마고 대화 하나씩을 실행하면서 점점 더 능숙해지고 있다. 매일 즐거웠던 것에 대해서 이야기 나누고 각자의 경험이 어떤 느낌을 주는지 알아보는 개방형 질문을 던지고 있다. 흥미롭게도 이는 두 사람에게 공통점이 많다고는 하지만 여전히 서로 다르며, 따라서 상대가 어떻게 생각하는지를 섣부르게 짐작하기보다 직접적인 질문을 할 때만이 서로에 대한 진정한 이해에 이를 수 있다는 점을 상기시켜주었다. 대니얼과 에밀리 모두 서로에게 더 큰 의미를 가지게 되었고 있는 그대로의 모습으로 상대에게 받아들여진다는 느낌을 받게 되었다. 여전히 두 사람의 의견이 일치하지 않을 때도 있다. 하지만 상황이 과열될 때마다 15분간의 휴식 시간을 갖기로 한 후 에밀리는 더 이상 크게 화를 내지 않게 되었고 대니얼은 이전만큼 자주 신경을 끄는 태도를 취하지 않게 되었다. 그들은 서로의 감정과 정신 상태를 더욱 존중하면서 더 바람직한 경계를 설정하고, 논쟁이 벌어졌을 때 보다 건전한 논의를 이어갈 수 있게 되었다.

우리 모두는 특별하고 독특한 뇌를 가지고 있다. 나는 당신이 이 책의 내용을 당신의 상황에 가장 도움이 되는 방향으로 적용하기를 바란다. 우리 각자의 뇌는 믿기 힘든 역량을 가지고 있으며 놀라운 일들을 해낼 수 있다. 이 책이 당신의 뇌를 보다 잘 이해하는 데 도움이 되기를 바란다. 당신이 뇌를 존중하고 받아들여서 뇌에 맞서려고 노력하는 대신 현재 상태에 따라 변화를 이룰 수 있기를 바란다.

삶에서 발생하는 대부분의 문제는 우리가 현실을 받아들이지 않고 진정한 모습이 아닌 '바라는' 모습에 따라 계획을 세우기 때문에 생긴다. 이는 길을 잃는 확실한 방법이다. 나는 당신이 누구인지 그리고 당신의 뇌가 어떤 모습인지 더 많이 발견하고 다른 사람의 목소리에서 벗어나길 바란다.

당신은 있는 그대로 이미 완벽하다. 아이러니하게도, 이 사실을 받아들일 때 당신에게 더 도움이 되는 습관을 발전시킬 수 있고, 의미 있는 변화를 이루고, 보다 유쾌한 감정 패턴을 경험하고, 한층 더 충족감을 주는 결정을 내리고, 가치 있고 특별한 관계를 발전시킬 수 있다. 그 여정의 모든 단계에서 내가 당신과 함께할 것이다. 그러니 이 책을 한 번 이상 읽어보라. 매번 다른 깨달음이 반향을 일으킬 것이다. 당신의 뛰어난 두뇌에 대해 배우는 일이 당신 자신을 훨씬 더 사랑하는 데 도움이 되기를 바란다. 당신은 정말 근사한 사람이다!

나가며 뇌를 내 편으로 만들면 인생이 즐거워진다

감사의 글

이 책을 쓰는 동안 매우 행복했습니다. 가족과 동료, 멘토들의 적극적인 지원이 아니었다면 이 일은 불가능했을 것입니다. 우선 제가 커리어를 쌓는 데 무조건적인 지원을 해준 우리 딸 에밀리아의 멋진 아빠이자 최고의 남편인 매튜 케빈 존 픽든에게 감사를 전하고 싶습니다. 우리 집에 들어와서 에밀리아를 돌보는 데 말할 수 없이 큰 도움을 주시며 우리 집을 진짜 가정답게 만들어주시는 시어머니 제인 픽든께도 정말로 감사드립니다. 우리 형제자매와 제게 교육자의 길을 가도록 격려해주신 우리 어머니 라무트 톨레이키엔께도 감사드립니다. 책과 배움에 대한 사랑을 알게해주시고 활동의존 뇌 가소성의 기적을 직접 보여주신 아버지 안타나스 톨레이키스께도 감사드립니다. 사실 아버지는 제가 처음 신경과학에 관심을 갖게 된 이유이셨습니다. 세 번의 허혈성 뇌졸중을 겪은 후에 광범위한 재활 훈련을 통해 인지 기능과 정신 기능의 대부분을 회복하는 모습을 보여주셨기 때문입니다.

저의 멘토로 제가 응용 신경과학으로의 여정을 걷게 도와주신 빈센트 월시Vincent Walsh 교수님과 폴 브라운Paul Brown 교수님께도 깊은 감사를 전하고 싶습니다. 비즈니스 코치로서의 뛰어난 멘토링을 해주신 캐시 래셔Cathy Lasher와 수 스톡데일Sue Stockdale께도 감사의 인사를 전합니다. 10년 넘게 연구소에서 연구를 할 기회를 주신 오스발다스 루크세나스Osvaldas Ruksenas(리투아니아 빌뉴스 대학교) 교수님, 페르티 파눌라Pertti Panula(핀란드 헬싱키), 마이클 하우저Michael Hausser(영국 유니버시티 칼리지 런던) 교수님께도 감사드립니다. 그곳에서 뇌 과학과 첨단 방법론에 대한 귀중한 식견을 얻었을 뿐 아니라 많은 뛰어난 연구자(특히 크리스토프 슈미트−히버Christoph Schmidt-Hieber와 빌 살리넨Ville Sallinen)들과 함께 호흡할 수 있었습니다. 그분들의 연구에 대한 애정과 헌신, 저에 대한 지도는 제가 연구자로서 발전하는 데 더 없이 귀중했습니다. 이 책에 인용된 모든 연구를 수행한 연구자들께도 진심으로 감사한 마음입니다. 그분들의 노력은 세상에 정말 큰 차이를 만들었습니다.

제가 코칭하는 모든 클라이언트와 저의 세미나와 워크숍에 참석해준 모든 분들께도 감사의 인사를 전하고 싶습니다. 그분들은 제가 이 책

감사의 글

에 담은 내용을 발전시키킬 기회를 주셨습니다. 마지막으로 이 책을 현실로 만들어주신 저의 뛰어난 에이전트 케이트 바커Kate Barker와 스레드Thread 팀에게 감사드립니다.

참고 문헌

제1장. 단순한 습관 설계만으로 인생이 달라진다

1. 습관 루프에 대한 깊이 있는 설명이 담긴 책. 찰스 두히그, 《습관의 힘》, 강주헌 옮김, 갤리온, 2012.
2. 뇌 가소성에 대한 다양한 연구 결과를 요약한 뛰어난 책. 노먼 도이지, 《기적을 부르는 뇌》, 김미선 옮김, 지호, 2008.
3. 삼위일체 뇌 모델의 원전. 폴 맥린Paul MacLean, 《진화의 삼위일체 뇌: 후두뇌 기능에서의 역할》The Triune Brain in Evolution: Role in Paleocerebral Functions, 1990, Plenum Press.
4. 다양한 뇌 영역의 대사를 측정하는 방법을 다룬 논문. Barros, L. F., Bolaños, J. P., Bonvento, G., Bouzier-Sore, A. K., Brown, A., Hirrlinger, J., Kasparov, S., Kirchhoff, F., Murphy, A. N., Pellerin, L., Robinson, M.

B., & Weber, B. (2018). Current technical approaches to brain energy metabolism. Glia, 66(6), 1138–1159. https://doi.org/10.1002/glia.23248

5. 어린이 대상의 마시멜로 테스트. Mischel, W., Shoda, Y., & Rodriguez, M. I. (1989). Delay of gratification in children. Science, 244(4907), 933–938. https://doi.org/10.1126/science.2658056

6. 활동의존 뇌 가소성에 대한 비평 논문. Butz, M., Wörgötter, F., & van Ooyen, A. (2009). Activitydependent structural plasticity. Brain research reviews, 60(2), 287–305. https://doi.org/10.1016/j.brainres-rev.2008.12.023

7. 행동 동기에서 뇌 보상 중추의 역할. Schultz, W. (2015). Neuronal reward and decision signals: From theories to data. Physiological Reviews, 95(3), 853–951. https://doi.org/10.1152/physrev.00023.2014

8. 단기 뇌 가소성과 장기 뇌 가소성 검토. Di Filippo, M., Picconi, B., Tantucci, M., Ghiglieri, V., Bagetta, V., Sgobio, C., Tozzi, A., Parnetti, L., & Calabresi, P. (2009). Short-term and long-term plasticity at corticostriatal synapses: Implications for learning and memory. Behavioural Brain Research, 199(1), 108–118. https://doi.org/10.1016/j.bbr.2008.09.025

9. 성인 신경 발생에 대한 비평 논문. Cameron, H. A., & Glover, L. R. (2015). Adult neurogenesis: Beyond learning and memory. Annual Review of Psychology, 66, 53–81. https://doi.org/10.1146/annurev-psych-010814-015006.

제2장. 들쭉날쭉 내 감정에 휘둘리지 않는 기술

1. 불안과 두려움들이 우리 사고를 변화시키는 방법(편도체의 전전두피질 납치)에 대한 세계적인 편도체 연구가의 책. 조지프 르두, 《불안》, 임지원 옮김, 인벤션, 2017.

2. 우리 감정의 근원을 설명한 위대한 저술. 판크셉Panksepp, J.과 바이벤Biven,

L., 《마음의 고고학: 인간 감정의 신경 진화적 기원》The Archaeology of Mind: Neuroevolutionary Origins of Human Emotions, 2012, W. W. Norton & Co.

3. 당신의 편도체를 달래주는 긍정의 확언이 가진 힘에 대한 책(내면 아이 치유에서 사용할 수 있다). 루이스 헤이, 《치유》, 박정길 옮김, 나들목, 2012.

4. 당신의 사고와 내면의 믿음에 반박하는 6단계 질문법을 설명하는 대단히 실용적인 책. 바이런 케이티, 스티븐 미첼, 《네 가지 질문》, 김윤 옮김, 침묵의향기, 2013.

5. 가치 위계가 동기부여에 어떤 영향을 주는지 설명하는 책. 존 디마티니, 《최고들이 사는 법》, 박병화 옮김, 넥서스BIZ, 2013.

6. 다양한 감정 유형, 우리가 그런 감정들을 경험하는 방법, 그들과 관련된 뇌 영역에 대한 비평 논문. Barrett, L. F., Mesquita, B., Ochsner, K. N., & Gross, J. J. (2007). The experience of emotion. Annual Review of Psychology, 58, 373 – 403. https://doi.org/10.1146/annurev.psych.58.110405.085709

7. 감정의 신체 지도를 보여주는 논문. Volynets, S., Glerean, E., Hietanen, J. K., Hari, R., & Nummenmaa, L. (2020). Bodily maps of emotions are culturally universal. Emotion, 20(7), 1127 – 1136. https://doi.org/10.1037/emo0000624

8. 뇌도 연구에 대한 포괄적인 검토. Nieuwenhuys, R. (2012). The insular cortex: A review. Progress in brain research, 195, 123 – 163. https://doi.org/10.1016/B978-0-444-53860-4.00007-6

9. 교감신경계와 부교감신경계의 감정 관여에 대한 검토. Kreibig, S. D. (2010). Autonomic nervous system activity in emotion: A review. Biological psychology, 84(3), 394 – 421. https://doi.org/10.1016/j.biopsycho.2010.03.010

10. 인지 행동 치료의 ABC(DE) 모델. Ellis, A. (1991). The revised ABC's of rational-emotive therapy (RET). Journal of Rational-Emotive and Cognitive Behavior Therapy, 9, 139 – 172. https://doi.org/10.1007/BF01061227

11. 감사와 마음 챙김 개입에 대한 연구 논문. O'Leary, K., & Dockray, S. (2015). The effects of two novel gratitude and mindfulness interventions on well-

being. Journal of Alternative and Complementary Medicine, 21(4), 243 –
245. https://doi.org/10.1089/acm.2014.0119

제3장. 내 성격의 35퍼센트 원하는 대로 바꾸기

1. 가치 위계의 판단 방법과 그것이 삶의 여러 영역에 영향을 미치는 방법에 대한
   책. 존 디마티니, 《최고들이 사는 법》, 박병화 옮김, 넥서스BIZ, 2013.
2. 고정형 사고방식과 성장형 사고방식에 대한 연구를 설명하는 책. 캐럴 드웩, 《마
   인드셋》, 김준수 옮김, 스몰빅라이프, 2017.
3. 성격 개발에서의 유전 요인과 환경 요인. Briley, D. A., & Tucker-Drob, E. M.
   (2014). Genetic and environmental continuity in personality development:
   A meta-analysis. Psychological Bulletin, 140(5), 1303 – 1331. https://doi.
   org/10.1037/a0037091
4. 성격의 유전 요인에 대한 심층 논문. Sanchez-Roige, S., Gray, J. C.,
   MacKillop, J., Chen, C. H., & Palmer, A. A. (2018). The genetics of human
   personality. Genes, Brain, and Behavior, 17(3), e12439. https://doi.
   org/10.1111/gbb.12439
5. 새롭게 부상하는 후생유전학 분야와 유전자 사용에 영향을 미치는 환경 요인
   에 대한 검토. Pinel, C., Prainsack, B., & McKevitt, C. (2018). Markers as
   mediators: A review and synthesis of epigenetics literature. BioSocieties,
   13, 276 – 303. https://doi.org/10.1057/s41292-017-0068-x
6. 인식과 학습의 다른 측면과 관련된 두뇌 영역에 대한 뛰어난 개요. 신경과학
   회The Society for Neuroscience, 《뇌에 관한 사실: 뇌와 신경계에 관한 입문서》
   Brain Facts: A Primer on the Brain and Nervous System, 2018. www.brainfacts.org/
   thebrain-facts-book
7. 우리가 세상을 인식하는 방법의 상향식 변조와 하향식 변조에 대한 검토. Choi,
   I., Lee, J. Y., & Lee, S. H. (2018). Bottom-up and top-down modulation

of multisensory integration. Current opinion in neurobiology, 52, 115 –
122. https://doi.org/10.1016/j.conb.2018.05.002

8. 어린이의 성장형 사고방식과 고정형 사고방식에 대한 연구. Haimovitz, K., &
Dweck, C. S. (2017). The origins of children's growth and fixed mindsets:
New research and a new proposal. Child development, 88(6), 1849 – 1859.
https://doi.org/10.1111/cdev.12955

9. 사고방식과 그 적용에 대한 연구를 요약하는 뛰어난 논문. Dweck, C. S., & Yeager,
D. S. (2019). Mindsets: A view from two eras. Perspectives on Psychological
Science, 14(3), 481 – 496. https://doi.org/10.1177/1745691618804166

10. 메타 가소성(우리가 하는 일에 따른 뇌 가소성의 변화)에 대한 비평 논문. Müller–
Dahlhaus, F., & Ziemann, U. (2015). Metaplasticity in human cortex.
The Neuroscientist, 21(2), 185 – 202. https://doi.org/10.1177/107385841
4526645

제4장. 일머리 좀 있다는 말 듣는 법

1. 효과적으로 일하는 사람의 습관에 대한 훌륭한 저술(긴급성과 중요성을 기반으로
과제를 4사분면에 나누는 등). 스티븐 코비, 《성공하는 사람들의 7가지 습관》, 김경
섭 옮김, 김영사, 2017.

2. 포모도로 기법 창안자의 책. 프란체스코 시릴로 Cirillo, F., 《포모도로 기법: 인생을
바꾸는 시간 관리 체계》The Pomodoro Technique: The Life-Changing Time Management
System, 2016, Virgin Digital.

3. 여섯 가지 유형의 지연가에 대한 책. 린다 사파딘 Sapadin, L., 《디지털 시대에 지
연과 싸우는 방법》How to Beat Procrastination in the Digital Age, 2011, Psych
wisdom Publishing.

4. 뇌의 배측 주의 시스템과 복측 주의 시스템. Vossel, S., Geng, J. J., & Fink,
G. R. (2014). Dorsal and ventral attention systems: Distinct neural circuits

but collaborative roles. The Neuroscientist, 20(2), 150 - 159. https://doi.
org/10.1177/1073858413494269

5. 멀티태스킹의 한계. Skaugset, M. L., Farrell, S., Carney, M., Wolff, M.,
Santen, S. A., Perry, M., & Cico, S. J. (2016). Can you multitask? Evidence
and limitations of task switching and multitasking in emergency medicine.
Annals of Emergency Medicine, 68(2), 189 - 195. https://doi.org/10.1016/j.
annemergmed.2015.10.003

6. 다양한 기억의 유형과 그들을 책임지는 뇌 구조를 요약한 논문. Budson, A. E.,
& Price, B. H. (2005). Memory dysfunction. The New England Journal of
Medicine, 352(7), 692 - 699. https://doi.org/10.1056/NEJMra041071

7. 운동이 뇌 가소성에 미치는 영향. Marais, L., Stein, D. J., & Daniels, W.
M. (2009). Exercise increases BDNF levels in the striatum and decreases
depressive-like behavior in chronically stressed rats. Metabolic brain
disease, 24(4), 587 - 597. https://doi.org/10.1007/s11011-009-9157-2

8. 치아이랑 뇌 구조 내 성인 신경 발생을 보여주는 연구. Abbott, L. C., & Nigussie,
F. (2020). Adult neurogenesis in the mammalian dentate gyrus. Anatomia,
Histologia, Embryo-logia, 49(1), 3 - 16. https://doi.org/10.1111/ahe.12496

9. 기억 변화(기억 재강화)에 대한 비평 논문. Haubrich, J., & Nader, K. (2018).
Memory reconsolidation. Current Topics in Behavioral Neurosciences, 37,
151 - 176. https://doi.org/10.1007/7854_2016_463

10. 거짓 기억 통합에 대한 연구. Hyman, I. E., Jr., & Billings, F. J. (1998).
Individual differences and the creation of false childhood memories.
Memory, 6(1), 1 - 20. https://doi.org/10.1080/741941598

제5장. 120퍼센트 가동하는 뇌 컨디션 만들기

1. 인간 행동에 대한 놀라운 저술. 로버트 새폴스키Sapolsky R. M., 《행동: 인간 생

물학의 최상과 최악》Behave: The Biology of Humans at Our Best and Worst, 2018, Vintage.

2. 수면 연구에 대한 뛰어난 저술. 매슈 워커, 《우리는 왜 잠을 자야 할까》, 이한음 옮김, 열린책들, 2019.

3. 우울증 잠재 요인으로서의 뇌 염증에 관한 책. 에드워드 불모어, 《염증에 걸린 마음》, 정지인 옮김, 심심, 2020.

4. 다양한 신경전달물질을 설명하는 비평 논문. Hyman, S. E. (2005). Neurotransmitters. Current biology, 15(5), PR154-R158. https://doi.org/10.1016/j.cub.2005.02.037

5. 환경 강화가 뇌 가소성에 미치는 영향. van Praag, H., Kempermann, G., & Gage, F. H. (2000). Neural consequences of environmental enrichment. Nature Reviews Neuroscience, 1(3), 191-198. https://doi.org/10.1038/35044558

6. 스트레스에서 전전두피질의 수상돌기와 편도체 뉴런 형태학. McEwen, B. S., Nasca, C., & Gray, J. D. (2016). Stress effects on neuronal structure: Hippocampus, amygdala, and prefrontal cortex. Neuropsychopharmacology, 41(1), 3-23. https://doi.org/10.1038/npp.2015.171

7. 셀리악병 환자의 어린 시절 조현병에 대한 원전. Bender L. (1953). Childhood schizophrenia. The Psychiatric Quarterly, 27(4), 663-681. https://doi.org/10.1007/BF01562517

8. 셀리악병과 글루텐 민감성의 신경학적 영향에 대한 연구. Jackson, J. R., Eaton, W. W., Cascella, N. G., Fasano, A., & Kelly, D. L. (2012). Neurologic and psychiatric manifestations of celiac disease and gluten sensitivity. Psychiatric Quarterly, 83(1), 91-102. https://doi.org/10.1007/s11126-011-9186-y

9. '장 누수'에 대한 연구 논문. Mu, Q., Kirby, J., Reilly, C. M., & Luo, X. M. (2017). Leaky gut as a danger signal for autoimmune diseases. Frontiers in Immunology, 8, 598. https://doi.org/10.3389/fimmu.2017.00598

10. 보상 시스템의 실험에 대한 비평 논문. Kringelbach, M. L., & Berridge, K. C. (2010). The functional neuroanatomy of pleasure and happiness. Discovery Medicine, 9(49), 579-587.

11. 글루타민산염(글루타민산염 흥분성독성 포함)에 대한 비평 논문. Platt S. R. (2007). The role of glutamate in central nervous system health and disease – A review. The Veterinary Journal, 173(2), 278-286. https://doi.org/10.1016/j.tvjl.2005.11.007

제6장. 우물쭈물하지 않고 현명하게 결정하는 법

1. 빠른 사고와 느린 사고의 이중 처리 이론을 설명하는 책. 대니얼 카너먼, 《생각에 관한 생각》, 이창신 옮김, 김영사, 2018.

2. 합리적인 의사결정에 감정이 통합되는 방법에 대한 신경과학 연구를 다룬 책. 안토니오 다마지오, 《데카르트의 오류》, 김린 옮김, NUN, 2017.

3. 결정의 불합리성에 대한 첫 연구를 다룬 훌륭한 책. 댄 애리얼리, 《상식 밖의 경제학》, 장석훈 옮김, 청림출판, 2018.

4. 전문지식 기반의 빠른 결정에 대한 책. 말콤 글래드웰, 《블링크》, 이무열 옮김, 김영사, 2020.

5. 세렌디피티를 받아들이는 방법에 대한 훌륭한 책. 크리스티안 부슈, 《세렌디피티 코드》, 서명진 옮김, 비즈니스북스, 2021.

6. 낙관 편향에 대한 유명 연구를 요약한 책. 탈리 샤롯, 《설계된 망각》, 김미선 옮김, 리더스북, 2013.

7. 다양한 편향 유형을 설명하는 책. 아모스 트버스키, 대니얼 카너먼, 《불확실한 상황에서의 판단》, 이영애 옮김, 아카넷, 2010.

8. 편향에 대한 트버스키와 카너먼의 첫 연구. Tversky, A., & Kahneman, D. (1974). Judgment under uncertainty: Heuristics and biases. Science, 185(4157), 1124-1131. https://doi.org/10.1126/science.185.4157.1124

9. 사회보장번호와 입찰 액수를 이용한 닻 내림 효과 실험. Chapman, G. B., & Johnson, E. J. (1999). Anchoring, activation, and the construction of values. Organizational Behavior and Human Decision Processes, 79(2), 115–153. https://doi.org/10.1006/obhd.1999.2841

10. 성격 판단에 영향을 미치는 커피 컵 온도에 대한 실험. Williams, L. E., & Bargh, J. A. (2008). Experiencing physical warmth promotes interpersonal warmth. Science, 322(5901), 606–607. https://doi.org/10.1126/science.1162548

11. 과제 내의 노인과 연관된 단어가 걷는 속도에 미치는 영향에 대한 실험. Bargh, J. A., Chen, M., & Burrows, L. (1996). Automaticity of social behavior: Direct effects of trait construct and stereotype activation on action. Journal of Personality and Social Psychology, 71(2), 230–244. https://doi.org/10.1037//0022-3514.71.2.230

12. 복내측 전전두피질 환자와 아이오와 도박 과제를 이용한 다마지오의 연구. Bechara, A., Damasio, H., Tranel, D., & Damasio, A. R. (1997). Deciding advantageously before knowing the advantageous strategy. Science, 275(5304), 1293–1295. https://doi.org/10.1126/science.275.5304.1293

제7장. 뇌가 알려주는 사람을 이끄는 지혜

1. 공감 리더십 스타일과 불협 리더십 스타일에 대한 책. 리처드 보이애치스, 애니 맥키, 《공감 리더십》, 정준희 옮김, 에코의서재, 2007.

2. 옥시토신이 신뢰에 미치는 영향을 설명하는 책. 폴 자크Zak, P. J., 《도덕 분자: 신뢰의 작동 방식》The Moral Molecule: How Trust Works, 2013, Plume Books.

3. 사람들의 변화를 돕는 데 공감 모드가 필요한 이유를 설명하는 책. 리처드 보이애치스Boyatzis, R., 멜빈 스미스Smith, M. L., 엘렌 오스텐Van Oosten, E., 《사람의 변화를 돕다: 평생학습과 성장을 위한 공감 코칭》Helping People Change: Coaching with Compassion for Lifelong Learning and Growth, 2019, Harvard Business Review

Press.

4. 코칭의 GROW 모델에 대한 훌륭한 책. 존 휘트모어, 《성과 향상을 위한 코칭 리더십》, 김영순 옮김, 김영사, 2019.

5. 디폴트 모드 네트워크에 대한 비평 논문. Mak, L. E., Minuzzi, L., MacQueen, G., Hall, G., Kennedy, S. H., & Milev, R. (2017). The default mode network in healthy individuals: A systematic review and meta-analysis. Brain Connectivity, 7(1), 25-33. https://doi.org/10.1089/brain.2016.0438

6. 불협 리더십과 공감 리더십에서 태스크 포지티브 네트워크와 디폴트 모드 네트워크에 대한 연구. Boyatzis, R. E., Rochford, K., & Jack, A. I. (2014). Antagonistic neural networks underlying differentiated leadership roles. Frontiers in Human Neuroscience, 8, 114. https://doi.org/10.3389/fnhum.2014.00114

7. 코칭 및 멘토링에서 불협 스타일과 공감 스타일이 사람의 행동과 뇌 활동성에 어떤 영향을 미치는지를 조사한 잭과 보이애치스의 또 다른 연구. Jack, A. I., Boyatzis, R. E., Khawaja, M. S., Passarelli, A. M., & Leckie, R. L. (2013). Visioning in the brain: An fMRI study of inspirational coaching and mentoring. Social Neuroscience, 8(4), 369-384. https://doi.org/10.1080/17470919.2013.808259

8. 거울 뉴런 시스템에 대한 비평 논문. Rizzolatti, G., & Craighero, L. (2004). The mirror-neuron system. Annual Review of Neuroscience, 27, 169-192. https://doi.org/10.1146/annurev.neuro.27.070203.144230

9. 옥시토신이 사회적 기능에 미치는 영향. Jones, C., Barrera, I., Brothers, S., Ring, R., & Wahlestedt, C. (2017). Oxytocin and social functioning. Dialogues in Clinical Neuroscience, 19(2), 193-201. https://doi.org/10.31887/DCNS.2017.19.2/cjones

10. 신체와 뇌에서의 스트레스 반응. McEwen B. S. (2007). Physiology and neurobiology of stress and adaptation: Central role of the brain. Physiological Reviews, 87(3), 873-904. https://doi.org/10.1152/physrev.

00041.2006

11. 옥시토신이 스트레스 반응 중화에 어떤 도움을 주는지에 대한 논문. Winter, J., & Jurek, B. (2019). The interplay between oxytocin and the CRF system: Regulation of the stress response. Cell and Tissue Research, 375(1), 85－91. https://doi.org/10.1007/s00441-018-2866-2

제8장. 상처받은 내면 아이와 화해하는 법

1. 특정한 사람에게 끌리는 이유를 설명한 훌륭한 책(이마고 이론). 하빌 헨드릭스, 《연애할 때 YES 결혼하면 NO가 되는 이유》, 서민아 옮김, 프리미엄북스, 2004.

2. 관계 역학과 결혼의 결과에 대한 존 가트맨의 연구를 다룬 책. 존 가트맨, 《행복한 결혼을 위한 7원칙》, 노동욱, 박윤영 옮김, 문학사상, 2017.

3. 교류 분석에 대한 이해하기 쉬운 책. 필 랩워스Lapworth, P., 샬럿 실즈SIlles, C., 《교류 분석 입문: 사람들의 변화를 돕다》An Introduction to Transactional Analysis: Helping People Change, 2011, SAGE Publications.

4. 교류 분석에 대한 심층적인 저술. 에릭 번Berne, E, 《심리요법에서의 교류 분석: 체계적 개인 및 사회 정신 의학》Transactional Analysis in Psychotherapy: A Systematic Individual and Social Psychiatry, 2015, Martino Fine Books.

5. 어린 시절의 경험이 뇌 발달에 어떤 영향을 주는지에 대한 훌륭한 책. 수 게르하르트Gerhardt, S., 《사랑은 왜 중요한가: 애정이 아기의 뇌를 형성시키는 방법》Why Love Matters: How Affection Shapes a Baby's Brain, 2014, Routledge.

6. 인간관계에서 가치 위계를 연계시키는 방법을 설명하는 책. 존 디마티니, 《사랑에 대해 우리가 정말 모르는 것들》, 이경남 옮김, 재승출판, 2009.

7. 다양한 애착 유형과 그 영향을 설명하는 책. 제러미 홈즈Holmes, J.《존 보울비와 애착 이론》Bowlby and Attachment Theory, 2014, Routledge.

8. 내면 아이 치유를 설명하는 책. 존 브래드쇼, 《상처받은 내면아이 치유》, 오제은 옮김, 학지사, 2004.

9. 옥시토신 유도 뇌 가소성에 대한 비평 논문. Pekarek, B. T., Hunt, P. J., & Arenkiel, B. R. (2020). Oxytocin and sensory network plasticity. Frontiers in Neuroscience, 14, 30. https://doi.org/10.3389/fnins.2020.00030

10. 스트레스 경험에 대한 강화된 기억을 다루는 책. McIntyre, C. K., & Roozendaal, B. (2007). Adrenal Stress Hormones and Enhanced Memory for Emotionally Arousing Experiences. In F. Bermúdez-Rattoni (Ed.), Neural Plasticity and Memory: From Genes to Brain Imaging. CRC Press.

11. 가트맨의 부부 치료 접근법의 효과를 분석하는 논문. Davoodvandi, M., Navabi Nejad, S., & Farzad, V. (2018). Examining the effectiveness of Gottman couple therapy on improving marital adjustment and couples' intimacy. Iranian Journal of Psychiatry, 13(2), 135-141.

12. 가트맨의 동성 부부 치료 접근법의 효과를 분석하는 논문. Garanzini, S., Yee, A., Gottman, J., Gottman, J., Cole, C., Preciado, M., & Jasculca, C. (2017). Results of Gottman method couples therapy with gay and lesbian couples. Journal of Marital and family therapy, 43(4), 674-684. https://doi.org/10.1111/jmft.12276

제9장. 누구도 마음 상하지 않는 대화의 기술

1. 비폭력 커뮤니케이션에 대한 훌륭한 책. 마셜 로젠버그, 《비폭력 대화》, 캐서린 한 옮김, 한국 NVC센터, 2017.

2. 관계 역학에 대한 가트만의 연구를 설명하는 책. 존 가트맨, 낸 실버Silver, N., 《왜 결혼은 성공하기도 하고 실패하기도 하는가》Why Marriages Succeed or Fail, 1994, Simon & Schuster.

3. 존 가트맨과 임상 심리학자인 그의 아내 줄리 가트맨Julie Gottman 사이의 협력에서 비롯된 부부 치료법을 다루는 책. 줄리 슈워츠 가트맨, 존 가트맨, 레이철 칼턴 에이브럼스, 더글러스 에이브럼스, 《우리가 사랑할 때 물어야 할 여덟 가지》,

정미나 옮김, 해냄, 2021.

4. 부부의 이마고 대화에 대한 책. 하빌 헨드릭스Hendrix, H., 헬렌 라켈리 헌트LaKelly Hunt, H., 《사이의 공간》The Space Between, 2017, CloverCroft Publshing.

5. 다섯 가지 사랑 언어에 대한 책. 게리 채프먼, 《5가지 사랑의 언어》, 장동숙, 황을호 옮김, 생명의말씀사, 2010.

6. 인간관계에서의 6단계 질문법 사용에 대한 책. 바이런 케이티, 마이클 카츠, 《사랑에 대한 네 가지 질문》, 박인재, 김윤 옮김, 침묵의향기, 2009.

7. 공격성에 대한 신경과학 연구. Siegel, A., & Victoroff, J. (2009). Understanding human aggression: New insights from neuroscience. International Journal of Law and Psychiatry, 32(4), 209-215. https://doi.org/10.1016/j.ijlp.2009.06.001

8. 스트레스 요인에 다르게 반응하는 이유를 설명하는 다미주 신경 이론. Porges, S. W. (2009). The polyvagal theory: New insights into adaptive reactions of the autonomic nervous system. Cleveland Clinic Journal of Medicine, 76(4 suppl 2), S86-S90. https://doi.org/10.3949/ccjm.76.s2.17

9. 행복한 결혼이 두뇌에 미치는 영향. Radua, J. (2018). Frontal cortical thickness, marriage and life satisfaction. Neuroscience, 384, 417-418. https://doi.org/10.1016/j.neuroscience.2018.05.044

10. 공감과 연민에 대한 연구. Singer, T., & Klimecki, O. M. (2014). Empathy and compassion. Current Biology, 24(18), PR875-R878. https://doi.org/10.1016/j.cub.2014.06.054

11. 연민 기반 커뮤니케이션 기술을 가르치는 일에 대한 논문. Kelley, K. J., & Kelley, M. F. (2013). Teaching empathy and other compassion-based communication skills. Journal for Nurses in Professional Development, 29(6), 321-324. https://doi.org/10.1097/01.NND.0000436794.24434.90

참고 문헌